Sicherungsschein und Sicherungsbestätigung in der Versicherungswirtschaft

VERSICHERUNGSRECHTLICHE STUDIEN

HERAUSGEGEBEN VON PROFESSOR DR. GERRIT WINTER

BAND 70

PETER LANG
Frankfurt am Main · Berlin · Bern · Bruxelles · New York · Oxford · Wien

Dr. Silke Riedel

SICHERUNGSSCHEIN UND SICHERUNGSBESTÄTIGUNG IN DER VERSICHERUNGS-WIRTSCHAFT

PETER LANG
Europäischer Verlag der Wissenschaften

Bibliografische Information Der Deutschen Bibliothek
Die Deutsche Bibliothek verzeichnet diese Publikation in der Deutschen Nationalbibliografie; detaillierte bibliografische Daten sind im Internet über <http://dnb.ddb.de> abrufbar.

Zugl.: Hamburg, Univ., Diss., 2003

Diese Arbeit wurde mit Unterstützung des
Vereins zur Förderung der Versicherungswissenschaft
in Hamburg e.V. veröffentlicht.

D 18
ISSN 0178-4382
ISBN 3-631-51979-6

www.peterlang.de

Meinen Eltern

Es ist nicht genug,
zu wissen,
man muss auch anwenden;
es ist nicht genug,
zu wollen,
man muss auch tun.
(Goethe)

Vorwort

Die vorliegende Arbeit wurde im Wintersemester 2002 vom Fachbereich Rechtswissenschaft der Universität Hamburg als Dissertation angenommen.

Das Thema geht auf eine Anregung meines Doktorvaters, Herrn Professor Dr. Manfred Werber zurück, der die Entwicklung meiner Arbeit stets mit hilfreichem Rat begleitet und schon während meines Studiums mein Interesse an dogmatischen Zusammenhängen maßgeblich gefördert hat.
Für all dies – und auch für das Durchhaltevermögen in Sachen „Sicherungsschein" – möchte ich an dieser Stelle Dank sagen.

Frau Professor Dr. Marina Wellenhofer – Klein danke ich für die zügige Erstellung des Zweitgutachtens.

Danken möchte ich auch Frau Margot Hackbarth für die liebevolle Betreuung im Seminar für Versicherungswissenschaft der Universität Hamburg und Frau Ute Singh Kang für die tatkräftige Unterstützung bei der Übertragung des Manuskripts.

Mein besonderer Dank gilt Frau Sylvia Peter für die druckfertige Aufbereitung der Arbeit und meinem Bruder, Herrn Thomas Riedel, für die stets zuverlässige technische Unterstützung.

Dank sagen möchte ich auch der Volksfürsorge Deutsche Lebensversicherung AG, die mir den Abschluss der Dissertation durch die Gewährung von Sonderurlaub wesentlich erleichtert hat.

Letztlich danke ich Herrn Professor Dr. Gerrit Winter für die Aufnahme der Arbeit in die von ihm herausgegebene Reihe „Versicherungsrechtliche Studien". und dem Verein zur Förderung der Versicherungswissenschaft in Hamburg e.V. für den gewährten Druckkostenzuschuss.

Hamburg, im August 2003 Silke Riedel

Inhaltsverzeichnis

A. Einleitung

Kreditsicherung und Sachversicherungsschutz sind im Rechts- und Wirtschaftsleben untrennbar miteinander verbunden. Jede Realsicherung bleibt unvollständig, wenn nicht durch eine Versicherungsentschädigung ein wirtschaftlicher Ausgleich für die Zerstörung oder Beschädigung des Sicherungsgegenstandes geschaffen wird.

Das Versicherungsvertragsgesetz in seiner aktuellen Fassung kann diese Aufgabe nicht bewältigen. Sachgerechte gesetzliche Regelungen fehlen, da die Entwicklung von Sicherungsübereignungen und Leasinggeschäften für den historischen Gesetzgeber nicht vorhersehbar war. Die Praxis selbst versucht daher, das Versicherungsverhältnis mit Hilfe von Sicherungsscheinen und Sicherungsbestätigungen so zu modifizieren, daß die Durchführung des Versicherungsvertrages auch dem Sinn und Zweck des Sicherungsvertrages entspricht. Durch Sicherungsscheine und Sicherungsbestätigungen kann der Kreditgeber in den Schutz des Versicherungsvertrages mit einbezogen werden. Seine Rechte in Bezug auf die Entschädigungsforderung werden gestärkt, und die Sicherung des Mobiliarkredits wird auch auf der versicherungsvertraglichen Ebene vervollkommnet.

Es bleiben jedoch noch erhebliche Schwachstellen, wegen derer es sich lohnt, über eine gesetzliche Regelung der Materie nachzudenken. Auf der Hand liegt, daß mit einer gesetzlichen Regelung eine automatische Einbeziehung des Kreditgebers in einen Fremdversicherungsvertrag erreicht werden und so für Sicherungsübereignungen im wirtschaftlichen Alltag von vornherein ein sinnvolles rechtliches Normengefüge bereitgestellt werden kann. Dadurch würden z.B. die gravierenden Lücken in der Absicherung des Kreditgebers, die bislang in dem Zeitraum vom Abschluß der Sicherungsgeschäftes bis zur wirksamen Erteilung des Sicherungsscheines bzw. der Sicherungsbestätigung bestehen, entfallen. Darüber hinaus würde auch für jene Sicherungseigentümer eine sachgerechte Lösung geschaffen, die von sich aus das Erfordernis der Erteilung eines Sicherungsscheins bzw. einer Sicherungsbestätigung nicht erkennen können, weil ihnen hierzu die Kenntnisse über die Folgen der Vornahme des Sicherungsgeschäftes für den Sachversicherungsvertrag fehlen.

Zur Verdeutlichung der rechtlichen Ausgangssituation werden im ersten Teil der Arbeit die dogmatischen Grundlagen des status quo für die Fälle geklärt, in denen kein Sicherungsschein bzw. keine Sicherungsbestätigung erteilt wurde.

Im Anschluß daran wird in einem zweiten Teil die Rechtslage bei Vorliegen eines Sicherungsscheines / einer Sicherungsbestätigung mit ihren spezifischen Besonderheiten dargestellt. Hier wird deutlich, daß das VVG mit der jetzigen Ausgestaltung der Versicherung für fremde Rechnung dem wirtschaftlichen Bedürfnis nach einer inhaltlichen Koppelung von Sachversicherungsschutz und Kreditsicherung nicht gerecht werden kann. Funktionierender Sachversicherungsschutz ist für die kreditierte Anschaffung von Wirtschaftsgütern von so großer Bedeutung, daß den hier betroffenen, typischen Interessen der Parteien eines Sicherungsvertrages nicht allein mit vertraglichen Sondervereinbarungen, sondern im Rahmen einer gesetzlichen Regelung Rechnung getragen werden sollte.

Zum Abschluß der Arbeit wird daher in einem dritten Teil ein Vorschlag zur Änderung der §§ 69 ff., 74 ff. VVG unterbreitet. Im Zuge der anstehenden Reform des Versicherungsvertragsgesetzes sollte auch für die Versicherung für fremde Rechnung die Chance genutzt werden, die gesetzlichen Bestimmungen mit den Erfordernissen des modernen Wirtschaftslebens in Einklang zu bringen.

B. Begriffsbestimmung und Abgrenzung

Gegenstand der Betrachtungen in dieser Arbeit sind zunächst Sicherungsscheine[1] und Sicherungsbestätigungen[2], die im Rahmen von Sachversicherungsverträgen Kreditinstituten, sonstigen Kreditgebern oder Leasinggebern erteilt werden. Diese Bescheinigungen sollen gewährleisten, daß die Entschädigungsleistung des Versicherers direkt an den Kredit- bzw. Leasinggeber fließt und der Sachversicherungsschutz vom Versicherungsnehmer nicht eigenmächtig verringert oder gar aufgehoben werden kann.

Nicht Gegenstand der Betrachtung in dieser Arbeit sind der Zubehör-Hypothekensicherungsschein[3], die Versicherungsbescheinigung[4], die Grundstücksbelastung (Anmeldung und Versicherungsbestätigung)[5] sowie der Versicherungsschein und der Sicherungsschein zur Insolvenzabsicherung für Reiseveranstalter. Diese Papiere werden im folgenden jedoch zum Zwecke der Abgrenzung kurz vorgestellt.
Der Zubehör-Hypothekensicherungsschein ergänzt den Schutz des Grundpfandgläubigers in Bezug auf die Versicherungsforderung für solche Gegenstände, die erst mit der Beschlagnahme dem Haftungsverband der Hypothek unterfallen und gewährt dem Realgläubiger einen Schutz, der dem der §§ 100-107 c VVG entspricht. Im Unterschied zum Schutze der Realgläubiger in der Gebäudefeuerversicherung nach § 1127 Abs. 1 BGB erstreckt sich das Sicherungsrecht nicht automatisch auf die Versicherungsforderung für das Grundstückszubehör, sondern erst dann, wenn der Entschädigungsanspruch dem Realgläubiger verpfändet wird. Diese Verpfändung wird dem Versicherer im Zubehör-Hypothekensicherungsschein angezeigt. Der Inhaber dieses Papiers wird also lediglich Pfandgläubiger in Bezug auf die Entschädigungsforderung, während die Berechtigten aus den hier vornehmlich behandelten Bescheinigungen Inhaber der Entschädigungsforderung werden.

Die Versicherungsbescheinigung wird im Rahmen einer Versicherung für wen es angeht auf Antrag des Versicherungsnehmers vom Versicherer erteilt. Sie enthält die Anweisung des Versicherungsnehmers an den Versicherer, die Entschädigung aus einem künftigen Schadensfall an den näher bezeichneten Empfänger der Versicherungsbescheinigung zu zahlen und erteilt Auskunft über Art und Umfang des bestehenden Sachversicherungsschutzes.

---

[1] Formular VdS 1501: 1998-05 (03).
[2] Formular VdS 1503: 1998-05 (02).
[3] Formular VdS 1502: 1998-05 (03).
[4] Formular VdS 1504: 1998-05 (02).
[5] Formular VdS 1500: 1998-05 (02).

Der Versicherer übernimmt keine Pflichten. Die Verfügungsbefugnis des Versicherungsnehmers wird insofern eingeschränkt, als nur an den Inhaber des Papiers gezahlt wird (§ 808 BGB).[6]

Mit dem Formular der Grundstücksbelastung meldet ein Kreditinstitut dem Feuerversicherer sein Grundpfandrecht an, der Versicherer bestätigt diese Anmeldung auf der Urkunde und erteilt Auskunft über Art und Höhe des Feuerversicherungsschutzes.

Der Versicherungsschein ist in § 3 VVG behandelt und bezeichnet die Urkunde über den Versicherungsvertrag.

Der Sicherungsschein im Reisevertragsrecht, der in § 651 k Abs. 3 BGB geregelt ist und ebenfalls nicht Gegenstand der vorliegenden Arbeit sein soll, dient als Nachweis über die Erfüllung der dem Reiseveranstalter obliegenden Verpflichtung zur Absicherung der Kundengelder gegen das Insolvenzrisiko.[7] Nach § 651 k Abs. 1 BGB muß der Reiseveranstalter die Befriedigung möglicher künftiger Ansprüche seiner Kunden auf Erstattung des gezahlten Reisepreises oder von Aufwendungen infolge der Zahlungsunfähigkeit oder der Eröffnung eines Insolvenzverfahrens über sein Vermögen durch den Abschluß eines Sicherungsvertrages sicherstellen.

Zur Sicherung des Immobiliarkredits sieht das VVG für die Gebäudefeuerversicherung in den §§ 99 - 107c VVG spezielle Schutzvorschriften vor. Der Realgläubiger wird insbesondere durch folgende Regelungen geschützt: § 102 Abs. 1 VVG läßt den Anspruch des Realgläubigers gegen den Versicherer trotz dessen Leistungsfreiheit gegenüber dem Versicherungsnehmer fortbestehen, § 101 VVG statuiert Mitteilungspflichten des Versicherers gegenüber dem Realgläubiger bei Prämienverzug und Eintritt des Versicherungsfalles, und § 106 VVG schützt den Realgläubiger vor eigenmächtigen Kündigungen des Versicherungsnehmers.

Ein solcher Schutz fehlt jedoch für Mobiliarsicherheiten. Dies dürfte in erster Linie darauf beruhen, daß der Mobiliarkredit bei der Schaffung des VVG noch nicht so weit verbreitet war wie heute. Mit zunehmender Durchsetzung des Instituts der Sicherungsübereignung im Wirtschaftsleben wuchs jedoch das Bedürfnis nach einer Absicherung, die in ihrem Niveau den gesetzlichen Vorschriften zum Schutze des Realkredits in der Gebäudefeuerversicherung im wesentlichen entspricht.

---

[6] Martin, SVR J IV 24.

[7] Bidinger / Müller, Reisevertragsrecht, § 651 k Anm. 7; Führich in VersR 1995, 1138.

Mit Hilfe typisierter Zusatzvereinbarungen bemüht sich der Rechtsverkehr, dem Verlangen nach einer effektiven Sicherung der Interessen des Kreditgebers gerecht zu werden.
Eine den gesetzlichen Regeln zum Schutze des Immobiliarkredits am meisten vergleichbare Absicherung gewährt der Sicherungsschein, der nur Kreditinstituten bezüglich der Feuerversicherung des Sicherungsgutes erteilt wird. Die Sicherungsbestätigung hingegen gilt für alle Sachversicherungssparten und kann allen Kreditgebern erteilt werden. Die Sicherungsbestätigung gewährt dem Kreditgeber aber im Vergleich zum Sicherungsschein nur einen weniger weitgehenden Schutz. In der Sicherungsbestätigung verzichtet der Versicherer dem Kreditgeber gegenüber z.B. nicht auf Einwendungen wegen des (Fehl-)Verhaltens des Versicherungsnehmers. Die Mitteilungspflichten des Versicherers sind auch nicht an eine Fortdauer der Haftung des Versicherers gegenüber dem Versicherten trotz Leistungsfreiheit im Verhältnis zum Versicherungsnehmer gekoppelt.

Der Sicherungsschein zur Kraftfahrtversicherung[8] hat in der Kraftfahrtversicherung dieselbe Funktion wie Sicherungsschein und Sicherungsbestätigung in der allgemeinen Sachversicherung. Er wird Banken und Nichtbanken erteilt. Der Ausschluß bestimmter Einwendungen wird in der Praxis ggf. gegen eine einmalige Mehrprämie zwischen dem Kreditgeber und dem Versicherer vereinbart.

Die Versicherungsbestätigung für Leasinggesellschaften wurde für alle Sachversicherungssparten entwickelt und wird Leasinggebern erteilt. Inhaltlich wird ein Schutz gewährt, der dem Niveau der Sicherungsbestätigung entspricht.

Diese vier Bescheinigungen haben gemeinsam, daß der versicherte Eigentümer, mag er Sicherungseigentümer oder Leasinggeber sein, jeweils darauf verzichtet, in einen bestehenden Sachversicherungsvertrag nach § 69 Abs. 1 VVG einzutreten bzw. einen eigenen Sachversicherungsvertrag für sein Interesse abzuschließen. Der bisherige Versicherungsnehmer soll Prämienschuldner bleiben, so daß jeweils eine Fremdversicherung zu Gunsten des Eigentümers vereinbart wird. Gegenüber der gesetzlichen Ausgestaltung der Versicherung für fremde Rechnung nach den §§ 74 ff. VVG wird die Position des Versicherten durch sein alleiniges Verfügungsrecht und eine Beschränkung der Kündigungsmöglichkeit des Versicherungsnehmers gestärkt.[9]

---

[8] Kraftfahrzeug-Sicherungsschein
[9] Martin, SVR, J IV 20.

C. Rechtslage nach den §§ 69 ff., 74 ff. VVG, ohne Erteilung eines Sicherungsscheines / einer Sicherungsbestätigung

Sicherungsscheine sind eine Zweckschöpfung. Sie sollen die Lücken in der Absicherung der Interessen eines Kreditgebers schließen, die nach der Gesetzeslage seine dingliche Sicherung im Falle der Beschädigung oder der Zerstörung des Sicherungsgutes beeinträchtigen oder gar beseitigen können. Um die bestehenden Risiken für die Kreditsicherung aufzuzeigen und eine Basis für weiterführende dogmatische Überlegungen zu schaffen, wird hier zunächst die Rechtslage für die Fälle geklärt, in denen kein Sicherungsschein / keine Sicherungsbestätigung vorliegt.

Jede Kreditsicherung bleibt unvollkommen, solange nicht für den Fall der Beschädigung oder Zerstörung des Sicherungsgutes Vorsorge getroffen und das Sicherungsgut durch eine gleichwertige Sicherung ersetzt wird. Entscheidend für die Effektivität einer solchen Absicherung des Mobiliarkredits ist die Frage, wie das Versicherungsverhältnis auf die Durchführung des Kreditsicherungsgeschäftes reagiert, welche Auswirkungen also das Sicherungsgeschäft auf den Sachversicherungsvertrag der Mobiliarsicherheit hat.

Kreditsicherung mit Mobiliargütern erfolgt heute in erster Linie durch Sicherungsübereignungen. Daneben ist die kreditierte Anschaffung von Wirtschaftsgütern im Wege des Erwerbs unter Eigentumsvorbehalt zu nennen. Beiden Kreditsicherungsgeschäften ist gemein, daß der Kreditgeber während der Dauer des kreditierten Erwerbs- bzw. Sicherungsgeschäftes Eigentümer des Gutes ist.

I. Auswirkungen einer Sicherungsübereignung, einer Veräußerung unter Eigentumsvorbehalt auf die Sachversicherung des Gutes; Bestimmung des versicherten Interesses

Für die Beantwortung der Frage nach den Auswirkungen eines Sicherungsgeschäftes auf den Versicherungsvertrag kommt es entscheidend auf die Bestimmung des versicherten Interesses an.
Sowohl bei der Sicherungsübereignung als auch beim Verkauf unter Eigentumsvorbehalt geht es um Veräußerungsgeschäfte, so daß zunächst die Vorschriften der §§ 69 ff. VVG zu beachten sind. Gemäß § 69 Abs. 1 VVG tritt der Erwerber der versicherten Sache anstelle des Versicherungsnehmers in dessen Versicherungsvertrag ein.

Ohne diese Regelung würde das bestehende Versicherungsverhältnis zwischen dem Veräußerer und dem Versicherer wegen Wegfalls des versicherten Interesses nach § 68 Abs. 2 VVG erlöschen. Zwischen dem Erwerber und dem Versicherer bestünde mangels Einigung kein Versicherungsvertrag.

Der Gesetzgeber ging davon aus, daß sowohl dem Versicherer als auch dem Erwerber daran liegt, den Versicherungsschutz während des Veräußerungsvorgangs und danach aufrecht zu erhalten.[10]

Es besteht jedoch bis heute Streit darüber, wann eine die Rechtsfolge des § 69 Abs. 1 VVG auslösende Veräußerung vorliegt. Im bürgerlichen Recht versteht man unter einer Veräußerung ein Rechtsgeschäft, durch welches das Eigentum an einer Sache vom Veräußerer auf den Erwerber übergeht. Auf versicherungsrechtlicher Ebene gilt nichts anderes.
Unter Berücksichtigung dessen, daß nicht die Sache selbst, sondern ein bestimmtes Interesse Gegenstand der Versicherung ist[11], folgt somit, daß eine Veräußerung der versicherten Sache i.S.v. § 69 VVG dann vorliegt, wenn durch Rechtsgeschäft der Träger des versicherten Interesses wechselt. Die Definition des versicherten Interesses determiniert den Veräußerungsbegriff des § 69 Abs. 1 VVG. Der Begriff des versicherten Interesses ist jedoch schillernd und wird nicht einheitlich verstanden, so daß sich vor diesem Hintergrund insbesondere für die Sicherungsübereignung und den Eigentumsvorbehalt vorab die Frage stellt, welche Interessen grundsätzlich versicherbar und in der Sachversicherung tatsächlich gedeckt sind.

1. Charakterisierung des versicherten Interesses

Die Literatur zum versicherten Interesse ist nahezu unübersehbar. Nach wie vor bietet der Interessebegriff und dessen Auslegung Stoff für Diskussionen, deren Einzelheiten jedoch nicht Gegenstand dieser Arbeit sein sollen. An dieser Stelle werden die heute gefestigten Erkenntnisse angewandt und bei Widersprüchen kritisch gegeneinander abgewogen.

Der Schutz des versicherten Interesses ist nicht ein bloßes Motiv für den Abschluß eines Versicherungsvertrages, sondern er gehört zu dessen Wesen und bildet seinen Inhalt. Der Interessebegriff ermöglicht es, die Versicherungsleistung dem wirklichen Geschädigten zuzuweisen[12], da nur dieser als Interessent Inhaber des Anspruchs auf die Entschädigungsleistung werden kann.

---

[10] OLG Hamm Urt. v. 29.11.1985 in VersR 1987, 605.
[11] Schweitzer, S. 100; Kollhosser in Prölss / Martin, VVG, vor § 51 Anm. 1) B, S. 384; Martin, SVR J I. Rn. 2; Hofmann, Privatversicherungsrecht § 13 Rn. 4; Weyers, Rn. 383, 384; Eichler, Versicherungsrecht S. 253 f.; Deutsch, Versicherungsvertragsrecht Rn. 82; Bischoff in VersR 1963, 8, 9.
[12] Möller in Bruck / Möller, VVG, § 49 Anm. 36, S. 61.

Allgemein wird das versicherte Interesse verstanden als "die Beziehung, kraft deren jemand durch eine im Versicherungsvertrag vorgesehene Tatsache einen Vermögensnachteil erleiden kann".[13] Nur wenn diese bestimmte Beziehung, verursacht durch die Konkretisierung der Gefahrmöglichkeit, vernichtet oder beschädigt wird, tritt der Versicherungsschaden ein.[14] Kisch bezeichnete das Interesse als "den dem Verlust ausgesetzten Geldwert des konkreten Vermögensgutes (der Sache, des Rechtes, der Arbeitskraft, des Gewinnes, des Aufwandes)".[15]

Die Einführung des Interessebegriffs als Gegenstand der Versicherung diente anfangs hauptsächlich der Abgrenzung zwischen Versicherungs- und Wettverträgen. Außerdem trat das Bestreben hinzu, die Versicherbarkeit mehrerer unterschiedlicher Interessen an einer Sache zu rechtfertigen, ohne daß dabei eine Doppelversicherung i.S.v. § 59 VVG vorliegt.

Grundsätzlich ist immer ein eigenes Interesse Voraussetzung für den Abschluß eines Versicherungsvertrages. Versicherbare Interessen kann sowohl der Eigentümer an seinen Sachen als auch ein Dritter an fremden Sachen haben.

Aus dem Eigentum an einer Sache folgt die umfassende Herrschaftsbefugnis des Eigentümers. Dieser hat bei unbelastetem Eigentum nicht nur ein Substanz- oder Sachinteresse an dem Gegenstand, sondern als Nutzungsberechtigter auch ein Nutzungs- oder Gebrauchsinteresse und als der zur Erwirtschaftung von Gewinnen aus der Sache Berechtigte auch ein Gewinninteresse. Das Eigentumsinteresse umfaßt diese unterschiedlichen Interessen des Eigentümers. Räumt nun der Eigentümer einem Dritten ein schuldrechtliches oder ein dingliches Nutzungsrecht an seiner Sache ein, so verbleibt das Substanz- oder Sachinteresse beim Eigentümer. Lediglich das Nutzungsinteresse geht auf den Sachbenutzer über.

In der Sachversicherung beschränkt § 52 VVG die Ersatzpflicht für den Regelfall auf den reinen Sachschaden. Der Versicherer ersetzt nicht sämtliche nachteiligen Folgen, die der Versicherungsfall im Vermögen des Eigentümers der zerstörten Sache hinterläßt, sondern nur die im Versicherungsvertrag vereinbarten Vermögensschäden. Vermögensfolgeschäden werden grundsätzlich nicht ersetzt. Ihre Absicherung bedarf daher einer besonderen Vereinbarung und ist z.B. mit einer Betriebsunterbrechungsversicherung möglich. Die Abspaltung der Nutzungs- und Gewinninteressen aus dem Eigentumsinteresse hat versicherungstechnische Gründe.

[13] Ehrenberg, Interesse S. 5.
[14] Bruck, Interesse S. 9.
[15] Kisch III, S. 21.

Weil in der Regel nur das Substanz- oder Sachinteresse versichert ist, wird häufig die Vorstellung vom Eigentumsinteresse allein auf das Substanz- oder Sachinteresse reduziert.

Dritte können aus unterschiedlichen Gründen ein eigenes Interesse an der Versicherung fremder Sachen haben. Überläßt ihnen der Eigentümer eine Sache zur Nutzung, sind sie als Sachnutzer Träger des Nutzungsinteresses.

Auch ohne eine solche Herauslösung des Nutzungsinteresses aus dem Eigentumsinteresse hat ein Dritter dann ein eigenes Interesse an einer fremden Sache, wenn ihm im Falle des Verlustes, der Beschädigung oder der Zerstörung der Sache eine Schadenersatzpflicht trifft. Hier erleidet der Eigentümer zwar den Substanzschaden, den Dritten trifft durch seine Ersatzverpflichtung jedoch ein sog. Haftungsschaden. Die drohende Schadenersatzverpflichtung des Dritten begründet sein eigenes Sachersatzinteresse. Dieses Sachersatzinteresse ist ein Haftpflichtrisiko, das durch eine Haftpflichtversicherung für eigene Rechnung abgedeckt werden kann. Im Bereich der Sachversicherung kann dieses Sachersatzinteresse nur durch eine Sachversicherung für fremde Rechnung, nämlich für Rechnung des Eigentümers, gedeckt werden.[16]

Die Bestimmung des versicherten Interesses wird jedoch nicht einheitlich vorgenommen. Streit besteht insbesondere darüber, wer Träger des Sach- oder Substanzinteresses ist. Hiervon hängt jedoch ab, wer bei Eintritt des Versicherungsfalles Gläubiger des Anspruches gegen den Versicherer wird. Die Zuordnung des Versicherungsgegenstandes zu einem Interessenten ist auch für die Frage maßgebend, ob bei einem Veräußerungsvorgang ein Interesseübergang im Sinne von § 69 Abs. 1 VVG erfolgt.

a) Auffassung in der Rechtsprechung

Nach der vom Reichsgericht begründeten und vom BGH und einem Teil der Lehre fortgeführten dogmatischen Ansatz ist jeweils der formal-juristische Eigentümer der versicherten Sache Träger des Sach- oder Substanzinteresses.[17]

---

[16] Vgl. ausführliche Darstellung von Schirmer in ZVersWiss 1981, 638 ff.

[17] RG Urt. v. 28.04.1914 in RGZ 84, 409-415; BGH Urt. v. 27.10.1993 in VersR 1994, 85; BGH Urt.v. 23.01.1991 in VersR 1991, 462; BGH Beschl. v. 18.12.1991 in VersR 1992, 311; BGH in VersR 56, 725; BGH in VersR 59, 50 (295, 297); BGH in VersR 56, 725, 726; BGH in VersR 65, 508, 509; OLG Hamm Urt. v. 20.11.1987 in VersR 1988, 926; OLG Celle Urt. v. 21.12.1953 in VersR 1954, 89 f.; dem folgend Böhme in BB 1957, 167; Ehrenzweig, S. 227; Gärtner in VersR 1964, 699, 702; Nippel, S. 108-110; Raiser, AFB, Anm.2 zu § 12, S. 299; Roesch in DB 1953, 99.

Das versicherte Interesse besteht damit in der Beziehung des Eigentümers zu seiner Sache, in seinem Interesse an deren Integrität und deren Vorhandensein. Die Feststellung der Eigentumsposition erfolgt danach nach sachenrechtlichen Gesichtspunkten, da es insbesondere darauf ankommt, eine klare und einfache Rechtslage zu schaffen. Es wird berücksichtigt, daß der Begriff der Veräußerung in § 69 Abs. 1 VVG mit dem Veräußerungsbegriff des BGB übereinstimmt. Eine Veräußerung i.S.v. § 69 Abs. 1 VVG liegt somit dann vor, wenn nach sachenrechtlichen Regeln das Eigentum im Wege rechtsgeschäftlicher Einzelrechtsnachfolge auf den Erwerber übergeht.[18] Hierfür spricht auch die Formulierung in § 69 VVG „während der Dauer des Eigentums". Damit ist der Übergang des Versicherungsverhältnisses von einem "leicht zu ermittelnden Vorgang, nämlich dem Eigentumsübergang, nicht aber vom Gefahrübergang und von den mit ihm zusammenhängenden wirtschaftlichen Belangen abhängig"[19]. Ein weiteres Argument für diese Auffassung liegt in der Parallele von § 69 VVG zu § 566 Abs. 1 BGB. Nach § 566 Abs. 1 BGB tritt der Erwerber eines vermieteten Grundstücks während der Dauer seines Eigentums an Stelle des Vermieters in die sich aus dem Mietverhältnis ergebenden Rechte und Pflichten ein. Auch für § 566 Abs. 1 BGB ist allein der formale Übergang der Eigentümerstellung maßgebend.[20]

Der formal-juristische Ansatz wird weiter gestützt durch die Überlegung, daß im Falle der Beschädigung oder Zerstörung der Sache allein der Eigentümer den Substanzschaden erleidet. Sein Sach- oder Substanzinteresse wird verletzt. Selbst dann, wenn ein Dritter, z.B. der Besitzer der Sache dem Eigentümer zum Ersatz des Schadens verpflichtet ist, bleibt es doch bei dem Substanz- oder Sachschaden des Eigentümers, denn die Schadenersatzpflicht Dritter läßt diesen Schaden nicht entfallen; sie soll ihn lediglich ausgleichen.[21]

---

[18] RG Urt. v. 28.04.1914 in RGZ 84, 409-415; BGH Urt. v. 28.10.1953 in BGHZ 10, 376, 378 = VersR 1953, 448, 449; BGH Urt. v. 28.09.1971 in JR 1972, 383, 384; Eichler, Versicherungsrecht, S. 263.

[19] RG Urt. v. 08.06.1934 in RGZ 144, 395, 396 f.

[20] RG Urt. v. 28.04.1914 in RGZ 84, 409-415

[21] Schirmer, ZVersWiss 1981, 638, 681.

b) Auffassung im Schrifttum

Im Gegensatz zur Auffassung der Rechtsprechung stellen die Vertreter des Schrifttums darauf ab, daß “Schadens- und Interessebegriff primär wirtschaftlichen Gehalt” haben.[22] Das versicherte Interesse wird nach der von Bruck begründeten Lehre[23] wirtschaftlich definiert und im Unterschied zur Terminologie der Rechtsprechung als ”Eigentümerinteresse”[24] bezeichnet. Träger dieses Sach- oder Substanzinteresses ist danach der sogenannte „wirtschaftliche Eigentümer“, der nämlich “im Falle der Zerstörung der Sache notwendig einen Schaden in Höhe des vollen Sachwertes” erleidet und so in letzter Konsequenz den Schaden zu tragen hat. Es soll also nicht auf die juristische Zuordnung, d.h. die formale Eigentumslage, sondern auf die wirtschaftliche Folge einer Objektsbeeinträchtigung ankommen.[25]

In der Regel ist dieser wirtschaftliche Eigentümer auch nach sachenrechtlicher Betrachtung der Eigentümer der Sache. Bei gestreckten Erwerbsgeschäften zur Kreditsicherung ist dies jedoch nicht so. Hier sollen der Sicherungsnehmer bei der Sicherungsübereignung und der Vorbehaltsverkäufer nur Kreditinteressen in Höhe des gewährten Kredits bzw. der ausstehenden Raten haben, jedoch keine “Eigentümerinteressen”.

Im Hinblick auf § 69 Abs. 1 VVG wirft die Uneinigkeit in der Bestimmung des versicherten Interesses daher bei Sicherungsübereignungen und Veräußerungen unter Eigentumsvorbehalt grundlegende Schwierigkeiten auf.

---

[22] Möller, Versicherungsvertragsrecht S. 50; Möller, in Bruck /Möller, VVG, § 49 Anm. 64; ders. VersVertragsrecht, 3. Aufl. S. 36 f.; Ritter / Abraham Anm. 10 zu § 1, S. 58-59; Bruck, Reichsgerichtspraxis, S. 558-559, ders. Interesse, S. 131; Gärtner in VersR 1964, 699-702; Nippel, S. 108-110; Roesch in DB 1953, 99; OLG Hamburg v. 12.08.1893 in Seuff.Archiv, Bd. 50, S. 74-75; Lenski, Zur Veräußerung der versicherten Sache Rechtsprechung und Schrifttum, S. 9-20.

[23] Bruck, Privatversicherungsrecht S. 487 ff.

[24] Ritter, Anm.10 zu § 1, S. 55, Bruck, Interesse S. 130; Bruck, Reichsgerichtspraxis S. 558 f.; Bruck, Privatversicherungsrecht S. 488.

[25] Weyers, Rn. 439.

2. Möglicher Interesseübergang bei Sicherungsübereignung und Eigentumsvorbehalt

a) Sicherungsübereignung

Wird zum Zwecke der Kreditsicherung eine Sicherungsübereignung versicherter Sachen vereinbart, übereignet der Sicherungsgeber das Sicherungsgut an den Kreditgeber (Sicherungsnehmer), wobei beide im Sicherungsvertrag ein Besitzkonstitut nach § 930 BGB zu Gunsten des Sicherungsgebers und eine Verpflichtung des Sicherungsnehmers zur Rückübertragung des Eigentums auf den Sicherungsgeber nach vollständiger Rückzahlung des Darlehens vereinbaren. Da der Sicherungsgeber so im Besitz des Sicherungsgutes bleibt, erfolgt diese Rückübereignung nach § 929 Satz 2 BGB.[26] Durch die Sicherungsabrede wird die Verfügungsbefugnis des Sicherungsnehmers weitgehend eingeschränkt. Das Sicherungseigentum gibt dem Sicherungsnehmer durch diese schuldrechtliche Bindung faktisch die Stellung eines besitzlosen Pfandgläubigers. Diese Einordnung der Sicherungsübereignung setzt sich auch im Insolvenzrecht fort. Wie ein Pfandgläubiger hat auch der Sicherungseigentümer gemäß §§ 51 Nr.1, 50 Abs.1 InsO im Falle der Insolvenz seines Schuldners das Recht zur abgesonderten Befriedigung aus dem Sicherungsgut.

Die Zuordnung der unterschiedlichen versicherbaren Interessen stellt sich bei einer Sicherungsübereignung folgendermaßen dar. Während der Sicherungsgeber ursprünglich als "Volleigentümer" Träger des umfassend verstandenen Eigentumsinteresses war, also sowohl das Sach- oder Substanz- als auch ein Nutzungsinteresse hatte, ändert sich dies durch die Sicherungsübereignung. Mit der Sicherungsübereignung geht das Sach- oder Substanzinteresse auf den Sicherungseigentümer über. Da der Sicherungsgeber im Besitz des Sicherungsgutes bleibt, um die Sache weiter benutzen zu können, bleibt dieser nach wie vor Träger des Nutzungsinteresses.

Dieses geht also nicht auf den Sicherungsnehmer (Sicherungseigentümer) über. Fällt das Eigentum nach Erreichung des Sicherungszweckes wieder auf den Sicherungsgeber zurück, geht auch das Sach- oder Substanzinteresse wieder auf den Sicherungsgeber über.

---

[26] Möglich ist auch die Übereignung an den Sicherungsnehmer unter der auflösenden Bedingung des Fortfalles des Sicherungszweckes. Der Anspruch des Sicherungsgebers auf Rückübereignung wäre durch ein Anwartschaftsrecht gesichert. Im Zeitpunkt der vollständigen Tilgung der Schuld fiele das Eigentum dann quasi automatisch an den Sicherungsgeber zurück.

Im Gegensatz zur hier vertretenen Auffassung gehen weite Teile des Schrifttums[27] hier davon aus, daß bei der Sicherungsübereignung der Veräußerer trotz des formalen Eigentumsüberganges auf den Sicherungsnehmer wirtschaftlich Interesseträger bleibt. Dies wird damit begründet, daß dieser bei einem Totalverlust der übereigneten Sache den vollen Schaden erleidet, weil er trotz des Verlustes der Sache den Kredit zurückzuzahlen verpflichtet bleibt.

b) Eigentumsvorbehalt

Bei der Veräußerung unter Eigentumsvorbehalt wirken sich die unterschiedlichen Arten der Bestimmung des versicherten Interesses insbesondere auf die Bestimmung des Zeitpunktes des Interesseüberganges aus. Das Problem stellt sich also ähnlich. Wie bei der Sicherungsübereignung liegt auch hier ein Kreditgeschäft vor. Der Erwerber nimmt den Kaufgegenstand sofort in Besitz, so daß auch die Preisgefahr nach § 446 Abs. 1 Satz 1 BGB auf ihn übergeht. Außerdem erwirbt er ein Anwartschaftsrecht. Das Eigentum geht jedoch erst mit Eintritt der Bedingung der vollständigen Zahlung des Kaufpreises auf ihn über. Wird die Sache nach dem Gefahrübergang aber vor Bedingungseintritt beschädigt oder zerstört, bleibt der Vorbehaltskäufer zur Zahlung der ausstehenden Raten verpflichtet.

Die Zuordnung der versicherbaren Interessen sieht hier folgendermaßen aus: Das (in der normalen Sachversicherung nicht versicherte) Nutzungsinteresse geht im Zeitpunkt der Übergabe vom Veräußerer auf den Erwerber über. Da der Eigentumsübergang sich jedoch erst mit dem Bedingungseintritt vollzieht, geht auch erst in diesem Zeitpunkt das Substanz- oder Sachinteresse auf den Erwerber über. Erst dann ist der Erwerber Träger aller aus dem Eigentum resultierenden versicherbaren Interessen an der Sache.[28]

Die Vertreter des Schrifttums sind hier der Auffassung, daß das Anwartschaftsrecht des Erwerbers bei der Frage nach dem Träger des versicherten Interesses nicht unberücksichtigt bleiben darf. Wirtschaftlich gesehen sei der Erwerber bereits Interessent. Weil die Gefahr bereits auf ihn übergegangen ist, hat er bei einem Totalverlust der Sache die beglichenen Raten vergeblich bezahlt[29].

Er bleibt zur Zahlung der noch offenen Kaufpreisraten an den Verkäufer verpflichtet, obwohl dieser ihm das Eigentum nicht mehr verschaffen kann. Auf die formale Eigentumsposition des Veräußerers könne es daher nicht ankommen.

---

[27] Vgl. Fn. 22.

[28] Sach- oder Substanzinteresse, Nutzungsinteresse, Gewinninteresse.

[29] Möller in Bruck / Möller, VVG, § 49 Anm. 64.

c) Stellungnahme

Die Auffassung der Rechtsprechung, nach welcher in der Sachversicherung der jeweilige Eigentümer der Sache auch Träger des Sach- oder Substanzinteresses ist, schafft klare Verhältnisse. Die Eigentumslage ist auch bei beweglichen Sachen unschwer festzustellen. Im Rahmen von § 69 Abs. 1 VVG ist danach der Übergang des versicherten Interesses unmittelbar an den formal-sachenrechtlichen Eigentumsübergang gebunden und dadurch für die Vertragsparteien und den Versicherer leicht zu überschauen.

Wenn nun die Vertreter des Schrifttums einwenden, daß insbesondere bei den oben bereits angesprochenen Geschäften zur Kreditsicherung der Eigentumsvorbehaltsverkäufer und der Sicherungsnehmer bei der Sicherungsübereignung in Wirklichkeit keine (in der normalen Sachversicherung) versicherbaren Interessen an der Sache, sondern nur noch Kreditinteressen haben, so ist dem zu widersprechen. Das Eigentum ist bis zur vollständigen Kaufpreiszahlung im Vermögen des Vorbehaltsverkäufers vorhanden, und der Sicherungsnehmer ist nun einmal Eigentümer der sicherungshalber an ihn übereigneten Sachen. Wird die versicherte Sache beschädigt oder zerstört, so liegt eine Verletzung dieser Vermögensposition "Eigentum" vor.

Daß die Sachnutzer (Vorbehaltskäufer und Sicherungsgeber) bei Eintritt des Versicherungsfalles unter Umständen eine Schadenersatzpflicht trifft und ihre aus dem Kaufvertrag bzw. dem Darlehensvertrag resultierenden Zahlungsverpflichtungen bestehen bleiben, führt zwar bei dem jeweiligen Eigentümer zu einem Ausgleich des durch den Eintritt des Versicherungsfalles erlittenen Vermögensschadens; es kann durch diesen Ausgleich jedoch nicht die Entstehung des durch den Verlust der Vermögensposition "Eigentum" verursachten Substanzschadens verhindert werden. Sind die Sachnutzer dem Eigentümer zum Schadenersatz verpflichtet, spiegelt sich in ihrem Haftungsschaden der Substanzschaden des Eigentümers wider. Der Haftungsschaden des Dritten ist jedoch nicht mit dem Substanzschaden des Eigentümers identisch.

Der vom Schrifttum als solcher bezeichnete "wirtschaftliche Eigentümer" wird durch den Eintritt des Versicherungsfalles somit nicht unmittelbar in seiner Vermögenssubstanz geschädigt wie der wahre Eigentümer der Sache.
Der "wirtschaftliche Eigentümer" hat zwar ein eigenes Sachersatzinteresse, dieses ist jedoch nicht in der normalen Sachversicherung für eigene Rechnung des Sachersatzinteressenten versicherbar. [30] Der Schadenersatzpflichtige kann dieses Risiko durch eine Haftpflichtversicherung für eigene Rechnung oder eine Sachversicherung für Rechnung des Eigentümers abdecken.

---

[30] Schirmer in ZVersWiss 1981, 638 ff.

Durch eine Haftpflichtversicherung des Schädigers wird der geschädigte Dritte jedoch nicht versichert, sondern nur mittelbar gesichert.[31] Der Dritttgeschädigte hat grundsätzlich[32] keine unmittelbaren Ansprüche gegen den Haftpflichtversicherer des Schädigers. Er ist gegen zweckwidrige Verfügungen über den Deckungsanspruch durch den Versicherungsnehmer und Schädiger nur durch die rechtliche Einordnung des Anspruchs als Befreiungsanspruch, weiterhin durch § 156 VVG und im Insolvenzverfahren durch § 157 VVG geschützt. Ist über das Vermögen des Versicherungsnehmers das Insolvenzverfahren eröffnet, kann der Drittgeschädigte in der Haftpflichtversicherung wegen des ihm gegen den Versicherungsnehmer zustehenden Anspruchs abgesonderte Befriedigung aus der Entschädigungsforderung des Versicherungsnehmers verlangen. Zahlt jedoch der Versicherer an seinen Versicherungsnehmer, geht die Entschädigung in das Vermögen des Versicherungsnehmers über, und eine zweckentsprechende Verwendung dieser Versicherungsleistung für den Eigentümer ist nicht gesichert. Der Geschädigte ist mit seinen Erfüllungsansprüchen einfacher Gläubiger ohne jedes Vorzugsrecht auf die Entschädigungsforderung. Darüber hinaus würde eine Haftpflichtversicherung zu Gunsten des Schädigers diesem auch Rechtsschutz zur Abwehr von unberechtigt erscheinenden Ansprüchen des Geschädigten gewähren. Auch dieses stünde im Widerspruch zu den Interessen des Kreditgebers.

Aus diesen Gründen wird der Sicherungsgeber und Schuldner in der Regel vom Sicherungsnehmer (Sicherungseigentümer) vertraglich verpflichtet, einen Sachversicherungsvertrag für Rechnung des Eigentümers abzuschließen und aufrechtzuerhalten. In dieser Sachversicherung für fremde Rechnung besteht aus dem Innenverhältnis heraus eine Pflicht des Versicherungsnehmers zur Einziehung der Entschädigung und zur Auskehrung der eingezogenen Entschädigung an den versicherten Eigentümer.
Als versichertes Interesse kommt in dieser Sachversicherung nur das Eigentumsinteresse des formal-sachenrechtlichen Eigentümers in Betracht, da das versicherte Interesse die Negation des unmittelbaren Schadens ist. Realisiert sich die Gefahr im Schadensfalle, so erleidet den unmittelbaren Sach- oder Substanzschaden immer der Eigentümer.

Nach der Auffassung der Vertreter des Schrifttums sind dagegen Vorbehaltskäufer und Sicherungsgeber bei der Sicherungsübereignung als sog. "wirtschaftliche Eigentümer" Träger des versicherten Interesses in der Sachversicherung. Danach würden diese (formell-sachenrechtlichen) Nichteigentümer im Schadensfalle Inhaber der Versicherungsforderung werden.

---

[31] Schirmer in ZVersWiss 1981, 638, 668.
[32] Ausnahmen beim Bestehen einer gesetzlichen Versicherungspflicht.

Nun behaupten die Vertreter der Lehre, bereits durch ihre Charakterisierung als "wirtschaftliche Betrachtung", auf ökonomische Zusammenhänge besondere Rücksicht zu nehmen und diesbezüglich, im Gegensatz zur formalen Ermittlung des Interesseträgers durch die Rechtsprechung, zu gerechten Ergebnissen zu kommen.

Tatsächlich ist dies jedoch nicht der Fall. Bei der Bestimmung des versicherten Interesses geht es im Ergebnis darum, wer im Schadensfall Inhaber des Anspruches gegen den Versicherer werden soll. Damit wird zugleich das Risiko der Insolvenz der Vertragsparteien verteilt. Legt man die „wirtschaftliche Interessenlehre" zu Grunde, kommt es bei Sicherungsübereignungen und Veräußerungen unter Eigentumsvorbehalt bei Eintritt des Versicherungsfalles zu einer Verschiebung des Insolvenzrisikos auf den Kreditgeber, die die Vertragsparteien durch das Sicherungsgeschäft jedoch gerade verhindern wollten.
Bliebe nämlich nach dem wirtschaftlichen Interessebegriff ein Kreditnehmer nach der Übertragung von Sicherungseigentum auf den Kreditgeber der Träger des versicherten Interesses, würde dieser Sicherungsgeber im Falle der Zerstörung des Sicherungsgutes Inhaber der Entschädigungsforderung gegen den Sachversicherer. Die ursprünglich beabsichtigte Sicherung des Kreditgebers entfiele ersatzlos. Die vor der Zerstörung des Sicherungsgutes dinglich gesicherte Forderung bliebe als rein schuldrechtlicher Anspruch ohne jede Sicherung zurück – bis ggf. neues Sicherungsgut an den Kreditgeber sicherungshalber übereignet würde.
Ähnlich verhält es sich beim Eigentumsvorbehalt. Würde – bei Anwendung des wirtschaftlichen Interessebegriffs – der Eigentumsvorbehaltskäufer versicherungsvertraglich bereits mit der Begründung seines Anwartschaftsrechts Interessent, würde er bei Eintritt des Versicherungsfalles Inhaber der Entschädigungsforderung gegen den Versicherer. Dem Verkäufer, der sich zur Sicherung seiner Kaufpreisforderung das Eigentum vorbehielt, bliebe nur der schuldrechtliche Anspruch auf die noch ausstehenden Raten.

Dies widerspricht jedoch dem Sinn und Zweck der hier gewählten Vertragskonstruktionen. Sinn des Sicherungsvertrages ist es sowohl bei der Sicherungsübereignung als auch beim Verkauf unter Eigentumsvorbehalt, dem kreditgewährenden Sicherungsnehmer bzw. Vorbehaltsverkäufer das Risiko der Insolvenz des Schuldners abzunehmen, denn der Sicherungsgeber hat bereits die Darlehenssumme, der Vorbehaltsverkäufer den Besitz an der Sache vorgeleistet. Schließlich geht es um die Kreditsicherung und nicht lediglich um das einseitige Gewähren von Kredit.

Waren werden aus dem Grunde unter Eigentumsvorbehalt verkauft, weil der Käufer nicht in der Lage ist, den Kaufpreis sofort zu entrichten. Der Verkäufer gewährt ihm daher in der Weise Kredit, daß dem Käufer die Sache übergeben wird und er diese bereits wirtschaftlich nutzen kann, er jedoch den Kaufpreis nur ratenweise zu zahlen verpflichtet ist. Würde der Käufer insolvent, müßte ein Verkäufer, der sich das Eigentum an der Ware nicht vorbehalten hat, versuchen, seine Forderung im Wege der Zwangsvollstreckung durchzusetzen oder als einfache Insolvenzforderung geltend zu machen. Aus diesem Grunde behält sich der Verkäufer das Eigentum an dem Verkaufsgegenstand bis zur vollständigen Kaufpreiszahlung vor und läßt sich ein erleichtertes Rücktrittsrecht einräumen. Kommt dann der Käufer in Zahlungsschwierigkeiten, kann der Vorbehaltsverkäufer zurücktreten und die Kaufsache gegen Erstattung der bereits gezahlten Raten herausverlangen. Pfänden andere Gläubiger des Käufers die unter Eigentumsvorbehalt erworbene Sache, kann der Vorbehaltsverkäufer Drittwiderspruchsklage nach § 771 ZPO erheben; wird der Käufer insolvent, steht dem Vorbehaltsverkäufer an der Sache ein Aussonderungsrecht nach § 47 InsO zu.

Diese Kreditsicherungsfunktion kann jedoch nur dann lückenlos erfüllt werden, wenn dem Kreditgeber im Falle des Unterganges der Sache zur Sicherung seiner Forderung gegen den Schuldner die Sachversicherungsforderung an deren Stelle zur Verfügung steht.

Rechtsgeschäfte zur Kreditsicherung führen immer zu einer treuhänderischen Innehabung der als Sicherungsmittel hingegebenen bzw. zurückbehaltenen Rechtsposition durch den Kreditgeber. Zahlt der Sicherungsgeber bei der Sicherungsübereignung wie vereinbart seine Raten und ist dem Sicherungsnehmer durch den zwischenzeitlichen Eintritt des Versicherungsfalles die Rückübereignung des Sicherungsgutes bzw. der automatische Rückfall des Eigentums an den Sicherungsgeber unmöglich geworden, so tritt nach § 285 Abs. 1 BGB die Versicherungsforderung als stellvertretendes commodum im Wege schuldrechtlicher Surrogation an die Stelle der Sache.[33] Der Anspruch gegen den Versicherer und die Versicherungsleistung sind ein commodum ex re.[34]

Die Gefahr, daß der Sicherungsnehmer (Treuhänder) inzwischen treuwidrig über die Versicherungsforderung verfügt haben und dann insolvent geworden sein könnte, ist jedem Treuhandgeschäft immanent, da nach außen hin stets mehr Rechtsmacht auf den Treuhänder übertragen wird als dieser nach der Abrede mit dem Treugeber wirklich ausüben darf. Das Risiko abredewidriger Verfügungen des Sicherungsnehmers lastete somit bereits von Anfang an auf dem Kreditnehmer und wurde im Rahmen des Sicherungsvertrages von ihm in Kauf

---

[33] Zu § 281 a.F. BGB: BGH Urt. v. 04.03.1955 in VersR 1955, 225; Wiedemann in Soergel, BGB § 281 Rn. 35.

[34] RG Urt. v. 25.10.1916 in RGZ 89, 34, 38; BGH LM Nr.1 und 5 zu § 281 BGB; Prölss, Anm. zum Urt. v. 21.12.1953 des OLG Celle in NJW 1954, 679, 680; Motive (BGB) II, S.47; Wiedemann in Soergel, BGB § 281 Rn. 28.

genommen. Dadurch, daß das Versicherungsverhältnis auf den Sicherungsnehmer übergeht und dieser als Versicherter im Schadensfall Inhaber der Versicherungsforderung wird, ändert sich an diesem Risiko des Treugebers nichts. Ihm erwächst daraus keine zusätzliche Beschwer. Das Innenverhältnis zwischen den Parteien des Sicherungsvertrages bestimmt letztlich, in welcher Weise der Treuhänder über die Entschädigungsforderung verfügen darf.

Ebenso verhält es sich beim Eigentumsvorbehalt. Auch hier könnte doch im Ergebnis der Vorbehaltsverkäufer nicht den Kaufpreis und die Versicherungsleistung behalten. Auch der Verkäufer müßte die als Ersatz erlangte Versicherungsforderung gemäß § 285 Abs. 1 BGB an den Käufer abtreten.

Insofern läuft eine Ermittlung des Veräußerungsbegriffes nach wirtschaftlichen Gesichtspunkten nur darauf hinaus, daß der Sicherungsgeber bei einer Sicherungsübereignung und der Vorbehaltskäufer beim Eigentumsvorbehalt zeitlich früher in den Genuß der Versicherungsleistung kommen würden.
Natürlich bestünde dadurch die Möglichkeit, die Forderung des Sicherungsnehmers bzw. des Vorbehaltsverkäufers sofort zu befriedigen, doch in vielen Fällen wird vereinbart sein, daß die Restschuld nicht auf einmal getilgt werden darf.
Würde hingegen der Kreditschuldner (Sicherungsgeber / Vorbehaltskäufer) Inhaber der Versicherungsforderung, bliebe dem Darlehensgläubiger und Vorbehaltsverkäufer nur die Hoffnung darauf, daß der Schuldner redlich ist und mit der erhaltenen Entschädigungsleistung seine Raten bezahlt. Wie ursprünglich gesichert wäre die Forderung jedoch nicht mehr. Zahlt der Schuldner nicht freiwillig, hätte der Gläubiger keine Möglichkeit, sich aus dem Sicherungsgut zu befriedigen, da dieses durch den Eintritt des Versicherungsfalles zerstört wurde. Der Gläubiger würde dadurch entgegen der ursprünglichen Vereinbarung das Risiko der Insolvenz des Schuldners tragen. Der Eintritt des Versicherungsfalles würde also zu einer Verschiebung des Insolvenzrisikos vom Kreditnehmer auf den Kreditgeber führen.

Dieses Ergebnis als Folge der "wirtschaftlichen" Betrachtung widerstrebt jedoch der Sicherungsabrede der Parteien. Nicht zuletzt aus diesem Grunde muß die Versicherungsforderung als commodum ex re i.S.v. § 285 Abs. 1 BGB in das Vermögen desjenigen fallen, dem vor Eintritt des Versicherungsfalles die Sache gehörte.

Daher ist das versicherte Interesse in der Sachversicherung untrennbar mit der formalen Eigentümerstellung verbunden. Nur der Eigentümer hat das versicherte Sach- oder Substanzinteresse. Nicht hingegen ein mittelbar durch den Verlust der Sache ebenfalls geschädigter Dritter. Es muß somit der Auffassung der Rechtsprechung gefolgt werden.

Steht nun fest, daß das versicherte Interesse das Eigentumsinteresse des jeweiligen formalen Eigentümers ist, birgt § 69 Abs. 1 VVG bezüglich des Tatbestandsmerkmals der Veräußerung keine Probleme mehr in sich.
Eine Veräußerung i.S.v. § 69 Abs. 1 VVG liegt dann vor, wenn das Eigentum an der Sache rechtsgeschäftlich nach den §§ 873 ff., 929 ff. BGB auf den Erwerber übergeht. Hat der Sicherungsgeber vor der Sicherungsübereignung also ausschließlich sein (Eigentums-)Interesse unter Versicherungsschutz gebracht, geht das Versicherungsverhältnis im Falle einer Sicherungsübereignung auf den Sicherungsnehmer über und verbleibt nicht beim Sicherungsgeber als dem "wirtschaftlichen Eigentümer".
Überträgt der Sicherungsnehmer nach Erreichung des Sicherungszweckes das Eigentum zurück auf den Sicherungsgeber, findet § 69 Abs. 1 VVG nochmals Anwendung. Beim Verkauf unter Eigentumsvorbehalt geht das Versicherungsverhältnis erst im Zeitpunkt des Eigentumsüberganges bei Zahlung der letzten Rate auf den Erwerber über.
Der Veräußerer bleibt damit bis zum vollständigen Eigentumsübergang auf den Erwerber Träger des versicherten Interesses. Der vorzeitige Gefahrübergang auf den Käufer und dessen Anwartschaftsrecht bleiben für die Anwendung des § 69 Abs. 1 VVG außer Betracht.

So stellt sich also die Rechtslage ohne wirksamen Sicherungsschein / Sicherungsbestätigung bei der Veräußerung der versicherten Sache im Rahmen eines Kreditsicherungsgeschäftes dar, wenn der Sicherungsgeber nur sein eigenes Interesse unter Versicherungsschutz gebracht hat. Für die Parteien des Sicherungsvertrages tritt nach dem Gesetz die unerwünschte Rechtsfolge des Vertragsübergangs ein. Der Sicherungsnehmer will jedoch nicht als Versicherungsnehmer mit der Prämienzahlungspflicht belastet sein. Auch kann er die Gefahrumstände nicht beeinflussen, da das Sicherungsgut im Besitz des Sicherungsgebers verbleibt. Der automatische Übergang des Versicherungsverhältnisses auf den Sicherungsnehmer ist daher für die Parteien des Sicherungsvertrages ein höchst unbefriedigendes Ergebnis.

Natürlich besteht in einem solchen Fall die Möglichkeit, daß der Sicherungsgeber als Dritter i.S.v. § 267 Abs. 1 Satz 1 BGB die Prämien an den Versicherer zahlt. Das könnte im Sicherungsvertrag festgelegt werden. Der Sicherungsgeber wäre dann aber ein völlig außerhalb des Versicherungsvertrages stehender Dritter. Er könnte weder auf den Vertrag einwirken noch über die Versicherungsforderung verfügen.

Um die Interessen des Sicherungsgebers angemessen zu wahren, ist daher das Sicherungsgut im Rahmen einer Versicherung für "Rechnung wen es angeht" bzw. einer Versicherung für eigene und für fremde Rechnung unter Versicherungsschutz zu bringen. Dadurch kann von vornherein auch ein fremdes Interesse vom Versicherungsnehmer versichert werden, ohne daß das mangelnde eigene Interesse des Versicherungsnehmers / Sicherungsgebers zur Unmöglichkeit nach § 68 Abs. 2 VVG führen würde.

II. Rechtliche Grundlagen der Versicherung für fremde Rechnung

Die Versicherung für fremde Rechnung bietet hier die dogmatische Basis für die Einbeziehung des Kreditgebers in den Versicherungsvertrag. Auch mit dieser Einbindung des Sachversicherungsschutzes in das Kreditgeschäft nach dem gesetzlichen Modell der §§ 74 ff. VVG wird aber den Interessen des Kreditgebers nur unzureichend Rechnung getragen. Um das Bedürfnis für die durch Sicherungsscheine und Sicherungsbestätigungen erfolgenden Modifizierungen des Versicherungsverhältnisses zu verdeutlichen, werden vorab die dogmatischen Grundlagen der Versicherung für fremde Rechnung und deren Folgen für die rechtliche Stellung der Beteiligten geklärt.
Bei der Versicherung für fremde Rechnung bringt der Versicherungsnehmer ein fremdes Interesse - z.B. das des Sicherungsnehmers - unter Versicherungsschutz. § 75 Abs. 1 VVG gewährleistet, daß der Anspruch aus der Versicherung für fremde Rechnung immer dem Träger des versicherten Interesses zusteht. So wird verhindert, daß jemand fremde Interessen versichert und die Versicherungsleistung beansprucht, ohne selbst einen Schaden zu erleiden.
Soll ein Gegenstand versichert werden, der bereits als Sicherungsmittel dient, d.h. beispielsweise bereits zur Sicherheit übereignet wurde, so kann hier vom Sicherungsgeber (und Nichteigentümer) die Sachversicherung sogleich als Versicherung für fremde Rechnung abgeschlossen werden. Der Sicherungsgeber ist dann Versicherungsnehmer und somit Prämienschuldner. Die Versicherungsleistung steht im Schadensfall jedoch dem Sicherungsnehmer zu, da dessen Interesse versichert ist. Kraft ausdrücklicher gesetzlicher Regelung ist der Versicherungsnehmer verfügungsbefugt über die dem Versicherten zustehenden Rechte (§ 76 Abs. 1 VVG).

Da es im Bereich der Kreditsicherung üblich ist, daß der Sicherungsgeber die Versicherung des Sicherungsgutes übernimmt, hat das Institut der Versicherung für fremde Rechnung eine enorme praktische Bedeutung. Sind weder Sicherungsschein noch Sicherungsbestätigung ausgestellt, gestaltet sich die Rechtslage nach den Regeln über die Versicherung für fremde Rechnung (§§ 74 - 80 VVG), die teilweise durch Allgemeine Versicherungsbedingungen (AVB) modifiziert werden.

1. Rechtsnatur der Versicherung für fremde Rechnung

Bereits vor Inkrafttreten des VVG wurde die Rechtsnatur der Versicherung für fremde Rechnung lebhaft diskutiert. Praktisch ging es dabei um die Frage, welchem allgemeinen Rechtsinstitut die Versicherung fremde Rechnung zugerechnet werden kann. Dieses ist deshalb von Bedeutung, weil sich danach richtet, welche allgemeinen Regeln ergänzend heranzuziehen sind, wenn ein Sachverhalt nicht ausdrücklich von den §§ 74 - 80 VVG erfaßt wird.

Vor Inkrafttreten des VVG wurde die Versicherung für fremde Rechnung teilweise als eine Art der Stellvertretung[35] angesehen. Da jedoch der Versicherungsnehmer nach § 74 VVG die Versicherung für einen anderen im eigenen Namen abschließt, kann dies nicht mehr ernsthaft angenommen werden.[36] Auch eine mittelbare Stellvertretung scheidet aus, weil den Versicherten nach dem Innenverhältnis letztlich die Vertragspflichten auch nicht treffen sollen. So kann der Versicherungsnehmer regelmäßig auch den Versicherer frei auswählen.
Die Denkansätze in Richtung Stellvertretung sind jedoch verständlich, da § 812 Abs. 3 HGB früher eine subsidiäre Prämienzahlungspflicht des Versicherten vorsah. Nach der heute vorliegenden gesetzlichen Regelung wird der Versicherte jedoch nicht verpflichtet, wenn man mit der herrschenden Meinung Obliegenheiten nicht als echte Rechtspflichten ansieht.

Es wurde auch argumentiert, die Versicherung für fremde Rechnung sei eigentlich eine Kommission[37] des Versicherungsnehmers für den Versicherten. Doch auch dieser Ansatz vermag nicht zu überzeugen, da die Kommission wiederum ein gesetzlich geregelter Fall der mittelbaren Stellvertretung ist[38]. Außerdem kann die Kommission die Versicherung für fremde Rechnung nicht erklären, da sie das Ausführungsgeschäft, das hier ausschlaggebend ist, außer Betracht läßt. Weiterhin fehlt bei der Versicherung für fremde Rechnung das Abwicklungsgeschäft zwischen Kommittenten und Kommissionär, das dem Kommittenten erst die Früchte des Ausführungsgeschäftes verschafft.[39]

Teilweise wurde auch ein “Vertragsverhältnis zu Dreien” angenommen. Dagegen spricht jedoch, daß der Versicherte keinerlei Einflußmöglichkeit auf den Versicherungsvertrag hat.

---

[35] Voigt, Seeversicherungsrecht, S. 26 ff.; zur mittelbaren Stellvertretung Müller-Erzbach, Handelsrecht S. 796 ff.; ders. Stellvertretung, S. 63 ff., 80, 91; Corrodi, S. 51, 82.
[36] Vgl. § 74 Abs. 2 VVG.
[37] Byk, S. 46 f.; Fischer, S. 17 ff.; Lenné, S.10 ff. (nimmt Mischform zwischen Kommission und Vertrag zu Gunsten Dritter an); RG Urt. v. 06.10.1894 in RGZ 35, 48, 57.
[38] Schilken in Staudinger, BGB, Vorbem. vor §§ 164 ff. Rn. 44, S. 18.
[39] Sieg in Bruck / Möller / Sieg, VVG, § 74 Anm.1, S. 928.

Nach heute herrschender Meinung handelt es sich bei der Versicherung für fremde Rechnung um einen besonderen Fall eines Vertrages zu Gunsten Dritter.[40] Da hiervon abhängt, welche Normen der §§ 328 ff. BGB auch für die Versicherung für fremde Rechnung ergänzend hinzugezogen werden können, wird diese Prämisse hier kurz nachvollzogen .
Das Wesen eines echten (berechtigenden) Vertrages zu Gunsten eines Dritten nach den §§ 328 ff. BGB besteht darin, daß ein nicht am Vertragsschluß beteiligter Dritter unmittelbar aus dem für ihn fremden Schuldverhältnis zwischen Versprechendem und Versprechensempfänger einen eigenen Anspruch gegen den Versprechensempfänger erwirbt. Charakteristisch ist also der originäre, unmittelbare Rechtserwerb in der Person des Dritten aus einem für ihn fremden Vertrag.[41] Unter originärem Rechtserwerb ist hier zu verstehen, daß das neu entstehende Recht dem Dritten als ursprüngliches erwächst. Es gehört nicht, auch nicht durchgangsweise zum Vermögen des Versprechensempfängers[42] und ist daher auch dem Zugriff der Gläubiger des Versprechensempfängers entzogen.
In der Terminologie des Vertrages zu Gunsten eines Dritten wäre der Versicherer der Versprechende und der Versicherungsnehmer der Versprechensempfänger. Der Versicherte ist der am Versicherungsvertrag unbeteiligte Dritte.

§ 75 Abs. 1 VVG weist die Rechte aus der Versicherung für fremde Rechnung dem Versicherten zu. Er ist nicht Nachfolger einer anderen Person.[43] Es besteht auch keine Abhängigkeit von der Berechtigung des Versicherungsnehmers, da es sich nicht um abgeleitete Rechte handelt.[44]

Der Rechtserwerb des Versicherten erfolgt weiterhin unmittelbar, da weder ein Beitritt des Versicherten zu dem zwischen Versicherer und Versicherungsnehmer geschlossenen Vertrag, noch eine besondere Annahmeerklärung zum Rechtserwerb nötig ist. Als Interessent erwirbt der Versicherte die Rechte somit kraft gesetzlicher Regelung originär und unmittelbar.

---

[40] BGH Urt. v. 19.01.1967 in VersR 1967, 343, 344; RG Urt. v. 27.06.1939 in RGZ 161, 23, 27; BAG Urt. v. 30.01.1958 in NJW 1958, 764; Kisch III, S.378 ff.; Bruck, Privatversicherungsrecht S.601, 612; Bruck / Möller, VVG § 1 Anm. 48, S. 111; Prölss in Prölss / Martin, VVG § 75 Anm.1, S. 572; Trautmann, S. 15-18 m.w.N.; Ruscher, S. 22; Schwan, S. 29; Sieg in Bruck / Möller / Sieg, VVG § 74 Anm.2, S. 929.
[41] Heinrichs in Palandt, BGB, Einf. vor § 328 Rn. 6.
[42] Heinrichs in Palandt, BGB, Einf. vor § 328 Rn. 6.
[43] Lehmann-Hübner, BGB-AT § 21 II S. 134; Trautmann, S. 14.
[44] Schwan, S. 30.

Auch § 76 Abs. 3 VVG ändert dieses Ergebnis nicht, denn die nach dieser Norm erforderliche Zustimmung des Versicherten zu einer Zahlung an den Versicherungsnehmer hat keinerlei Auswirkungen auf den Rechtserwerb des Versicherten. Durch die Zustimmung des Versicherten im Falle einer Zahlung an den Versicherungsnehmer soll wiederum nur das Verbot von Wettversicherungen durchgesetzt werden, indem die Kenntniserlangung des Versicherten auf diese Weise gewährleistet wird.[45] Die Versicherung für fremde Rechnung weist somit die typischen Strukturen eines Vertrages zu Gunsten Dritter auf.
Da dem Versicherten die Rechte aus dem Versicherungsvertrag nicht aufgedrängt werden dürfen, kann er diese nach § 333 BGB zurückweisen und deshalb die Zustimmung nach § 76 Abs. 3 VVG verweigern. Der Vertrag wird dann gemäß § 68 Abs. 2 VVG wegen Interessewegfalls ex nunc unwirksam.

2. Besonderheiten / Abweichungen von der gesetzlichen Konzeption der §§ 328 ff. BGB

Einige Regelungen der §§ 74 ff. VVG weichen von der gesetzlichen Konzeption der §§ 328 ff. BGB ab und waren daher Anlaß dafür, an der Richtigkeit der Zuordnung der Versicherung für fremde Rechnung zum Vertrag zu Gunsten Dritter zu zweifeln. So erwirbt der Versicherte gemäß § 75 Abs. 1 VVG die Rechte kraft Gesetzes, obwohl ein "Vertrag" zu Gunsten Dritter vorliegen soll. Auch ist er nicht in der Lage, seinen Anspruch allein durchzusetzen, da nach § 76 Abs. 1 VVG die alleinige Verfügungsbefugnis beim Versicherungsnehmer liegt. Weiterhin wurde bemängelt, daß der Versicherungsnehmer nicht, wie bei § 335 BGB, neben dem Dritten berechtigt ist, die Leistung zu fordern und daß dem Versicherungsnehmer, im Unterschied zum Versprechensempfänger eines Vertrages zu Gunsten Dritter, ein eigenes Interesse an der Erbringung der Leistung an den Versicherten fehle.
Auf diese Kritikpunkte soll hier nur kurz eingegangen werden.

(1) Rechtserwerb kraft Gesetzes

Während nach den §§ 328 ff. BGB der Dritte das Recht deshalb erwirbt, weil die Vertragsparteien sich diesbezüglich geeinigt haben, legt bei der Versicherung für fremde Rechnung das Gesetz[46] fest, daß dem Versicherten die Rechte aus dem Versicherungsvertrag zustehen. Der Grund für die ausdrückliche gesetzliche Zuweisung des Anspruches an den Versicherten liegt darin, daß nur er Träger des versicherten Interesses ist.

---

[45] Ritter-Abraham, § 54 Anm. 10, S. 769; Prölss in Prölss/Martin, VVG § 76 Anm.3, S. 578.
[46] § 75 Abs. 1 VVG.

Man könnte daran denken, daß im Falle der gesetzlichen Zuweisung der Rechte an den Versicherten kein "Vertrag" zu Gunsten eines Dritten vorliegt. So eng darf man die §§ 328 ff. BGB jedoch nicht auslegen. Selbst wenn beim Abschluß der Versicherung für fremde Rechnung der Anspruch des Versicherten nicht ausdrücklich ausbedungen wird, so tritt die Rechtsfolge des § 75 Abs. 1 VVG doch nur dann ein, wenn im Versicherungsvertrag die Versicherung eines fremden Interesses vereinbart wird. Würden sich die Vertragspartner ausdrücklich darüber einigen, daß die Versicherungsforderung entgegen § 75 Abs. 1 VVG dem Versicherungsnehmer zustehen soll, wäre diese Einigung wegen § 68 Abs. 2 VVG nicht wirksam. Die gesetzliche Regelung knüpft daher an den Willen der Vertragspartner an, die in dem Bewußtsein handeln, daß die Rechte aus dem Vertrag dem Versicherten zufallen.[47] Das Recht des Versicherten hat somit seine Wurzel im Vertrag zwischen Versicherungsnehmer und Versicherer, so daß die erforderliche vertragliche Komponente durchaus bejaht werden kann.

(2) Fehlende Durchsetzungsmöglichkeit des Versicherten

Beim echten Vertrag zu Gunsten Dritter kann der Dritte seinen Anspruch gegen den Versprechenden selbständig verfolgen und zur Not auch durchsetzen. Das kann der Versicherte bei der Versicherung für fremde Rechnung kraft ausdrücklicher gesetzlicher Anordnung nicht. Nimmt man den Wortlaut des § 328 Abs. 1 BGB genau, stellt man fest, daß der Versicherte der Versicherung für fremde Rechnung nicht das Recht erwirbt, "die Leistung zu fordern". In § 76 Abs. 1 VVG ist das alleinige Verfügungsrecht dem Versicherungsnehmer zugewiesen, so daß Zweifel an der Subsumtion der Versicherung für fremde Rechnung unter den Vertrag zu Gunsten Dritter aufkommen können.[48]
Der Wortlaut des § 328 BGB darf jedoch nicht überbewertet werden. Unabdingbare Voraussetzung eines Vertrages zu Gunsten eines Dritten ist zwar, daß der Dritte ohne seine Mitwirkung aus dem fremden Vertrag unmittelbar ein Recht erwirbt, es ist jedoch nicht zwingend erforderlich, daß er sein Recht auch selbst ausüben kann. Man denke nur an einen Lebensversicherungsvertrag, bei dem einem Minderjährigen das Bezugsrecht eingeräumt wird. Hier wird niemand das Vorliegen eines Vertrages zu Gunsten des Kindes bezweifeln. Der Minderjährige wird mit dem Tode des Versicherten Inhaber der Forderung gegen den Versicherer, obwohl sein gesetzlicher Vertreter den Anspruch für ihn geltend machen muß. Voraussetzung für das Vorliegen eines Vertrages zu Gunsten Dritter ist es somit nicht, daß der Begünstigte sein Recht auch selbst geltend machen kann.

---

[47] Kisch III, S. 383.

[48] Hofmann sieht die Versicherung für fremde Rechnung als "pactum sui generis", das dem Vertrag zu Gunsten Dritter nahesteht, an.: in VersR 1960, 97, 99.

Der Grund für diese vom Vertrag zu Gunsten Dritter abweichende Rechtsgestaltung mit der Trennung des formellen Verfügungsrechts von der materiellen Rechtsinhaberschaft liegt einerseits in dem Bedürfnis nach Rechtssicherheit und einer schnellen, zweckmäßigen Abwicklung des Vertrages begründet. Der Versicherer soll sich bei der Vertragsabwicklung an seinen Vertragspartner, den Versicherungsnehmer, wenden können und nicht mit dem ihm zumeist unbekannten Versicherten verhandeln müssen.
Andererseits soll der Versicherungsnehmer durch die alleinige Verfügungsmacht aber auch ein Druckmittel gegen den Versicherten in die Hand bekommen. Der Versicherungsnehmer, der sich wegen seiner Forderungen aus dem Geschäftsverhältnis mit dem Versicherten aus der versicherten Sache befriedigen konnte, soll sich in gleicher Weise nun an die Versicherungsforderung halten können.
Zwischen Versicherungsnehmer und Versichertem besteht kraft der §§ 75, 76 VVG eine Art gesetzliches Treuhandverhältnis.[49]

Auch sonst kennt unser Zivilrecht Fälle, in denen der Berechtigte nicht in der Lage ist, nach Belieben über sein Recht zu verfügen, wie beispielsweise der Gemeinschuldner im Falle der Insolvenz (§§ 80 ff. InsO), der einer Testamentsvollstreckung unterliegende Erbe (§ 2211 I BGB) oder der Forderungsinhaber in den Fällen der §§ 1074 Satz 3 und 1282 Abs. 2 BGB.
Daher kann hier festgestellt werden, daß auch die fehlende Durchsetzungsmöglichkeit des Versicherten die Einordnung der Versicherung für fremde Rechnung unter die Rechtsfigur des Vertrages zu Gunsten Dritter nicht hindert.

(3) keine materielle Berechtigung des Versicherungsnehmers

Nach § 335 BGB ist der Versprechensempfänger beim Vertrag zu Gunsten Dritter regelmäßig neben dem Dritten berechtigt. Er kann daher aus eigenem Recht die Leistung des Versprechenden an den Dritten fordern. Die materielle Berechtigung des Versprechensempfängers wird teilweise als essentielle Voraussetzung eines Vertrages zu Gunsten eines Dritten angesehen und daher die Einord-

[49] BGH Urt. v. 07.05.1975 in BGHZ 64, 260, 264; BGH Urt. v. 04.04.1973 in VersR 1973, 634, 635; BGH Urt. v. 12.06.1991 in RuS 1991, 346, 347; BAG in NZA 1990, 701; OLG Karlsruhe Urt. v. 17.12.1975 in VersR 1976, 239, 240; OLG Celle Urt. v. 01.10.1953 in VersR 1953, 489; OLG Hamm Beschl. v. 22.05.1981 in VersR 1982, 381; OLG München Urt. v. 29.01.1986 in VersR 1986, 881; OLG Düsseldorf Urt. v. 09.07.1985 in NJW 1986, 62; OLG Köln Urt. v. 18.10.1989 in VersR 1990, 847, 848; ZVerkR 1970, 48; ÖOGH Beschl. v. 30.05.1973 in VersR 1974, 455; kritisch Sieg in Bruck / Möller / Sieg, VVG, §§ 75, 76 Anm. 22, S. 952.

nung der Versicherung für fremde Rechnung unter die §§ 328 ff. BGB abgelehnt.[50]

§ 335 BGB ist Ausdruck schon immer gehegter Zweifel gegen das deutschrechtliche Institut des Vertrages zu Gunsten Dritter. Im römischen Recht galt der Grundsatz: „alteri stipulari nemo potest".[51] Danach war es nicht nur ausgeschlossen, Dritte ohne deren Beteiligung rechtsgeschäftlich zu verpflichten. Es gab auch keine Möglichkeit, durch ein Rechtsgeschäft unmittelbar für einen Dritten eine Forderung zu begründen. Die Wirkungen des Geschäfts trafen nur die unmittelbar Beteiligten selbst.[52]

Der Gedanke, daß neben dem Versprechensempfänger auch ein Dritter, Vertragsfremder, berechtigt werden könnte, wurde daher als systemwidrig, nämlich als Verstoß gegen den Grundsatz der Relativität des Schuldverhältnisses i.S.v. § 305 BGB empfunden. § 335 BGB begegnet diesen Zweifeln dadurch, daß er dem Versprechensempfänger als Vertragspartner des Versprechenden grundsätzlich ein eigenes Forderungsrecht zuspricht. Bereits in § 335 BGB wird jedoch ausdrücklich darauf hingewiesen, daß abweichende vertragliche Regelungen möglich sind, so daß die Parteien vereinbaren können, daß nur der Dritte einen Leistungsanspruch haben soll. Dann erlangt der Dritte ein alleiniges Recht.[53] Bei der Versicherung für fremde Rechnung ist eine solche ausschließliche Berechtigung des Dritten vorgesehen. Der Versicherungsnehmer selbst erwirbt nur das Recht auf Aushändigung des Versicherungsscheines gemäß § 75 Abs. 1 Satz 2 i.V.m. § 3 VVG.

§ 75 Abs. 1 VVG schreibt fest, daß allein der Versicherte Gläubiger der Versicherungsforderung ist, so daß der Versicherungsnehmer nach den §§ 74 - 80 VVG nicht neben dem Versicherten aus eigenem Recht berechtigt ist, die Versicherungsleistung zu fordern. Fordert der Versicherungsnehmer die Leistung, macht er das dem Versicherten zustehende und für ihn fremde Recht kraft seiner aus § 76 Abs. 1 VVG folgenden Verfügungsbefugnis geltend. Der Versicherungsnehmer kann also keinen eigenen Anspruch durch Klage auf Leistung an den Dritten durchsetzen, sondern aus eigenem Recht nur Klage auf Feststellung des Drittrechts erheben. Da § 335 BGB eine nachgiebige Regelung enthält, steht die Regelung in § 75 Abs. 1 VVG, nach der allein der Versicherte Gläubiger der Versicherungsforderung ist, mit der Regelung des BGB durchaus im Einklang.

Die fehlende Berechtigung des Versicherungsnehmers widerspricht der Subsumtion der Versicherung für fremde Rechnung unter den Vertrag zu Gunsten Dritter daher nicht.

---

[50] Ritter-Abraham, § 52 Anm. 13, S. 572; Kisch III, S. 382; Orlowski, S. 104; Schwan, S. 28.

[51] Ulpian in Dig. 45.1.38.17.

[52] Kaduk in Staudinger, BGB, Vorbem. zu §§ 328 ff. Rdn. 5a.

[53] Gottwald in MünchKomm, BGB, § 335 Rdn. 3.

(4) Interesse des Versicherungsnehmers

Von Ehrenberg[54] wurde die Einordnung der Versicherung für fremde Rechnung unter die §§ 328 ff. BGB deshalb abgelehnt, weil der Versprechensempfänger beim Vertrag zu Gunsten Dritter ein eigenes Interesse am Erbringen der vertragsgemäßen Leistung an den Dritten habe, das dem Versicherungsnehmer der Versicherung für fremde Rechnung fehle. Dieser Einwand vermag jedoch nicht zu überzeugen, da einerseits in den §§ 328 ff. BGB ein solches Interesse des Versprechensempfängers nicht vorausgesetzt wird und außerdem ein derartiges eigenes Interesse im Normalfall beim Versicherungsnehmer doch vorhanden sein wird. Schließlich wird sich der Versicherungsnehmer nur selten grundlos verpflichten, die Prämien für die Versicherung eines fremden Interesses zu zahlen. In der Mehrzahl der Fälle schließt der Versicherungsnehmer die Fremdversicherung ab, weil er selbst dem Eigentümer bei Untergang oder Beschädigung der Sache Schadenersatz leisten müßte, wenn kein Versicherer für den Schaden aufkäme.[55] In Kraftfahrzeugleasingverträgen ist eine Regelung üblich, die den Leasingnehmer verpflichtet, ein Kraftfahrt-Fremdversicherung zu Gunsten des Leasinggebers abzuschließen.

3. Ergänzung der Normen des Versicherungsrechts durch die §§ 328 ff. BGB

Da die Versicherung für fremde Rechnung ihrer Rechtsnatur nach ein Vertrag zu Gunsten eines Dritten ist, kann nun kurz darauf eingegangen werden, welche Regeln der §§ 328 ff. BGB für die Versicherung für fremde Rechnung ergänzend herangezogen werden können, sofern die §§ 74 ff. VVG keine hiervon abweichende, speziellere Regelung treffen.

Der Versicherte erwirbt die Rechte aus dem Vertrag ohne seine Mitwirkung. Da diese ihm aber nicht aufgezwungen werden dürfen, gilt § 333 BGB bei der Versicherung für fremde Rechnung ebenfalls.[56] Das Zurückweisungsrecht selbst ist kein Recht "aus dem Vertrage", so daß § 76 Abs. 1 VVG hier nicht einschlägig ist. Der Versicherte kann dieses Recht somit selbst ausüben, schließlich entscheidet die Ausübung des Zurückweisungsrechtes selbst erst darüber, ob der Versicherte überhaupt Rechte aus dem Vertrage erwirbt.[57]
Weiterhin ist darauf hinzuweisen, daß sich der Versicherte - wie bei § 334 BGB der Dritte - vom Versicherer alle Einwendungen aus dem Versicherungsvertrag

[54] Ehrenberg in Iherings Jb. Bd.30 S. 422 ff., 425, 426; Stolle, S. 8.
[55] Kisch III, S. 380; Orlowski, S. 102; Schwan, S. 29.
[56] Kisch III, S. 455.
[57] Trautmann, S. 20; Ritter-Abraham, § 53 Anm. 3 S. 759.

entgegenhalten lassen muß, die der Versicherer seinem Vertragspartner gegenüber geltend machen kann. Dies ist jedoch nicht überraschend, da der Versicherte die Rechte "aus dem Vertrag" erwirbt. Er kann als Dritter keine bessere Rechtsposition erlangen, als sich aus dem Deckungsverhältnis für den Vertragspartner selbst ergeben würde. Im Ergebnis führt dieser Rechtsgedanke für den Versicherten zu einer teilweisen Entwertung seines Versicherungsschutzes. Diese ist der Grund für das Bestreben des Versicherten, seine Ansprüche gegen den Versicherer von einem eventuellen Fehlverhalten des Versicherungsnehmers möglichst unabhängig auszugestalten.

§ 335 BGB hingegen paßt nicht in die Struktur der Versicherung für fremde Rechnung. Nach dieser Regelung des BGB ist der Versprechensempfänger auch dann berechtigt, selbständig die Leistung an den Dritten zu verlangen, wenn dieser ein eigenes Forderungsrecht hat.
Nach den §§ 74 ff. VVG hat hingegen entweder der Versicherte oder der Versicherungsnehmer das Verfügungsrecht über die Versicherungsforderung. Hat es der Versicherte nach § 75 Abs. 2 VVG, kann nicht auch der Versicherungsnehmer die Leistung an den Versicherten fordern.[58]

4. Erwerb der Rechte aus der Versicherung für fremde Rechnung

Der Versicherte erwirbt nach § 75 Abs. 1 VVG die Rechte "aus dem Vertrag". Ihm gegenüber besteht die Gefahrtragungspflicht des Versicherers und bei Eintritt des Versicherungsfalles die Pflicht zur Zahlung der vertraglich vereinbarten Entschädigungssumme. Nach einhelliger Auffassung ist § 75 Abs. 1 Satz 1 VVG auch nicht abdingbar.[59] Damit weist § 75 Abs. 1 VVG die Ansprüche dem Träger des Interesses als dem wahren Berechtigten zu.
Der Versicherungsnehmer ist gemäß § 76 Abs. 1 VVG über diese Rechte des Versicherten verfügungsbefugt. Er selbst hat gemäß § 75 Abs. 1 Satz 2 i.V.m. § 3 VVG Anspruch auf Aushändigung des Versicherungsscheines. Allein dieser Anspruch erwächst dem Versicherungsnehmer selbst aus dem Versicherungsvertrag.[60]
Eine klare Aussage darüber, in welchem Umfang der Versicherte die Rechte aus dem Vertrag erwirbt, trifft § 75 Abs. 1 VVG nicht.

---

[58] Trautmann S. 13, 16 f.; Sieg in Bruck / Möller / Sieg, VVG, § 74 Anm. 2, S. 929.
[59] Prölss in Prölss / Martin, VVG, § 75 Anm. 6, S. 576; Ruscher S. 74.
[60] Bruck / Möller Bd.I § 3 Anm. 15 S. 158.

a) Erwerb des materiellen Anspruchs

Einigkeit besteht darüber, daß der Versicherte den Anspruch auf Gefahrtragung erwirbt und nach Eintritt des Versicherungsfalles Gläubiger der materiellen Ansprüche gegen den Versicherer wird. Zu den materiellen Ansprüchen gehören: der Anspruch auf die Entschädigungssumme nebst Zinsen, ein eventueller Schadenersatzanspruch wegen Verzuges, der Anspruch auf Bewirken der Sicherheitsleistung nach § 150 Abs. 3 VVG, der Anspruch auf Ersatz von Aufwendungen für den Versuch der Abwendung oder Minderung des Schadens nach § 63 VVG.

Streitig ist, ob der Versicherte auch einen etwaigen Anspruch auf Prämienrückvergütung erwirbt. Fischer[61] ist der Ansicht, daß dieser Anspruch durch § 75 Abs. 1 VVG ebenfalls dem Versicherten zugewiesen wird. Ob der Versicherte den Anspruch an den Versicherungsnehmer abtreten bzw. das Geld an ihn herausgeben muß, soll sich dann nach dem Innenverhältnis zwischen Versichertem und Versicherungsnehmer richten. Die überwiegende Auffassung in der Literatur vertritt jedoch mit guten Argumenten die gegenteilige Meinung.[62] Um das Problem zu klären, ist zunächst einmal zu fragen, ob es sich bei dem Anspruch auf Prämienrückvergütung überhaupt um einen Anspruch "aus" dem Versicherungsvertrag handelt. Zur Entscheidung dieser Frage bietet es sich an, das gesamte Versicherungsverhältnis gedanklich in das zwischen den Vertragsparteien bestehende Grundverhältnis und das erst aus der Vertragsdurchführung resultierende Vollzugsverhältnis zwischen Versicherer und Versichertem zu unterteilen. Ansprüche aus dem Vollzugsverhältnis sollen - wie bei sonstigen Verträgen zu Gunsten Dritter - dem Versicherten zukommen. Fraglich ist somit, ob auch Beitragsrückerstattungen zu diesem Vollzugsverhältnis gehören.

Beitragsrückerstattungen dienen dazu, das Äquivalenzverhältnis zwischen Gefahrenlage und Prämie nachträglich wieder ins Gleichgewicht zu bringen. Dieses Äquivalenzverhältnis betrifft aber nur das Verhältnis zwischen dem Versicherungsnehmer und dem Versicherer. Der Versicherte hat damit nichts zu tun. Da außerdem der Versicherungsnehmer als Vertragspartner des Versicherers zur Prämienzahlung verpflichtet ist, muß es auch ihm zugute kommen, wenn wegen eines erfolgsabhängigen Überschusses in der entsprechenden Sparte oder auch bei einem sehr günstigen Schadenverlauf im Einzelfall eine geringere Prämie für die übernommene Gefahrtragung zu zahlen war. Daher entspringt der Anspruch auf Prämienrückerstattung nicht dem Vollzugsverhältnis und wird deshalb auch nicht durch § 75 Abs. 1 VVG dem Versicherten zugewiesen. Folgt

---

[61] Fischer, Versicherung für fremde Rechnung, S. 34.

[62] Prölss in Prölss / Martin, VVG, § 75 Anm. 2, S. 573; Sieg in Bruck / Möller / Sieg, VVG, §§ 75, 76 Anm. 4, S. 945 f.

man der gegenteiligen Auffassung, ist das Ergebnis häufig das gleiche, da dann ein Ausgleich zwischen Versicherungsnehmer und Versichertem entsprechend den Vereinbarungen im Innenverhältnis vorgenommen wird. Die Position des Versicherungsnehmers bleibt auch hier durch § 76 Abs. 1 VVG besonders geschützt.

b) Erwerb der Gestaltungsrechte

Heftig umstritten ist, ob der Versicherte auch die Gestaltungsrechte erwirbt. Beim Vertrag zu Gunsten eines Dritten nach dem BGB verbleiben diese immer beim Vertragspartner des Versprechenden, also dem Versprechensempfänger.[63]

Derjenige, dem die Gestaltungsrechte zustehen, ist "Herr des Vertrages". Er bestimmt, ob der Vertrag angefochten, gekündigt oder im Einvernehmen mit dem Versicherer geändert wird.

Da bei der Versicherung für fremde Rechnung durch § 75 Abs. 1 VVG pauschal "die Rechte aus dem Vertrag" dem Versicherten zugewiesen werden, könnte hier der Versicherte als "Dritter" ausnahmsweise auch Inhaber der Gestaltungsrechte geworden sein.
Lediglich das Anfechtungsrecht wegen Willensmängel beim Vertragsschluß soll nach dieser Auffassung beim Versicherungsnehmer verbleiben, da dies aus der Natur des Anfechtungsrechtes folge, wonach das Anfechtungsrecht immer nur dem zustehe, der geirrt hat bzw. getäuscht oder bedroht worden ist. Dies ist hier der Versicherungsnehmer als Vertragspartei. Täuscht der Versicherungsnehmer, ist er nach § 143 Abs. 2 BGB Anfechtungsgegner. Ausnahmsweise kann auch gegenüber dem Versicherten angefochten werden[64], da der Versicherte aus der Erklärung des Anfechtungsberechtigten unmittelbar ein Recht erworben hat.[65]

Nimmt man den Wortlaut der Norm genau, muß man jedoch eingestehen, daß § 75 Abs. 1 VVG dem Versicherten lediglich die Rechte "aus dem Vertrag" zuweist. Die Gestaltungsrechte sind nicht ausdrücklich erwähnt. Hätte der Gesetzgeber dem Versicherten jedoch auch die Gestaltungsrechte zuweisen wollen, hätte er besser von den Rechten "des Vertrages" sprechen sollen. Damit findet die Zuweisung der Gestaltungsrechte an den Versicherten keine Stütze im Gesetz. Die Gesetzgebungsmaterialien sind zur Entscheidung dieser Frage leider unergiebig.

---

[63] Heinrichs in Palandt, BGB, § 328 Rn. 6.
[64] nach § 143 Abs. 2 i.V.m. § 123 Abs. 2 Satz 2 BGB.
[65] Trautmann, S. 10.

Der Versicherungsnehmer hat nach direkter gesetzlicher Zuweisung aus § 75 Abs. 1 Satz 2 VVG das Recht auf Aushändigung des Versicherungsscheines. Betrachtet man nun den systematischen Normenzusammenhang, kann man sich auf den Standpunkt stellen, daß der Versicherte durch § 75 Abs. 1 Satz 1 VVG - im Umkehrschluß zu § 75 Abs. 1 Satz 2 VVG - alle Rechte, die ihre Wurzel in dem Versicherungsvertrag haben - mit Ausnahme des Rechtes auf Aushändigung des Versicherungsscheines - zugewiesen bekomme.[66]
Dafür, dem Versicherten nur den Rechtserwerb unter Ausschluß der vertraglichen Gestaltungsrechte zuzubilligen, spricht, daß anderenfalls der Versicherte als ein Außenstehender in ein fremdes Vertragsverhältnis gestaltend eingreifen könnte, während der Versicherungsnehmer zwar den Vertrag abschließen, später jedoch nicht mehr auf das Vertragsverhältnis einwirken könnte, ohne von dem Versicherten abhängig zu sein.

Darüber hinaus erscheint es wenig sinnvoll, dem Versicherten die Gestaltungsrechte zuzusprechen, denn wegen § 76 Abs. 1 VVG könnte er diese gar nicht selbst ausüben.
Im Unterschied zu den materiellen Rechten, die sich stets in die "Inhaberschaft" und die "Verfügungsbefugnis" gliedern lassen, sind Gestaltungsrechte nicht in dieser Weise teilbar. Daher erschöpfen sie sich in ihrer Ausübung[67], und es brächte dem Versicherten keinen Vorteil, wenn er materieller Inhaber der Gestaltungsrechte wäre.[68]

Hieraus wird deutlich, daß allein die Zuweisung der Gestaltungsrechte an den Versicherungsnehmer und Vertragspartner des Versicherers sinnvoll ist, da diesem nach § 76 Abs. 1 VVG ohnehin deren Ausübung obliegt. Danach erwirbt der Versicherte nur die geldwerten Ansprüche gegen den Versicherer.[69] Die Gestaltungsrechte verbleiben beim Versicherungsnehmer als dem Vertragspartner des Versicherers.

---

[66] Bruck, Privatversicherungsrecht S. 617; Corrodi, S. 130, 139 ff.; Ehrenzweig, S. 214; Fischer, S. 33; Lenné, S. 124; Orlowski, S. 86 ff.; Schwan, S. 16.
[67] Ruscher, S. 29 f., 84.
[68] Ruscher, S. 83.
[69] BGH Urt. v. 09.02.1956 in VersR 1956, 170; Kisch III, S. 423, 424; Werber / Winter, Rn. 325; vgl. auch Schlegelberger, ADS, S.154, 155 zu dem mit § 75 VVG in etwa gleichlautenden § 53 ADS.

III. Die einzelnen Rechtsverhältnisse der Beteiligten untereinander

1. Verhältnis Versicherer – Versicherungsnehmer

a) Grundlage

Versicherer und Versicherungsnehmer sind die Vertragsparteien des Versicherungsvertrages. Sie bestimmen durch ihre Vereinbarungen den Umfang des Versicherungsschutzes. Das Synallagma des Versicherungsvertrages für fremde Rechnung ist durch die §§ 74 ff. VVG besonders ausgestaltet, so daß der Versicherungsnehmer zwar verfügungsbefugt, jedoch bezüglich der Rechte aus dem Vertrag nicht selbst Gläubiger ist. Dadurch verschiebt sich das Do ut des-Verhältnis des Vertrages teilweise zugunsten des Versicherten.

Der Versicherungsnehmer ist Prämienschuldner und zur Einhaltung der Obliegenheiten verpflichtet. Er ist Inhaber der Gestaltungsrechte und zur Verfügung über die dem Versicherten zustehenden Rechte aus dem Vertrag befugt.

Der Versicherer schuldet die Gefahrtragung und bei Eintritt des Versicherungsfalles die geldlichen Leistungen jedoch nicht dem Versicherungsnehmer, sondern nach § 75 Abs. 1 VVG dem Versicherten. Hinsichtlich der sonstigen Verpflichtungen des Versicherers bleibt der Versicherungsnehmer der jeweils Berechtigte.
Alle Erklärungen, die das Grundverhältnis zwischen den Vertragsparteien betreffen, muß der Versicherer dem Versicherungsnehmer gegenüber abgeben. Er ist der Adressat gestaltender Willenserklärungen.

b) Aktivlegitimation für die Durchsetzung des Anspruchs auf die Versicherungsleistung

Der Versicherungsnehmer kann im Prozeß die Forderung des Versicherten im eigenen Namen geltend machen.[70] Er selbst ist Partei, so daß der Versicherte als Zeuge vernommen werden kann.[71] Dabei kann der Versicherungsnehmer Zahlung an sich oder an den Versicherten verlangen. Verlangt er aber Zahlung an sich selbst, muß er gemäß § 76 Abs. 2, 3 VVG den Nachweis für die Zustimmung des Versicherten zur Annahme der Zahlung erbringen oder den Ver-

[70] Haymann, S. 31 ff.
[71] Arens, S. 37 ff..

sicherungsschein vorlegen und die Zustimmung des Versicherten zum Abschluß der Versicherung nachweisen.[72]
Die Rechtsgrundlage der Aktivlegitimation des Versicherungsnehmers liegt in § 76 Abs. 1 VVG und folgt aus der Stellung des Versicherungsnehmers als Vertragspartner des Versicherers.[73] Die Befugnis, Prozeßhandlungen betreffend den Anspruch des Versicherten vorzunehmen, wird von der gesetzlichen Verfügungsbefugnis des Versicherungsnehmers mit umfaßt.[74]

2. Verhältnis Versicherungsnehmer – Versicherter

a) Grundlage

Nach dem Innenverhältnis zwischen Versicherungsnehmer und Versichertem richtet sich, wer letztendlich wirtschaftlich durch die Prämien belastet wird, wer die Versicherungsleistung behalten darf und ob ein zur Geltendmachung der Versicherungsforderung befugter Versicherter die Versicherungsleistung in einer bestimmten Weise verwenden muß[75]. Die §§ 74 ff. VVG setzen kein besonderes Rechtsverhältnis zwischen Versicherungsnehmer und Versichertem voraus. Mängel im Innenverhältnis wirken sich auch nicht auf die Wirksamkeit des Versicherungsvertrages für fremde Rechnung aus. Die Beziehungen zwischen Versicherungsnehmer und Versichertem können vertraglich oder durch gesetzliche Regelung ausgestaltet sein.
Eine Verpflichtung des Versicherungsnehmers zum Abschluß der Fremdversicherung folgt zumeist aus einem Auftrag, einem Geschäftsbesorgungsvertrag oder auch aus sozialer oder familiärer Verantwortlichkeit für den Versicherten, einer Schenkung oder einem Arbeitsverhältnis. Regelt der Vertrag zugleich ein Obhutsverhältnis über fremde Sachen, begründet häufig sogar das Gesetz eine Pflicht zum Abschluß einer Fremdversicherung.[76] In den hier interessierenden Fremdversicherungsverträgen, die in Kreditsicherungsgeschäfte eingebunden sind, regelt die Sicherungsabrede oder der Leasingvertrag üblicherweise die Verpflichtung des Sicherungsgebers bzw. des Leasingnehmers zum Abschluß einer Fremdversicherung zu Gunsten des Eigentümers.

---

[72] Ehrenzweig, S. 220; Kisch III, S. 508; Ruscher, S. 107.
[73] Kisch III, S. 507.
[74] Ruscher S. 106; Ehrenzweig, Versicherungsvertragsrecht, S. 220.
[75] BGH Urt. v. 12.02.1985 in VersR 1985, 679 = JZ 1985, 798 m. Anm. Hofmann (Anspruch des Leasingnehmers auf Verwendung der Versicherungsleistung zur Reparatur, ohne daß der Leasinggeber mit Mietzinsforderungen aufrechnen darf.).
[76] § 1045 BGB Pflicht des Nießbrauchers, § 390 Abs. 2 HGB Pflicht des Kommissionärs - über die Verweisung in §§ 407 Abs. 2, 417 Abs. 1 HGB Pflicht der Spediteure und Lagerhalter.

b) Der Anspruch des Versicherten gegen den Versicherungsnehmer auf Einziehung und Auskehrung der Entschädigungssumme

Da der Versicherte zwar Rechtsinhaber ist, aber wegen § 76 Abs. 1 VVG keinerlei Verfügungsmacht hat, ist er darauf angewiesen, daß der Versicherungsnehmer die Forderung für ihn geltend macht und getreu den Vereinbarungen im Innenverhältnis auskehrt. Der Versicherer leistet an den Versicherungsnehmer mit befreiender Wirkung.[77] Der Versicherte ist somit im Normalfall darauf angewiesen, daß der Versicherungsnehmer die Entschädigungsleistung einzieht und an ihn auskehrt.

Ebenso wie die Verpflichtung des Versicherungsnehmers zum Abschluß eines Fremdversicherungsvertrages werden Ansprüche des Versicherten gegen den Versicherungsnehmer auf Einziehung und Auskehrung der Entschädigungsleistung zumeist vertraglich begründet. Die §§ 74 ff. VVG regeln einen solchen Auskehrungsanspruch des Versicherten nicht ausdrücklich. Über die Rechtsgrundlage besteht daher Streit. Diskutiert wird eine Herleitung aus der materiellen Rechtsinhaberschaft des Versicherten gemäß § 75 Abs. 1 VVG, aus einem aus den §§ 75, 76 VVG resultierenden gesetzlichen Treuhandverhältnis[78], dem zwischen Versicherungsnehmer und Versichertem bestehenden schuldrechtlichen Innenverhältnis, sowie aus einer Geschäftsführung ohne Auftrag oder ungerechtfertigter Bereicherung.

aa) Auskehrungsanspruch aufgrund materieller Rechtsinhaberschaft

Gemäß § 75 Abs. 1 VVG ist der Versicherte der Inhaber der Rechte aus dem Versicherungsvertrag und somit Gläubiger des Anspruchs auf die Versicherungsleistung. Sein Interesse ist versichert, da er bei Eintritt des Versicherungsfalles den unmittelbaren Schaden erleidet. Der Auskehrungsanspruch dient dazu, die Versicherungsleistung in die Hände des Geschädigten zu leiten, so daß man bereits aus der materiellen Rechtsinhaberschaft an sich einen Anspruch auf Auskehrung der Entschädigungsleistung an den Versicherten bejahen könnte.[79] Denn aus der Konzeption des Gesetzes wird deutlich, daß die §§ 74 ff. VVG gerade verhindern sollten, daß jemand eine fremde Sache unter Versicherungsschutz bringt und sich selbst im Schadensfalle die Versicherungsleistung zunut-

---

[77] Enge, S. 70; Taube, S. 113.

[78] BGH Urt.v.12.06.1991 in VersR 1994, 1101, 1102; BGH Urt.v.12.12.1990 in BGHZ 113, 151, 155; BGH Urt.v.08.02.1960 in BGHZ 32, 44, 52 f.; Römer in Römer / Langheid, VVG, § 77 Anm.6.

[79] Lenné, S. 88; Anli, S. 136; Ruscher, S. 119 unter Beschränkung auf die Unfallversicherung.

ze macht. Dieser Fall könnte jedoch eintreten, wenn der Versicherte keine Möglichkeit hätte, die Auskehrung der Leistung zu verlangen. § 75 Abs. 1 VVG, der den Versicherten zum Inhaber der Rechte aus dem Versicherungsvertrag erhebt, bliebe ein schwacher Trost für den leer ausgehenden Versicherten.

Zweifelhaft ist jedoch, ob wirklich allein § 75 Abs. 1 VVG Rechtsgrundlage des Auskehrungsanspruches sein kann. Ein aus § 75 Abs. 1 VVG resultierender Auskehrungsanspruch würde der Tragweite des umfassenden Verfügungsrechtes des Versicherungsnehmers aus § 76 Abs. 1 VVG nicht gerecht werden.

Das Verfügungsrecht ist dem Versicherungsnehmer in § 76 Abs. 1 VVG deshalb zugewiesen worden, weil der Versicherungsnehmer die Möglichkeit haben soll, seine etwaigen Ansprüche gegen den Versicherten zwanglos durchzusetzen. Ob dem Versicherungsnehmer Ansprüche gegen den Versicherten zustehen, ergibt sich aus dem Innenverhältnis. Dieses ist jedoch unabhängig vom Versicherungsvertrag. Daher läßt sich allein aus der Rechtsinnehabung nach § 75 Abs. 1 VVG noch kein Anspruch des Versicherten gegen den Versicherungsnehmer auf Auskehrung der Versicherungsleistung herleiten.

bb) Auskehrungsanspruch aufgrund eines gesetzlich ausgestalteten Treuhandverhältnisses

Bei den hier interessierenden Fremdversicherungen über Sicherungsgut sind zwei Treuhandverhältnisse zu unterscheiden, die in ihrer Entstehung und ihrem Bestand unabhängig voneinander sind.

Die Sicherungsübereignung des Gutes an den Versicherten begründet ein vertragliches Treuhandverhältnis zwischen Versichertem und Versicherungsnehmer. Der Versicherte wird Eigentümer des Sicherungsgutes und ist durch die Sicherungsabrede in seiner Befugnis, über das Gut zu verfügen, beschränkt. Hier besteht eine vertragliche Sicherungstreuhand zu Gunsten des Versicherten, in der eine Pflicht des Versicherungsnehmers zur Auskehrung der Entschädigung unmittelbar nicht vereinbart wird.

Im Rahmen des Versicherungsverhältnisses besteht zwischen Versichertem und Versicherungsnehmer ein weiteres Treuhandverhältnis. Nach den §§ 75 Abs. 1, 76 Abs. 1 VVG ist der Versicherte Gläubiger der Entschädigungsforderung. Die alleinige Verfügungsbefugnis über diesen Anspruch liegt jedoch beim Versicherungsnehmer. Das Gesetz überträgt dem Versicherungsnehmer somit nicht auch das materielle Recht, sondern nur die Befugnis, über das dem Versicherten zustehende Recht zu verfügen.

Wegen dieser gesetzlich festgelegten Aufspaltung von formeller Verfügungsbefugnis und materieller Rechtsinhaberschaft nehmen die Rechtsprechung und der überwiegende Teil des Schrifttums das Vorliegen eines gesetzlichen Treuhandverhältnisses zwischen Versicherungsnehmer und Versichertem an.[80]
Wesentliches Merkmal fiduziarischer Rechtsverhältnisse ist die Übertragung des Vollrechts auf einen Treuhänder, dessen rechtliches Dürfen dann im Innenverhältnis beschränkt wird. Eine "echte" Treuhand in diesem Sinne liegt in den Fällen der Versicherung für fremde Rechnung daher nicht vor. Die Rechtsbeziehungen zwischen Versichertem und Versicherungsnehmer können daher nur als sogenannte Ermächtigungstreuhand oder unechte Treuhand eingestuft werden.
Der BGH hat einen Anspruch des Versicherten auf Einziehung und Auskehrung der Versicherungsleistung auf der Grundlage des gesetzlichen Treuhandverhältnisses in mehreren Fällen bejaht.[81] Sieht man sich die Entscheidungen aber genauer an, fällt auf, daß die Ansprüche des Versicherten nicht in erster Linie auf das Treuhandverhältnis gestützt werden. Entweder lag eine spezialgesetzlich geregelte Pflicht des Versicherungsnehmers zur Einziehung und Auskehrung der Versicherungsleistung (wie in § 76 Abs. 2 Nr. 3 BNotO) vor[82] oder es wurden die Normen der Geschäftsführung ohne Auftrag oder des Bereicherungsrechts zur Anspruchsbegründung herangezogen[83]. Teilweise hatte der Versicherungsnehmer die Entschädigung bereits eingezogen, so daß das versicherungsrechtliche Bereicherungsverbot und die §§ 812 ff. BGB eingriffen. Das Treuhandverhältnis selbst spielte bei der Begründung des Anspruchs lediglich eine untergeordnete Rolle.

Sieg bezeichnet die Rechtsfigur der Treuhand als "viel zu schillernd ..., als daß sich aus ihr konkrete Folgerungen ableiten ließen."[84]

---

[80] BGH RuS 1991, 346; BGH Urt.v.12.12.1990 in BGHZ 113, 151; Oldenburg VersR 94, 1364; Hamm VersR 82, 381; Kollhosser in Prölss / Martin, VVG, Vor § 51 Rn. 15; BGHZ 64, 260; BGH Urt.v.12.12.1990 in BGHZ 113, 151; VersR 73, 634; RuS 91, 346; BAG NZA 90, 701; Hamm VersR 82, 381; Oldenburg VersR 96, 1364; München VersR 86, 881; Düsseldorf NJW 86, 62; Köln VersR 90, 847; Prölss in Prölss / Martin, VVG, § 76 Rn. 1; BGH Urt.v.12.06.1991 in VersR 1994, 1101, 1102; BGH Urt.v.12.12.1990 in BGHZ 113, 151, 155; BGH Urt.v.08.02.1960 in BGHZ 32, 44, 52 f.; Römer in Römer / Langheid, VVG, § 77 Anm.6.; a.A. Sieg in Bruck / Möller / Sieg, VVG, § 80 Anm. 36, S.1004.

[81] BGH Urt.v.12.06.1991 in VersR 1994, 1101, 1102; BGH Urt.v.12.12.1990 in BGHZ 113, 151, 155; BGH Urt.v.08.02.1960 in BGHZ 32, 44, 52 f.; Römer in Römer / Langheid, VVG, § 77 Anm.6.

[82] BGH Urt.v.12.12.1990 in BGHZ 113, 151, 155.

[83] BGH Urt.v.08.02.1960 in BGHZ 32, 44, 51 f.

[84] Sieg in Bruck / Möller / Sieg, VVG, §§ 75, 76 Anm. 22, S.952.

Das aus den §§ 75, 76 VVG folgende (unechte) Treuhandverhältnis allein reicht auch als Grundlage für einen Anspruch des Versicherten auf Einziehung der Forderung des Versicherten nicht aus, da diese Ermächtigungstreuhand keine klaren Anhaltspunkte bietet, die den Versicherungsnehmer zu einer Geltendmachung verpflichten könnten, wenn sonst zwischen Versicherungsnehmer und Versichertem keinerlei vertragliche oder quasi-vertragliche Beziehungen bestehen.
Mit der Nichteinziehung bestimmt der Versicherungsnehmer auch nicht zu seinen Gunsten über die Entschädigung.

In der Insassenunfallversicherung für nicht namentlich benannte Versicherte hat sich allgemein durchgesetzt, daß es "anzuerkennende eigene Interessen gibt, die der Versicherungsnehmer bei der in seine Hand gelegten Durchsetzung des Versicherungsanspruches verfolgen und berücksichtigen darf"[85]. Der Versicherungsnehmer kann ein schützenswertes Interesse daran haben, den Vertrag von Schäden frei zu halten, um bei Verhandlungen über die Prämie, Einstufungen in Schadenfreiheitsklassen in einer besseren Position zu sein und der Gefahr aus dem Wege zu gehen, schadenfallbedingt gekündigt zu werden.
Natürlich ist es dem Treuhänder nicht gestattet, eine vom Versicherer eingezogene Entschädigung für sich zu behalten. Bereits § 179 VVG verhindert jedoch für die Unfallversicherung die Schaffung einer Rechtslage, durch die der Versicherungsnehmer ein vermögenswertes Interesse an einer Schädigung des Versicherten erlangen kann.[86]

Allein aus dem Treuhandverhältnis kann daher keine Pflicht des Versicherungsnehmers zur Einziehung und zur Auskehrung der Entschädigungsleitung abgeleitet werden. Hat der Versicherungsnehmer die Entschädigungsleistung bereits kraft seiner gesetzlichen Verfügungsbefugnis eingezogen, besteht grundsätzlich ein Auskehrungsanspruch des Versicherten. Auch dieser folgt jedoch nicht aus der Ermächtigungstreuhand, sondern aus dem jeweiligen Innenverhältnis zwischen den Parteien.

---

[85] BGH Urt.v. 07.05.1975 in BGHZ 64, 260, 265.
[86] BGH Urt.v. 07.05.1975 in BGHZ 64, 260, 265.

cc) Auskehrungsanspruch aufgrund des schuldrechtlichen Innenverhältnisses

Nach herrschender Auffassung in Rechtsprechung und Schrifttum richtet sich das Bestehen und der Umfang eines Anspruchs des Versicherten auf Auskehrung der Versicherungsleistung nach dem Innenverhältnis zwischen Versichertem und Versicherungsnehmer.[87]

Im Rahmen bestimmter Vertragstypen ist die Auskehrungspflicht des Versicherungsnehmers gesetzlich geregelt. So in § 384 Abs. 2 HGB für die Kommission, in § 407 Abs. 2 HGB für die Spedition, in § 417 Abs. 1 HGB für die Lagerhaltung und in § 667 BGB für den Auftrag.

In den hier zu betrachtenden Fällen, in denen die versicherten Gegenstände vor Eintritt des Versicherungsfalles der Kreditsicherung dienten, wird das Innenverhältnis durch die zwischen Versicherungsnehmer und Versichertem bestehende Sicherungsabrede geprägt.

Ist der Versicherungsnehmer zugleich Darlehensschuldner, besteht auch der Darlehensvertrag zwischen ihnen. Die Sicherungsübereignung ist erfolgt, um dem Sicherungsnehmer (Versicherten) im Falle der Insolvenz des Sicherungsgebers durch die Verwertung des Sicherungsgutes die Befriedigung seiner Forderung zu ermöglichen. Wollen andere Gläubiger des Versicherungsnehmers auf das Sicherungsgut zugreifen, steht dem Versicherten als Sicherungseigentümer die Drittwiderspruchsklage nach § 771 ZPO zur Verfügung.

Im Insolvenzverfahren des Versicherungsnehmers hat der Versicherte wegen des Pfandrechtscharakters der Sicherungsübereignung ein Recht auf abgesonderte Befriedigung gemäß § 51 Nr. 1, § 50 InsO, das mit der Pfandvorzugsklage gemäß § 805 ZPO geltend gemacht werden kann.

Diese gesicherte Position des Versicherten bleibt zunächst gewährleistet, solange der Versicherungsnehmer die Entschädigungsforderung des Versicherten noch nicht eingezogen hat. Ist dieses jedoch erfolgt, ist der Versicherungsnehmer Eigentümer des Geldes bzw. Gläubiger der in der Gutschrift verkörperten

---

[87] Kisch III, S. 536, 538; Bruck, Privatversicherungsrecht S. 612, 613; Sieg in Bruck / Möller / Sieg, VVG § 77 Anm. 23, S. 973; Haymann in VersArch 1937/38 S. 119, 124; v.Gierke, S. 196; Ritter-Abraham, § 52 Anm. 9 S.750; Ehrenzweig, S. 221, 223; Prölss in Prölss / Martin, VVG § 77 Anm. 1, S. 579; Wussow / Pürckhauer, AUB § 12 Rn. 9; v.d.Thüsen 1953, 434, 435; Thiel in VersR 1955, 726, 728; Enge, S. 71; Taube, S. 114; Ruscher, S. 119; Bühnemann in ZVersWiss 1970, 20, 24; RG Urt. v. 24.02.1928 in JW 1928, 1742, 1743; RG Urt. v. 30.05.1938 in RGZ 161, 94, 99 f.; KG Urt. v. 27.03.1936 in VA 1936 Nr. 2880; BAG Urt. v. 30.01.1958 in VersR 1958, 360; BGH Urt. v. 23.10.1958 in VersR 1958, 797; BGH Urt. v. 08.02.1960 in VersR 1960, 339, 340; BGH Urt. v. 16.11.1967 in VersR 1968, 42, 43.

Forderung gegen seine kontoführende Bank, und dessen Gläubiger könnten auf diese Vermögensposition zugreifen. Dann steht der Kreditgeber (Versicherte) praktisch ungesichert da. Die nach dem Sicherungsvertrag vom Versicherungsnehmer geschuldete Sicherung für den Versicherten besteht nicht mehr.
Der durch § 75 Abs. 1 VVG dem Versicherten zugewiesene Anspruch auf die Entschädigungsleistung tritt zwar nicht dinglich an die Position des Sicherungsgutes, wohl aber funktional. Wie vor Eintritt des Versicherungsfalles das Sicherungsgut dient auch die Entschädigungsleistung der Forderungssicherung und unterfällt der aus der Sicherungsabrede resultierenden treuhänderischen Verwaltung durch den Versicherten / Sicherungsnehmer, bis die Darlehensforderung durch die Übereignung neuen Sicherungsgutes dinglich gesichert ist. Da jedoch die Entschädigungsforderung des Versicherten durch Erfüllung erlischt, wenn der Versicherungsnehmer sie einzieht, ist eine Absicherung des Versicherten nur dann erreicht, wenn der Versicherungsnehmer die Entschädigung an den Versicherten auskehrt oder zuvor schon die Entschädigungsforderung an ihn abtritt.

Im Innenverhältnis zwischen Versichertem und Versicherungsnehmer ist der Abschluß der Fremdversicherung durch den Versicherungsnehmer vereinbart worden, um den Kreditgeber gegen die Gefahr des Untergangs des Sicherungsgutes abzusichern. Die Haftung des Versicherungsnehmers, der weiter im Besitz des Sicherungsgutes blieb, wird durch den Versicherungsschutz ersetzt.
Daraus ergibt sich, daß der Versicherungsnehmer verpflichtet ist, die vom Versicherer eingezogene Entschädigungssumme an den Versicherten auszukehren.

In der Praxis wird dies bei Verkennung des eigenen Anspruches des versicherten Eigentümers in der Regel durch die Vereinbarung folgender Klauseln in den Leasingverträgen umgesetzt:[88]

„§ 7 Versicherung

1. Der Leasingnehmer wird das Leasingobjekt während der Leasingdauer auf eigene Kosten gegen die vom Leasinggeber gewünschten Risiken versichern und es in seine Betriebshaftpflichtversicherung einschließen. Für ein Fahrzeug wird der Leasingnehmer eine Fahrzeugvollversicherung (Vollkasko) abschließen. Eine EDV-Anlage als Leasingobjekt wird der Leasingnehmer zum Neuwert gegen Verlust, Untergang, und Beschädigung durch den Abschluß einer Elektronikversicherung versichern.

2. ...

---

[88] Beispiel für einen Muster-Leasingvertrag unter http://www.onlease.de/geschaeftsbedingungen/7.html.

3. Der Leasingnehmer tritt hiermit seine Rechte und Ansprüche aus der Versicherung des Leasingobjekts sowie seine Ersatzansprüche wegen Beschädigung des Leasingobjekts zur Abdeckung der Nachteile, die der Leasinggeber daraus erleidet, an diesen ab.

4. Der Leasinggeber hat an ihn gezahlte Versicherungs- und Entschädigungsbeträge auf die Zahlungsverpflichtungen des Leasingnehmers ... anzurechnen bzw. im Falle der Instandsetzung oder der Beschaffung eines Ersatz-Leasingobjektes – gegen Vorlage entsprechender Belege an den Leasingnehmer oder – für den Fall, daß der Leasingnehmer den Reparatur- bzw. Anschaffungsbetrag nicht oder nicht vollständig entrichtet hat – ganz oder teilweise an die Werkstatt bzw. den Lieferanten des Ersatzobjektes auszuzahlen.

5. Der Leasinggeber hat die ... Versicherungs- oder Schadenersatzansprüche in Höhe der von dem Leasingnehmer bereits erbrachten Leistung auf diesen zurückzuübertragen, wenn dieser seiner Verpflichtung zur Ablösung des Leasingvertrages oder zum Ersatz des Leasingobjektes nachgekommen ist.

Die Pflicht zur Auskehrung der Versicherungsleistung an den Versicherten folgt daher als Nebenpflicht aus dem Sicherungsvertrag und dem sich aus diesem ergebenden echten Treuhandverhältnis[89], wenn sie von den Parteien nicht ausdrücklich geregelt wurde und keine der oben genannten gesetzlichen Regelungen greift.

Tritt der Versicherungsfall jedoch erst nach vollständiger Tilgung des Darlehens und somit nach Erledigung des Sicherungszweckes ein und ist noch keine Rückübereignung des Sicherungsgutes erfolgt, tritt die Versicherungsleistung im Wege der schuldrechtlichen Surrogation als commodum ex re an die Stelle der versicherten Sache, so daß die Entschädigungsleistung nach § 285 Abs. 1 BGB dem Versicherungsnehmer zusteht.

Einem Auskehrungsanspruch des Versicherten gegen den Versicherungsnehmer steht dann der dolo-facit-Einwand[90] entgegen, da der Versicherte eine Leistung fordern würde, die er wegen der Erledigung des Sicherungszweckes durch Tilgung des Kredites sofort wieder an den Versicherungsnehmer auskehren müßte.

---

[89] Dieses aus der Sicherungsabrede resultierende Treuhandverhältnis besteht neben dem von der Rechtsprechung hervorgehobenen gesetzlichen Treuhandverhältnis aus §§ 75, 76 VVG.

[90] Dolo facit, qui petit, quod statim redditurus est.

dd) Geschäftsführung ohne Auftrag

Sind die Beziehungen zwischen Versicherungsnehmer und Versichertem nicht im Sicherungsvertrag geregelt oder die getroffenen Vereinbarungen nichtig, besteht in der Regel gleichwohl ein Anspruch des Versicherten gegen den Versicherungsnehmer auf Auskehrung der Entschädigungsleistung. Dieser läßt sich zumeist auf das Institut der Geschäftsführung ohne Auftrag (§§ 681, 677 BGB) stützen. Der erforderliche Fremdgeschäftsführungswille wird zumeist vorliegen. Mit der Versicherung eines fremden Interesses und der Einziehung der dem Versicherten in § 75 Abs. 1 VVG zugewiesenen Entschädigungsforderung nimmt der Versicherungsnehmer auch ein objektiv fremdes Geschäft wahr, so daß er zur Herausgabe des aus der Geschäftsführung Erlangten verpflichtet ist. Sollte dem Versicherungsnehmer der für die echte Geschäftsführung ohne Auftrag erforderliche Fremdgeschäftsführungswille bei dem Eingriff in den fremden Rechtskreis fehlen und eine unerlaubte Eigengeschäftsführung i.S.v. § 687 Abs. 2 BGB vorliegen, folgt der Auskehrungsanspruch aus §§ 681 Satz 2, 667 BGB.

Etwas anders muß jedoch gelten, wenn beim Abschluß des Versicherungsvertrages zwar ein allgemeiner Fremdgeschäftsführungswille besteht, hiermit jedoch noch kein fremdes Geschäft geführt wird, weil keine Tätigkeit in einem fremden Rechtskreis entfaltet wird. Dies ist dann denkbar, wenn der Abschluß des Vertrages an sich nicht konkret genug ist, um hier zugunsten einer bestimmten Person einen Anspruch entstehen zu lassen. Denkbar ist dieses z.B. in der Insassenunfallversicherung, wenn der Versicherungsnehmer die Entschädigungsleistung noch nicht eingezogen hat. Hier ist hinsichtlich der Geltendmachung der Entschädigung ein Wahlrecht des Versicherungsnehmers anerkannt, da der Versicherungsnehmer ein anerkanntes wirtschaftliches Interesse daran haben kann, seinen Vertrag aus Prämiengründen nicht zu vielen oder zu hohen Schäden zu belasten.[91] Ein Fremdgeschäftsführungswille muß sich nämlich nicht allgemein auf alle künftigen Insassen des PKW des Versicherungsnehmers beziehen, sondern kann auf bestimmte, nicht notwendig namentlich benannte Personen begrenzt sein. Besteht ein solches Wahlrecht des Versicherungsnehmers, erfolgt der Eingriff in den fremden Rechtskreis erst mit der Einziehung der Entschädigungsforderung des Versicherten.[92] Erst dann bestehen auch Ansprüche aus einer Geschäftsführung ohne Auftrag.

---

[91] Martin, SVR, J IV Rn.15 ff.

[92] Martin, SVR, J IV Rn.10 ff.

ee) Bereicherungsrecht

Bestehen auch keine quasi-vertraglichen Ansprüche aus einer Geschäftsführung ohne Auftrag, folgt der Auskehrungsanspruch aus dem gesetzlichen Schuldverhältnis nach § 812 Abs. 1 Satz 1 (2. Fall) BGB wegen ungerechtfertigter Bereicherung "in sonstiger Weise" auf Kosten des Versicherten, wenn der Versicherungsnehmer die Entschädigungsleistung eingezogen hat.

Es ist umstritten, ob dem Versicherten auch ein Anspruch aus § 816 Abs. 2 BGB zusteht. Der BGH und ihm folgend ein Teil des Schrifttums gehen davon aus, daß § 816 Abs. 2 BGB direkt anwendbar ist.[93] Dies wäre aber nur dann möglich, wenn an den Versicherungsnehmer als Nichtberechtigten eine Leistung bewirkt wurde und diese dem Versicherten gegenüber wirksam war. Es ist daher zu klären, ob der Versicherungsnehmer wirklich Nichtberechtigter i.S.v. § 816 Abs. 2 BGB ist. Grundsätzlich ist der Gläubiger selbst und eine zur Einziehung der Forderung ermächtigte Person als Berechtigter i.S.v. § 816 Abs. 2 BGB anzusehen. Ist der Schuldner also befugt, an eine bestimmte Person zu leisten, ist die Nichtberechtigung dieses Empfängers zweifelhaft.[94] § 816 Abs. 2 BGB schafft die bereicherungsrechtliche Ausgleichsmöglichkeit für all jene Fälle, in denen zum Schutze des Schuldners dieser trotz seiner Zahlung an einen materiell nicht Berechtigten von seiner Leistungspflicht frei geworden ist und der Gläubiger daher nicht noch einmal Leistung vom Schuldner verlangen kann.[95]

Im Falle der Leistung des Versicherers an den Versicherungsnehmer bei der Versicherung für fremde Rechnung ist die Sachlage jedoch eine völlig andere. Nach der gesetzlichen Regelung in § 75 Abs. 1 VVG ist der Versicherte zwar Gläubiger des Anspruches auf die Entschädigungsleistung, die ausschließliche Verfügungsbefugnis über die Rechte aus dem Vertrag ist jedoch in § 76 Abs. 1 VVG ausdrücklich dem Versicherungsnehmer zugewiesen.[96] Dabei hat der Versicherte als Gläubiger der Forderung auch keinen "Rest" an Verfügungsbefugnis, der ihm neben dem Versicherungsnehmer die Möglichkeit eröffnen würde, sein Recht auszuüben.

---

[93] BGH Urt.v.08.02.1960 in BGHZ 32, 44, 52; Thomas in Palandt, BGB, § 816 Rn.20; Möller, Anm. zu Urt. des OGH Br.Z. vom 19.01.1950 in VersR 1950, 81f.

[94] Lieb in MünchKomm, BGB, § 816 Rn. 57.

[95] Vgl. §§ 406, 409, 575 BGB.

[96] Abweichungen von der Verteilung der Verfügungsmacht aufgrund der §§ 75, 76 VVG sind in der Praxis jedoch zahlreich. Sie beruhen teils auf Gesetz, teils auf den AVB; zuweilen bedarf der Versicherte weder der Police noch der Zustimmung des Versicherungsnehmers. (Vgl. § 10 (4) AKB, § 106 LuftverkehrsZulO, § 16 (5) AKB); Sieg in Bruck / Möller / Sieg, VVG, §§ 75, 76 Anm. 44, 45, S. 959 f.; Martin SVR, J IV 6.

Die Verfügungsbefugnis des Versicherungsnehmers umfaßt insbesondere die Befugnis zur Einziehung der Versicherungsleistung, die die Forderung des Versicherungsnehmers zum Erlöschen bringt.[97]

Dem materiell Berechtigten hingegen ist die Verfügung über seine Rechte und deren gerichtliche Geltendmachung grundsätzlich entzogen.[98] Daher darf im Falle der Versicherung für fremde Rechnung der Versicherer die Entschädigungsleistung gar nicht direkt an den Versicherten auszahlen, wenn keine abweichende Vereinbarung getroffen wurde. Da allein der Versicherungsnehmer verfügungsbefugt ist, hat auch nur eine Zahlung an ihn Erfüllungswirkung. Zahlt der Versicherer direkt an den Versicherten, ohne daß der Versicherungsnehmer dem zugestimmt hat, wird die Forderung nicht getilgt. Das heißt, daß der Versicherer an den Versicherungsnehmer zahlen muß, um seine Leistungspflicht dem Versicherten gegenüber zu erfüllen.

Aufgrund dieser besonderen Konstruktion der Versicherung für fremde Rechnung mit der ausdrücklichen Zuweisung der Verfügungsbefugnis allein an den Versicherungsnehmer ist dieser nicht Nichtberechtigter i.S.v. § 816 Abs. 2 BGB. Der Versicherungsnehmer ist ebenso zur Annahme der Leistung berechtigt wie ein Pfandgläubiger, der nach Pfandreife die ihm verpfändete Forderung einzieht oder ein Testamentsvollstrecker, der eine Nachlaßforderung beitreibt.[99] Die gesetzlich erteilte Verfügungsbefugnis umfaßt unstreitig das Recht zur Einziehung der Entschädigungsforderung. Wenn im Vergleich dazu ein rechtsgeschäftlich zur Einziehung Ermächtigter gerade wegen der Einziehungsermächtigung nicht als Nichtberechtigter i.S.v. § 816 Abs. 2 VVG angesehen wird[100], ist nicht nachvollziehbar, warum beim Vorliegen einer gesetzlich verankerten umfassenden Verfügungsbefugnis im Hinblick auf § 816 Abs. 2 BGB andere Schlußfolgerungen gezogen werden sollten.

Möller[101] betont, daß § 76 Abs. 1 VVG in dieser Hinsicht § 808 Abs. 1 Satz 1 BGB vergleichbar sei, da in beiden Fällen eine Leistung bewirkt wird, die dem Berechtigten gegenüber wirksam ist. Obwohl nach § 808 Abs. 1 Satz 2 BGB der Inhaber der Urkunde nicht berechtigt ist, die Leistung zu verlangen, während nach § 76 Abs. 1, 2 VVG von der Verfügungsbefugnis des Versicherungsnehmers ausgegangen wird, werde i.S.v. § 816 Abs. 2 BGB in beiden Fällen an einen Nichtberechtigten, an einen Nichtgläubiger geleistet.

---

[97] Kisch III, S. 470.
[98] Kisch III, S. 472.
[99] Haymann, VersArch 1937, 119, 124.
[100] Thomas in Palandt, BGB § 816 Rn. 22; Hamburg ZIP 1983, 47.
[101] Möller VersR 1950, 81, 82.

Dieser Vergleich mit § 808 Abs. 1 BGB vermag jedoch hier nicht zu überzeugen. Bei den Papieren des § 808 BGB ist der wahre Gläubiger der Forderung in der Urkunde benannt. Der Inhaber ist nicht per se verfügungsbefugt. Das wäre er nur, wenn der Gläubiger die Forderung an ihn abgetreten, oder ihn zur Verfügung über die Forderung nach § 185 BGB ermächtigt hätte. Völlig unabhängig von der wahren materiellen Berechtigung oder Nichtberechtigung des Inhabers eines solchen qualifizierten Legitimationspapiers kann der Schuldner an den Inhaber der Urkunde mit befreiender Wirkung leisten. Diese Liberationswirkung dient dem Schutze des Schuldners. Er ist auch nicht verpflichtet, an den Inhaber des Papiers zu leisten.

Anders ist die Situation nach den §§ 75, 76 VVG. Der Gesetzgeber hat die Verfügungsmacht über die dem Versicherten zustehende Forderung ausdrücklich in die Hände des Versicherungsnehmers gelegt, damit dieser seine möglichen Ansprüche gegen den Versicherten durchsetzen kann, und der Versicherer es bei der Abwicklung des Versicherungsverhältnisses und im Schadensfall nur mit dem Versicherungsnehmer als Verhandlungspartner zu tun hat. Nach der Konzeption des Gesetzgebers soll hier also an den Versicherungsnehmer geleistet werden. Er ist verfügungsbefugt und daher der Berechtigte. Wird an den Inhaber eines qualifizierten Legitimationspapiers gezahlt, der nicht Inhaber der verbrieften Forderung ist und nicht zur Einziehung ermächtigt wurde, so ist dieses nicht der vom Gesetz erwünschte "Normalfall". Anders als der Versicherungsnehmer nach § 76 Abs. 1 VVG kann der Inhaber des qualifizierten Legitimationspapiers die Leistung nicht fordern. Allein durch die Liberationswirkung gemäß § 808 Abs. 1 Satz 1 BGB wird der Inhaber nicht zum Berechtigten, so daß hier richtig § 816 Abs. 2 BGB Anwendung findet.

Der Versicherungsnehmers ist hingegen tatsächlich verfügungsbefugt, obwohl er nicht Gläubiger ist. Das Gesetz kennt eine solche gesetzliche Einziehungsermächtigung eines Nichtgläubigers auch zu Gunsten des Testamentsvollstreckers, der eine Nachlaßforderung beitreibt und zu Gunsten des Pfandgläubigers, der nach Pfandreife die ihm verpfändete Forderung einzieht. Im gleichen Umfang wie Versicherungsnehmer, Testamentsvollstrecker und Pfandgläubiger zur Verfügung über die fremde Forderung befugt sind, ist dem jeweiligen materiell Berechtigten die Verfügungsbefugnis über sein eigenes Recht gesetzlich entzogen. Der Schuldner darf in diesen Fällen nicht an den ursprünglichen Gläubiger leisten. Seine eventuelle Zahlung hat keine Erfüllungswirkung. Das Gesetz sieht es als "Normalfall" vor, daß der Schuldner direkt an den zur Einziehung Ermächtigten zahlt. Insofern kann der Versicherungsnehmer hier nicht als Nichtberechtigter i.S.v. § 816 Abs. 2 BGB angesehen werden.

Ein Anspruch aus § 816 Abs. 2 BGB scheidet daher als Grundlage für einen Auskehrungsanspruch des Versicherten gegen den Versicherungsnehmer aus. Auch eine entsprechende Anwendung von § 816 Abs. 2 BGB auf den "Nicht-so-Berechtigten" kommt hier nicht in Betracht, da bereits die für eine Analogie erforderliche Regelungslücke fehlt, denn der Versicherte kann einen möglichen Kondiktionsanspruch unstreitig auf § 812 Abs. 1 Satz 1 (2. Fall) BGB stützen, wenn der Versicherungsnehmer die Entschädigung eingezogen hat.

c) Anspruch des Versicherungsnehmers gegen den Versicherten auf Bereitstellung der Entschädigungsleistung zur Anschaffung neuen Sicherungsgutes

So wie das Innenverhältnis Ansprüche des Versicherten gegen den Versicherungsnehmer begründet, gibt es auch Aufschluß darüber, wer verpflichtet ist, eine beschädigte Sache wiederherstellen zu lassen oder eine zerstörte zu ersetzen.

Liegt der Fremdversicherung eine Sicherungsübereignung zur Sicherung eines Kredites zugrunde, ist bei kleineren Schäden am Sicherungsgut regelmäßig der Sicherungsgeber und Versicherungsnehmer verpflichtet, diese beseitigen zu lassen. Wird das Sicherungsgut vollständig zerstört oder kommt es abhanden, wird mit der Versicherungsleistung nur dann der Kredit getilgt, wenn dieser notleidend geworden ist[102]. Anderenfalls ist der Versicherungsnehmer (Sicherungsgeber) aus dem Sicherungsvertrag heraus verpflichtet, dem Sicherungsnehmer neues Sicherungsgut zur Verfügung zu stellen.

Könnte der Versicherte die Versicherungsleistung bis zur Erledigung des Sicherungszweckes quasi als Ersatz für das zerstörte Sicherungsgut behalten, ohne sie vorzeitig auf den Kredit anzurechnen, hätte dieses für den Versicherungsnehmer als mittelbar wirtschaftlich Geschädigten unter Umständen katastrophale Folgen. Es muß ihm ermöglicht werden, den untergegangenen Sicherungsgegenstand zu ersetzen, um seine Erwerbsgrundlage sicherzustellen und die vereinbarten Darlehensraten zahlen zu können. Der Versicherungsnehmer muß daher vom Versicherten verlangen können, daß dieser die Entschädigungsleistung zur Anschaffung neuen Sicherungsgutes zur Verfügung stellt.

In dieser Situation greifen beide Treuhandverhältnisse ineinander: Aus dem Sicherungsvertrag folgt, daß der Sicherungsnehmer (Versicherte) das Sicherungsgut als Treuhänder hält und nur vereinbarungsgemäß darüber verfügen darf. Mit dem Eintritt des Versicherungsfalles wird der Versicherte gemäß § 75 Abs. 1

---

[102] Unter diesen Umständen hätte der Sicherungsnehmer auch das Sicherungsgut verwerten dürfen.

Satz 1 VVG Gläubiger der Entschädigungsforderung. Es tritt aber keine dingliche Surrogation ein, d.h. die Entschädigungsforderung tritt nicht automatisch an die Stelle des Sicherungsgutes.
Die dem Versicherten zustehende Entschädigungsforderung wiederum wird vom Versicherungsnehmer kraft seiner Verfügungsbefugnis aus § 76 Abs. 1 VVG treuhänderisch verwaltet.

Für den Bereich der Leasinggeschäfte ist anerkannt, daß der Leasingnehmer gegen den Leasinggeber einen Anspruch auf Auskehrung der Versicherungsleistung zum Zwecke der Reparatur des Leasinggutes hat. Hier wird auf den engen Zusammenhang zwischen der Pflicht des Leasingnehmers zur Übernahme der Sachgefahr und der Versicherungspflicht abgestellt. Wenn den Leasingnehmer die Pflicht zur Reparatur trifft, muß sichergestellt sein, daß ihm alle mit der Beschädigung im Zusammenhang stehenden Ersatzleistungen zufließen. Sehen die Leasingbedingungen eine entsprechende Regelung nicht vor, liegt ein Verstoß gegen das Verbot unangemessener Benachteiligung eines Vertragspartners in Allgemeinen Geschäftsbedingungen nach § 307 Abs. 1 BGB vor, und die Gefahrtragungsklausel entfaltet keine Wirkung.[103]

Dieser Gedankengang ließe sich auf die Interessenlage bei der Sicherungsübereignung übertragen. Es kann jedoch auch ohne einen Rückgriff auf die unangemessene Benachteiligung eine Lösung gefunden werden, die allen Seiten gerecht wird.

Unter Berücksichtigung dessen, daß das Institut der Sicherungsübereignung im Rechtsleben das Fehlen eines besitzlosen Pfandrechts im BGB überbrückt, soll hier zur Begründung einer Mitwirkungspflicht des Versicherten gegenüber dem Versicherungsnehmer zur Anschaffung neuen Sicherungsgutes der Rechtsgedanke der §§ 1281, 1288 Abs. 1 BGB entsprechend angewandt werden.

Die §§ 1281, 1288 Abs. 1 BGB regeln die Vorgehensweise zur Bestellung eines neuen Pfandrechtes an einer Forderung in dem Falle, daß ein früher bestelltes Pfandrecht an einer Forderung (durch die vorzeitige Leistung des Schuldners auf diese Forderung) zusammen mit der Forderung erlischt, so daß das "Sicherungsgut" des Pfandgläubigers wegfällt. Der Pfandgläubiger befindet sich damit in einer ähnlichen Situation wie der Sicherungsnehmer der Sicherungsübereignung nach dem Eintritt des Versicherungsfalles. In beiden Fällen muß die ursprüngliche Sicherung erst wieder neu begründet werden, da keine dingliche Surrogation eintritt.

---

[103] OLG Hamburg Urt. v. 30.10.1998 in MDR 1999, 420; OLG Düsseldorf Urt. v. 22.06.1983 in ZIP 1983, 1092; Reinking / Eggert, Rn. 1117.

Nach § 1281 BGB kann der Schuldner vor Pfandreife nur an den Pfandgläubiger und den Gläubiger (Sicherungsgeber) gemeinschaftlich leisten. Beide sind einander nach § 1288 Abs. 1 BGB verpflichtet, dabei mitzuwirken, daß der eingezogene Betrag verzinslich und mündelsicher angelegt und gleichzeitig dem Pfandgläubiger das Pfandrecht bestellt wird. Damit wird auch dem Pfandgläubiger aus der Verpflichtung des alten Sicherungsvertrages heraus ein neues Sicherungsrecht an der Forderung bestellt. In der Sache geht es also um die Pflicht zur Mitwirkung an der Verschaffung einer Ersatzsicherheit; dies ist der den genannten Vorschriften zugrunde liegende Rechtsgedanke.

Dem ist vergleichbar die Anschaffung neuen Sicherungsgutes nach Eintritt des Versicherungsfalles. Nach § 1281 BGB kann der Schuldner nur an beide (Pfandgläubiger und dem Gläubiger) gemeinschaftlich leisten, oder aber die geschuldete Sache für beide hinterlegen. Nach der Regelung in den §§ 75, 76 VVG gebührt die Versicherungsleistung dem Versicherten, die alleinige Verfügungsmacht darüber steht dem Versicherungsnehmer zu. Eine Gesamtgläubigerschaft, wie § 1281 BGB sie vorsieht, besteht bei der Sicherungsübereignung zwar nicht, doch wegen der Aufspaltung von Rechtsinhaberschaft und Verfügungsbefugnis gemäß §§ 75, 76 VVG müssen Versicherter und Versicherungsnehmer hier ähnlich zusammenwirken.

Wendet man den in den §§ 1281, 1288 Abs. 1 BGB verankerten Grundsatz der gegenseitigen Mitwirkungspflicht auf das zwischen Versichertem und Versicherungsnehmer bestehende Treuhandverhältnis entsprechend an, läßt sich daraus ein Anspruch des Versicherungsnehmers gegen den Versicherten auf Mitwirkung bei der Anschaffung neuen Sicherungsgutes herleiten. Der Versicherte muß die Entschädigungsleistung für die Anschaffung neuen Sicherungsgutes bereitstellen.

Die §§ 1281, 1288 BGB werden auch auf die Forderungspfändung analog angewandt, und zwar in dem Fall, daß die mit dem Pfändungspfandrecht belastete Forderung dem Pfandgläubiger noch nicht überwiesen ist.[104] Für den Nießbrauch wird in den §§ 1077, 1079 BGB eine ähnliche Regelung getroffen. Auch hier ist gleichzeitig mit der Wiederanlage des Kapitals dem Nießbraucher an dem wiederangelegten Kapital ein neuer Nießbrauch zu bestellen.[105]

---

104 Riede / Wiegand in Staudinger, BGB, § 1281 Rdn. 8, S.1268.

105 Petzoldt in MünchKomm, BGB, § 1079 Rdn. 2.

d) Übertragung der Verfügungsmacht

Gemäß § 76 Abs. 1 VVG kann nicht der Versicherte selbst, sondern allein der Versicherungsnehmer über die Rechte aus dem Vertrag verfügen. Diese Verfügungsmacht des Versicherungsnehmers ähnelt der in § 185 BGB geregelten Rechtsfigur der Ermächtigung. Im Wege der Ermächtigung überträgt ein Berechtigter die Befugnis, im eigenen Namen über ein Recht zu verfügen, auf eine andere Person. Dabei bleibt der Ermächtigende stets selbst verfügungsberechtigt. Nach den §§ 75, 76 VVG ist der Versicherte zwar materiell berechtigt, jedoch nicht neben dem Versicherungsnehmer verfügungsbefugt. Diese Rechtsmacht steht allein dem Versicherungsnehmer zu. Die Regelung in der Versicherung für fremde Rechnung ist deshalb mit einer sogenannten verdrängenden Ermächtigung vergleichbar, die es im bürgerlichen Recht nicht gibt.

Die Verfügungsbefugnis des Versicherungsnehmers über die Rechte des Versicherten ist eine mit der Person des Versicherungsnehmers untrennbar verbundene Befugnis von besonderer Art, die nicht pfändbar und nach dem Grundsatz des § 400 BGB auch nicht abtretbar ist. Sie darf als besonderes Institut des Versicherungsrechts auch nicht als Anspruch aufgefaßt werden, wie sich auch aus § 76 Abs. 3 VVG ergibt.[106]

Die Übertragung des Verfügungsrechts auf den Versicherten ist in § 75 Abs. 2 VVG in die Form der Zustimmung gekleidet worden. Ist nichts Abweichendes vereinbart, kann die Zustimmung gemäß § 182 BGB sowohl dem Versicherer als auch dem Versicherten gegenüber erklärt werden.

Das Verfügungsrecht des Versicherungsnehmers kann man sich als eine Belastung des Rechts des Versicherten vorstellen.[107] Verzichtet der Versicherungsnehmer auf die Verfügungsbefugnis, fällt diese Belastung weg, und der Versicherte kann uneingeschränkt selbst über seine Rechte verfügen.[108] Der Verzicht des Versicherungsnehmers auf die Verfügungsmacht kann ausdrücklich durch die Erteilung der Zustimmung nach § 75 Abs. 2 VVG oder konkludent durch die Aushändigung des Versicherungsscheins an den Versicherten erfolgen.
Die Rechtsprechung nimmt einen konkludenten Verzicht auf die Verfügungsbefugnis zu Gunsten des Versicherten auch dann an, wenn der Versicherungsnehmer erkennbar keinen Gebrauch von seinem Verfügungsrecht machen

---

[106] Thiel, Anm. zum Urt. des BGH vom 11.02.1960 in VersR 1961, 74.
[107] Sieg in Bruck / Möller / Sieg, VVG §§ 75, 76 Anm. 30, S. 955.
[108] RG Urt. v. 14.11.1930 in RGZ 130, 237, 242; Trautmann, S. 49; Bruck, Privatversicherungsrecht S. 624.

will.[109] Ob der Versicherungsnehmer in einem solchen Falle auch gezwungen werden kann, sein Einziehungsrecht für den Anspruch des Versicherten wahrzunehmen oder anderenfalls der konkludente Verzicht greift, hängt von dem zwischen beiden bestehenden Innenverhältnis ab.

Außerhalb der hier im Vordergrund stehenden Fremdversicherungen, die Sicherungs- oder Leasinggut erfassen, wird ein konkludenter Verzicht des Versicherungsnehmers jedoch nicht grundsätzlich angenommen. Für den Bereich der Insassenunfallversicherung für nicht namentlich benannte Versicherte ist z.B. anerkannt, daß der Versicherungsnehmer ein Wahlrecht bezüglich der Geltendmachung der Forderung hat. Er kann hier anzuerkennende eigene Interessen haben, die einer Pflicht zur Einziehung des Anspruchs oder zur Übertragung der Verfügungsbefugnis auf den Versicherten entgegenstehen.

Verzichtet der Versicherungsnehmer zu Gunsten des Versicherten auf die Verfügungsbefugnis, d.h. stimmt er der Verfügung des Versicherten über dessen Recht i.S.v. § 75 Abs. 2 VVG zu, wird vielfach die Auffassung vertreten[110], daß ein solcher Verzicht auf die Verfügungsbefugnis ebenso wie die Abtretung des Entschädigungsanspruches der Zustimmung des Versicherers bedarf, wenn die Allgemeinen Versicherungsbedingungen ein Abtretungsverbot enthalten.[111] Begründet wird dies damit, daß durch die Übertragung der Verfügungsbefugnis auf den Versicherten genau die Sachlage geschaffen wird, der der Versicherer mit der Vereinbarung des Abtretungsverbotes begegnen wollte.[112] § 76 Abs. 1 VVG dient nämlich auch dem Schutze der Interessen des Versicherers. Die Norm soll verhindern, daß sich der Versicherer bei der Schadensregulierung nicht mehr an seinen Vertragspartner wenden kann und statt dessen mit ihm bislang unbekannten Personen verhandeln muß.[113]

---

[109] BGH Urt. v. 04.05.1964 in VersR 1964, 709, 710; BGH Urt. v. 26.05.1971 in VersR 1971, 806; BGHZ 41, 327; BGH Urt. v. 04.05.1983 in VersR 1983, 823, 824; OLG Hamm Urt. v. 11.03.1981 in VersR 1981, 821; OLG München Urt. v. 29.01.1986 in VersR 1986, 881, 882; Schleswig Urt. v. .in ZfS 1986, 113; LG Frankfurt Urt. v. 02.07.1984 in VersR 1985, 658, 659; LG Frankfurt / M. Urt. v. 10.10.1989 in VersR 1991, 454, 455; Sieg in Bruck / Möller / Sieg, VVG §§ 75, 76 Anm. 32, S. 955; Prölss in Prölss / Martin, VVG § 75 Anm. 3, S. 575.

[110] BGH Urt. v. 11.02.1960 in VersR 1960, 300, 301; LG Köln Urt. v. 27.04.1977 in RuS 1979, 137; Ruscher, S. 108; Haymann, S.11; Hofmann, VersR 1960, 97, 98; Stiefel-Hofmann, AKB § 3 Rn. 57.

[111] wie z.B. in § 7 Abs. 3 AHB, § 3 Abs. 4 AKB, § 12 Nr. 3 AUB 88; § 15 Nr. 3 AUB - der BGH hat das Genehmigungserfordernis ausdrücklich nicht nur auf den Fall der Übertragung der Versicherungsforderung, sondern auch auf die Ermächtigung zur Einziehung bezogen. (BGH Urt. v. 11.02.1960 in VersR 1960, 300, 301); Haymann, S. 11; Hofmann in VersR 1960, 98; Stiefel / Hofmann, AKB, § 3 Rn. 78; BGH Urt. v. 07.01.1965 in NJW 1965, 758.

[112] BGH Urt. v. 11.02.1960 in VersR 1960, 300, 301.

[113] Ruscher, S. 109; Schwaiger / Wagner, S. 198.

Die Verfügungsbefugnis ist Bestandteil des gesetzlichen Treuhandverhältnisses zwischen Versichertem und Versicherungsnehmer. Im Unterschied zur Abtretung nach den §§ 398 ff. BGB verbleiben die Rechte aus dem Versicherungsvertrag bei einem Verzicht des Versicherungsnehmers auf die Verfügungsbefugnis bei dem materiell Berechtigten, also bei dem Versicherten. Wechseln kann der Träger der materiellen Rechte nur dadurch, daß über die Ansprüche verfügt wird, also wirksam von der Verfügungsbefugnis Gebrauch gemacht wird. Es besteht somit ein qualitativer Unterschied zwischen der Abtretung des materiellen Anspruchs und der Übertragung der Verfügungsbefugnis auf den Versicherten. Die Übertragung der Verfügungsbefugnis selbst wird daher von einem vertraglichen Abtretungsverbot nicht erfaßt.

Auch von den Wirkungen her ist der Verzicht auf die Verfügungsbefugnis zu Gunsten des Versicherten einer Abtretung nicht vergleichbar. Während der Verzicht des Versicherungsnehmers auf die Verfügungsbefugnis dazu führt, daß der "zivilrechtliche Normalzustand" eintritt, daß nämlich der Versicherte als Inhaber eines Anspruches über diesen allein frei verfügen kann, wechselt bei der Abtretung der Inhaber des materiellen Anspruchs, da ein bislang unbeteiligter Zessionar nun an die Stelle des Versicherten als Berechtigten tritt.

Wenn das Abtretungsverbot die Übertragung der Verfügungsbefugnis nicht automatisch mit erfaßt, kommt es darauf an, ob bei der Übertragung der Verfügungsbefugnis eine der Abtretung vergleichbare Interessenlage vorliegt, die eine Erstreckung des Zustimmungserfordernisses auch auf die Fälle eines Verzichts auf die Verfügungsmacht rechtfertigen könnte. Für die Entscheidung ist danach zu differenzieren, ob der Versicherungsnehmer nur zu Gunsten des Versicherten auf die Verfügungsmacht verzichtet oder ob er diese auf einen vertragsfremden Dritten übertragen will.

Neben dem Bedürfnis des Versicherers daran, es im Schadensfall nur mit dem ihm bekannten Versicherungsnehmer und nicht mit ihm bislang unbekannten Dritten zu tun zu haben[114], soll ein vertragliches Abtretungsverbot auch die Vernehmung des Versicherungsnehmers als Zeuge in Angelegenheiten des Versicherungsschutzes verhindern.[115]

---

[114] BGH Urt. v. 13.07.1983 in VersR 1983, 945; ÖOGH Urt. v. 01.09.1983 in VersR 1984, 1204, 1205; OLG Düsseldorf Urt. v. 28.10.1982 in VersR 1983, 625, 626; Ruscher, S. 109; Schwaiger / Wagner, S. 205.

[115] Stiefel/Hofmann, AKB § 3 Rn. 80; Schwaiger / Wagner, S.206; BGH Urt. v. 13.07.1983 in VersR 1983, 945.

Als Folge der Übertragung der Verfügungsbefugnis auf den Versicherten wäre dieser in einem möglichen Prozeß gegen den Versicherer selbst prozeßführungsbefugt, denn die materiellrechtliche Verfügungsbefugnis ist das "prozessuale Seitenstück" zur Prozeßführungsbefugnis.[116] Während also im Falle einer Abtretung der Entschädigungsforderung wirklich jede Person der mögliche Zessionar sein kann, mit dem sich der Versicherer im Prozeß dann auseinandersetzen müßte, kann beim Verzicht des Versicherungsnehmers auf die Verfügungsbefugnis nur der Versicherte selbst Prozeßgegner sein.[117]

Die eben geschilderten Bedenken des Versicherers bestehen daher im Falle des Verzichts des Versicherungsnehmers auf die Verfügungsbefugnis oder bei einer Zustimmung nach § 75 Abs. 2 VVG nur in einem Teilbereich jener Unsicherheit, die im Falle einer Abtretung des Anspruches auf die Versicherungsleistung zum Tragen käme. Hat der Versicherer den vom Versicherungsnehmer für den Versicherten geltend gemachten Anspruch bereits einmal abgelehnt und weigert sich dann der Versicherungsnehmer, den behaupteten Anspruch klagweise durchzusetzen, kann der Versicherungsnehmer die Einziehungsbefugnis unstreitig an den Versicherten abgeben, der dann selbst gegen den Versicherer vorgehen kann, so aber auch das Prozeßrisiko allein trägt.[118]
In diesem Falle nimmt die Rechtsprechung Rechtsmißbrauch an, wenn der Versicherer sich hier auf die mangelnde Verfügungsbefugnis des Versicherten beruft, da der Versicherte sonst keinerlei Möglichkeit hätte, seinen materiellen Anspruch aus dem Versicherungsvertrag durchzusetzen. Wird das Verfügungsrecht durch ausdrückliche Zustimmung des Versicherungsnehmers nach § 75 Abs. 2 VVG - beispielsweise in Form eines Verzichtes zu dessen Gunsten - auf den Versicherten übertragen, so sind die Interessen des Versicherers nicht annähernd so stark betroffen wie bei einer Abtretung oder Verpfändung des Anspruches auf die Versicherungsleistung. Das Interesse des Versicherers an einem ihm bekannten Ansprechpartner wiegt letztlich auch nicht so schwer, daß es einen dauerhaften Ausschluß des Versicherten von der Geltendmachung seines Versicherungsanspruches rechtfertigen könnte.[119]

Das Interesse des Versicherers daran, dem Versicherungsnehmer im Prozeß nicht die Stellung eines Zeugen zukommen zu lassen, ist letztlich auch nicht so erheblich, daß es durch ein Zustimmungserfordernis geschützt werden müßte, das die Rechtslage für den Versicherten und den Versicherungsnehmer unzumutbar erschweren würde.

---

[116] Vollkommer in Zöller, ZPO, vor § 50 Rn. 18.
[117] Bei den hier vorrangig zu betrachtenden Fällen des Abschlusses einer Fremdversicherung zum Zwecke der Kreditsicherung wird es sich in der Regel auch nur um einen Versicherten handeln, nämlich den Sicherungsgeber bzw. den Leasinggeber.
[118] Johannsen in Bruck / Möller / Johannsen, VVG, Anm. H 16 S.
[119] In einer vergleichbaren Lage: BGH Urt. v. 05.04.1964 in VersR 1964, 709, 710.

Ein Verzicht des Versicherungsnehmers auf die Verfügungsbefugnis über den Anspruch des Versicherten führt mithin nicht zu einer Situation, die einer Abtretung vergleichbar ist. Ein in den Allgemeinen Versicherungsbedingungen statuiertes Zustimmungserfordernis für Abtretungen oder Verpfändungen kann nicht entsprechend angewandt werden.[120] Ein Zustimmungserfordernis des Versicherers bedürfte daher einer ausdrücklichen Regelung in den Allgemeinen Versicherungsbedingungen.

Anders verhält es sich jedoch, wenn die Verfügungsbefugnis auf andere Personen als den Versicherten übertragen werden soll. Dies ist nicht ohne weiteres möglich, da diese Rechtsmacht nach § 76 Abs. 1 VVG direkt an die Stellung des Versicherungsnehmers als Vertragspartner des Versicherers gebunden ist. Wechselt die Person des Versicherungsnehmers, geht auch das Verfügungsrecht mit über.

Der Versicherungsnehmer könnte jedoch kraft seines Verfügungsrechts den Anspruch auf die Versicherungsleistung auf einen Dritten übertragen und dann zu Gunsten dieses neuen Gläubigers auf seine Verfügungsbefugnis verzichten. Bei dieser Abtretung wäre dann aber ein Zustimmungserfordernis des Versicherers zu beachten, wenn die Allgemeinen Versicherungsbedingungen ein solches vorsehen.[121] Weiter ist zu beachten, daß der Versicherungsnehmer zur Übertragung des Anspruches des Versicherten auf die Entschädigungsleistung nach § 76 Abs. 2 VVG auch der Zustimmung des Versicherten bedarf, wenn ein Versicherungsschein ausgestellt ist und sich dieser nicht im Besitz des Versicherungsnehmers befindet.

e) Stellung des Versicherten (Sicherungsnehmers) im Falle der Insolvenz des Versicherungsnehmers (Sicherungsgebers)

Bereits bei der Zuordnung des versicherten Interesses wurde in dieser Arbeit deutlich, welche Bedeutung die interessengerechte Verteilung der Insolvenzrisiken für die Parteien des Sicherungsvertrages hat. Im folgenden wird die Stellung des Versicherten in der Versicherung für fremde Rechnung im Falle der Insolvenz des Versicherungsnehmers erörtert, um die nach der Gesetzeslage auftretenden Lücken in der Absicherung des Kreditgebers und damit das Bedürfnis für eine Zusatzvereinbarung, wie sie in den Sicherungsscheinen getroffen wird, zu verdeutlichen.

---

[120] Sieg in Bruck / Möller / Sieg, VVG, §§ 75, 76 Anm. 30, S. 955; Thiel, Anm. zum Urt. des BGH v. 11.02.1960 in VersR 1961, 74 f.; Arens, S. 40 f.

[121] Vgl. § 7 Abs. 3 AHB, § 3 Abs. 4 AKB, § 12 Nr. 3 AUB 88.

Gemäß § 76 Abs. 1 VVG ist der Versicherungsnehmer grundsätzlich allein verfügungsbefugt über die Rechte des Versicherten aus dem Versicherungsvertrag. Da der Versicherungsnehmer lediglich schuldrechtlich gehalten ist, von dieser Verfügungsbefugnis dem Versicherten gegenüber nicht treuwidrig Gebrauch zu machen, besteht für die Rechte des Versicherten doch immer die latente Gefahr des Mißbrauchs der Verfügungsmacht durch den Versicherungsnehmer. Insbesondere im Falle der Insolvenz des Versicherungsnehmers kann dieser selbst oder auch dessen Gläubiger versucht sein, auf die dem Versicherten zustehende Entschädigung zuzugreifen.

aa) Schicksal des Verfügungsrechts

Das Verfügungsrecht selbst ist so eng mit der vertraglichen Stellung als Versicherungsnehmer verknüpft, daß es nicht selbständig gepfändet werden kann. Es unterliegt daher in der Zwangsvollstreckung nicht dem Zugriff der Gläubiger des Versicherungsnehmers.[122] Wird über das Vermögen des Versicherungsnehmers das Insolvenzverfahren eröffnet, gehört das Verfügungsrecht mit zur Insolvenzmasse, da es durch die Regelung in § 77 Satz 2 VVG der Realisierung eines Vorzugsrechtes zu Gunsten der Masse dienen kann, obwohl es nicht zum der Zwangsvollstreckung unterliegenden Vermögen des Versicherungsnehmers gehört.[123] Die Verfügungsbefugnis fällt nach § 80 Abs. 1 InsO an den Insolvenzverwalter. Der Versicherte kann das Verfügungsrecht des Insolvenzverwalters nur beseitigen, indem er erfolgreich auf die Erteilung der Zustimmung nach § 75 Abs. 2 VVG klagt. Sollten dem Versicherungsnehmer gegen den Versicherten noch Ansprüche aus dem Innenverhältnis zustehen, ist der Verwalter nur gegen Befriedigung dieser Ansprüche verpflichtet, die Zustimmung zu erteilen.

---

[122] RG Urt. v. 14.11.1930 in RGZ, 130, 237, 242; Kisch III, S. 491; Prölss in Prölss / Martin, VVG § 76 Anm. 1, S. 574; Ruscher, S. 89.

[123] Sieg in Bruck / Möller / Sieg, VVG §§ 75, 76 Anm. 41, S. 958 f.; RG Urt. v. 14.11.1930 in RGZ 130, 237, 242; Kisch III, S. 491; Raiser, AFB § 13 Anm. 23, S. 330; a.A. Trautmann, S. 51.

bb) Schicksal der Rechte des Versicherten und Interventionsmöglichkeiten

(1) Einzelzwangsvollstreckung

Ist der Versicherungsfall noch nicht eingetreten und greifen Gläubiger des Versicherungsnehmers auf die dem Versicherten gehörende Sache zu, so wird die Sache zwar nicht wirksam gepfändet, aber es tritt doch Verstrickung ein.[124]

Wird die Sache im weiteren Verlauf des Zwangsvollstreckungsverfahrens versteigert, verliert der Versicherte sein Eigentum. Daher hat er die Möglichkeit, nach § 771 ZPO im Wege der Klage der Zwangsvollstreckung in die versicherte Sache zu widersprechen. Hier spielt es keine Rolle, ob der Versicherte volles Eigentum oder lediglich Sicherungseigentum an der Sache hat.

Ist der Versicherungsfall bereits eingetreten und versucht ein Gläubiger des Versicherungsnehmers den Anspruch des Versicherten auf die Entschädigung zu pfänden und sich überweisen zu lassen, ist dies nicht möglich. Die Pfändung geht ins Leere, da der Anspruch auf die Entschädigung dem Versicherungsnehmer materiell nicht zusteht. Um aber der Gefährdung der Rechte des Versicherten durch die Pfändung und Überweisung zu begegnen, sollte der Versicherte wiederum eine Drittwiderspruchsklage nach § 771 ZPO erheben.[125]

Hat der Versicherungsnehmer kraft seiner Verfügungsbefugnis die Entschädigungsforderung bereits eingezogen, erlischt die Forderung des Versicherten. Der Versicherer hat an den Versicherungsnehmer mit befreiender Wirkung gezahlt. Dem Versicherten verbleibt sein schuldrechtlicher Anspruch gegen den Versicherungsnehmer auf Auskehrung der Entschädigungsleistung. Hat bereits eine Vermischung der Entschädigungsleistung mit dem Schuldnervermögen stattgefunden, und wird dann beim Versicherungsnehmer von dessen Gläubigern gepfändet, hat der Versicherte keinerlei Interventionsmöglichkeiten, da ihm an dem Geld keine besseren Rechte zustehen.
Für den Versicherten besteht daher die Gefahr, daß andere Gläubiger auf die vom Versicherer geleistete Entschädigung zugreifen und der Versicherungsnehmer dann nicht mehr in der Lage ist, die Forderung des Versicherten zu befriedigen.

---

[124] Das Pfändungspfandrecht kann nur an schuldnereigenen Sachen entstehen. Durch den Hoheitsakt wird das hoheitliche Herrschaftsverhältnis aber an der jeweils tatsächlich gepfändeten Sache begründet.

[125] Sieg in Bruck / Möller / Sieg, VVG, §§ 75, 76 Anm. 40, S. 958; Trautmann, S. 97; Stein / Jonas / Münzberg, ZPO, § 771 Anm. II 1.a S. 7.

(2) Insolvenzverfahren

Mit Eröffnung des Insolvenzverfahrens fällt die Verfügungsbefugnis, die § 76 Abs. 1 VVG dem Versicherungsnehmer zugewiesen hat, automatisch an den Insolvenzverwalter. Ist der Versicherungsfall noch nicht eingetreten, muß der Versicherte die Verwertung der ihm gehörenden versicherten Sache verhindern. Hier richten sich die Interventionsmöglichkeiten danach, ob der Versicherte Volleigentümer oder lediglich Sicherungseigentümer der Sache ist.
Hat er volles Eigentum, z.B. als Leasinggeber oder Einlagerer, steht ihm ein massefremdes Recht zu, das er mit der Aussonderung aus der Insolvenzmasse nach § 47 InsO verteidigen kann. Anders ist es, wenn der Versicherte lediglich Sicherungseigentum hat. Die Sicherungsübereignung überbrückt das Fehlen eines besitzlosen Pfandrechtes im BGB. Sie erstrebt ein Vorzugsrecht zum Nachteil der anderen Gläubiger.[126] Darum gibt sie im Insolvenzverfahren auch kein Aussonderungs-, sondern nur ein Absonderungsrecht nach § 51 Nr. 1 InsO. Dem Versicherten bleibt dann die Möglichkeit, mit einer Pfandvorzugsklage nach § 805 ZPO sein Recht auf abgesonderte Befriedigung durchzusetzen.

Ist der Versicherungsfall eingetreten, die versicherte Sache somit nicht mehr vorhanden, geht es für den Versicherten darum, die Verwertung der nach § 75 Abs. 1 VVG ihm zustehenden Entschädigungsforderung durch die Gläubiger des Versicherungsnehmers zu verhindern. Hatte der Versicherungsnehmer die Forderung noch nicht eingezogen, richten sich die Interventionsmöglichkeiten des Versicherten danach, ob und in welcher Weise der Insolvenzverwalter bereits über die Forderung verfügt hat. Hat sich der Insolvenzverwalter bislang einer Verfügung über die Forderung des Versicherten enthalten, hat der Versicherte für seine Forderung ein Aussonderungsrecht nach § 47 InsO.[127]
Erkennt der Insolvenzverwalter die Berechtigung des Versicherten nicht an, muß auf Feststellung geklagt werden.[128] Da der Versicherte als Gläubiger der Forderung jedoch wegen § 76 Abs. 1 VVG nicht verfügungsbefugt ist, muß er weiterhin gegen den Insolvenzverwalter auf Erteilung der Zustimmung nach § 75 Abs. 2 VVG klagen. Gegen Befriedigung eventueller Ansprüche des Versicherungsnehmers gegen den Versicherten aus dem Innenverhältnis wird der Insolvenzverwalter zu Gunsten des Versicherten auf die Verfügungsbefugnis verzichten müssen.

[126] Hartmann in Baumbach / Lauterbach / Albers / Hartmann, ZPO § 771 Rn. 26.
[127] BGH Urt. v. 28.10.1953 in BGHZ 10, 376, 384.
[128] Trautmann, S. 99.

Hat der Insolvenzverwalter die Forderung des Versicherten bereits zur Masse eingezogen, ist das Aussonderungsrecht des Versicherten vereitelt. Ihm steht dann ein Ersatzaussonderungsrecht gemäß § 48 InsO zu, wenn die Entschädigung noch unterscheidbar in der Masse vorhanden ist.[129]

Unterscheidbar ist die Leistung, wenn sie auf ein Konto überwiesen wurde und durch Buchungsbelege identifizierbar ist.[130] Vorhanden ist die Leistung, solange das Konto einen dem Zufluß entsprechenden Habensaldo aufweist.[131]

Ist die Entschädigungsleistung jedoch nicht mehr unterscheidbar in der Masse vorhanden, fehlt es an der Aussonderungsfähigkeit, so daß der Versicherte lediglich gemäß § 55 Nr. 3 InsO einen Anspruch wegen ungerechtfertigter Bereicherung der Masse hat. Dieser Bereicherungsanspruch wird im Falle der Sicherungsübereignung durch die Höhe der gesicherten Forderung begrenzt.[132]

Hatte der Versicherungsnehmer selbst die Forderung bereits vor Eröffnung des Insolvenzverfahrens eingezogen, ist der Anspruch des Versicherten gegen den Versicherer erloschen. Das Geld gehört zum Vermögen des Versicherungsnehmers und fällt bei Eröffnung des Insolvenzverfahrens mit in die Insolvenzmasse.
Der Versicherte hat dann kein Aussonderungsrecht, so daß auch keine Ersatzaussonderung möglich ist, wenn die eingezogene Entschädigung noch von der sonstigen Masse unterscheidbar ist.
Dem Versicherten bleibt somit nur eine einfache Insolvenzforderung, wenn der Versicherungsnehmer die Entschädigung eingezogen hat, bevor das Insolvenzverfahren eröffnet wurde.[133] Der Versicherte muß sich dann mit der Quote begnügen, wenn das Verfahren eröffnet wird.

Im Falle der Insolvenz des Versicherungsnehmers drohen dem Versicherten somit vielfältige Gefahren, die im vollständigen Verlust seiner Rechte gipfeln können. Dieses gilt sowohl für die Durchsetzung seines Anspruchs aus § 75 Abs. 1 VVG als auch nach dessen Einziehung für den Anspruch gegen den Versicherungsnehmer auf Auskehrung der Entschädigung.

---

129 BGH Urt. v. 28.10.1953 in BGHZ 10, 376, 384; Uhlenbruck in Kuhn / Uhlenbruck, KO, § 43 Rn. 27.
130 BGH in ZIP 1989, 118; OLG Hamburg in ZIP 1982, 599; Eickmann in Heidelberger Kommentar zur InsO, § 48 Rn. 9.
131 Eickmann in Heidelberger Kommentar zur InsO, § 48 Rn. 10.
132 Hess, KO, § 43 Rn. 123; Uhlenbruck in Kuhn / Uhlenbruck, KO, § 43 Rn. 27.
133 BGH in ZIP, 1997, 1551; Eickmann in Heidelberger Kommentar zur InsO, § 55 Rn. 24.

f) Weitere Risiken für den Versicherten und Möglichkeiten zur Absicherung seiner Rechtsposition

Neben den Risiken, die im Falle der Insolvenz des Versicherungsnehmers drohen, besteht für den Versicherten immer die Gefahr, daß der Versicherungsnehmer von seinem umfassenden Verfügungsrecht zum Schaden des Versicherten Gebrauch macht.

Tritt beispielsweise der Versicherungsnehmer die Forderung des Versicherten unentgeltlich an einen Dritten ab, bleibt dem Versicherten nur der Schadenersatzanspruch gegen den Versicherungsnehmer aus dem Innenverhältnis. Gegen den unentgeltlich Empfangenden hat der Versicherte jedoch keinen Anspruch, denn § 822 BGB würde nur dann eingreifen, wenn die unentgeltliche Zuwendung vom Bereicherungsschuldner vorgenommen wurde. Der Versicherungsnehmer als Zedent ist jedoch kein Bereicherungsschuldner, sondern ihm verleiht das Gesetz in § 76 Abs. 1 VVG Verfügungsmacht.
Ebenso ist der Versicherte auf den Schadenersatzanspruch aus dem Innenverhältnis angewiesen, wenn der Versicherungsnehmer die Entschädigungsschuld ohne Entgelt erläßt.[134]

Außerdem kann es im Vorfeld der endgültigen Zahlungseinstellung durch den Versicherungsnehmer zu Unregelmäßigkeiten bei der Prämienzahlung kommen, so daß der Versicherungsschutz für den Versicherten in Gefahr gerät. Ist der Versicherungsnehmer mit der Prämienzahlung in Verzug, erlangt der Versicherte hiervon in der Regel keine Kenntnis. Dadurch kann er die Möglichkeit, nach §§ 267 BGB, 35a VVG die Prämienschuld zu begleichen und so den Versicherungsschutz aufrechtzuerhalten, häufig nicht wahrnehmen. Tritt dann jedoch der Versicherungsfall ein, ist der Versicherer von seiner Leistungspflicht gemäß § 39 Abs. 2 VVG befreit.

Schließlich ist der Entschädigungsanspruch des Versicherten in seinem Bestand auch vom Verhalten des Versicherungsnehmers abhängig, da dieser auch zur Erfüllung der Obliegenheiten verpflichtet ist. Ist der Versicherer im Falle der Verletzung von Obliegenheiten durch den Versicherungsnehmer von seiner Leistungspflicht gegenüber dem Versicherten frei, verbleibt dem Versicherten wiederum lediglich ein Schadenersatzanspruch gegen den Versicherungsnehmer aus dem Innenverhältnis, der aber nur selten realisierbar sein wird.

Es stellt sich daher die Frage, wie die Stellung des Versicherten gefestigt werden kann. Schließlich sind hier insbesondere solche Fälle zu betrachten, in denen der Versicherungsnehmer Darlehensschuldner des Versicherten ist und ihm

---

[134] Haymann, S. 126.

zur Sicherung der Forderung Sicherungsgut übereignet hat. Hier wurde die Versicherung für fremde Rechnung abgeschlossen, um im Falle des Untergangs des Sicherungsgutes einem Wegfall der Sicherheit für die Darlehensforderung vorzubeugen. Nach den obigen Ausführungen wird jedoch deutlich, daß die Fremdversicherung diese Funktion im Einzelfall nur dann erfüllen kann, wenn sich alle Beteiligten normgerecht verhalten und keine Dritten als Gläubiger des Versicherungsnehmers in die Vermögenssphäre eingreifen. Die Sicherung der Interessen des Kreditgebers ist damit erheblichen Risiken ausgesetzt.
Der Gefahr der schädigenden Verfügung durch den Versicherungsnehmer kann der Versicherte nur dann entgehen, wenn dem Versicherungsnehmer ein solches umfassendes Verfügungsrecht nicht zusteht. Wie oben[135] erläutert, ist ein Verzicht des Versicherungsnehmers auf die Verfügungsbefugnis zu Gunsten des Versicherten auch ohne Zustimmung des Versicherers möglich. Die Realisierung eventueller Ansprüche des Versicherungsnehmers gegen den Versicherten muß jedoch gewährleistet bleiben.
Ähnlich verhält es sich mit dem Verfügungsrecht des Insolvenzverwalters. Wäre der Versicherungsnehmer vor der Eröffnung des Insolvenzverfahrens nicht verfügungsbefugt, fiele die Befugnis auch nicht an den Insolvenzverwalter. Dann wäre auch die Gefahr gebannt, daß der Insolvenzverwalter die Forderung so zur Masse einzieht, daß das Ersatzaussonderungsrecht des Versicherten vereitelt würde[136] und dem Versicherten lediglich die Stellung als einfacher Insolvenzgläubiger bliebe.

Die Gefahr, die dem Versicherten dadurch droht, daß der Versicherungsnehmer den Umfang des Versicherungsschutzes herabsetzt oder die Prämienzahlung einstellt, kann nur dadurch gebannt werden, daß eine dem Versicherten gegenüber bestehende Benachrichtigungspflicht vereinbart wird. Trifft diese Pflicht lediglich den Versicherungsnehmer, besteht für den Versicherten wieder die Gefahr, daß der Versicherungsnehmer ihr nicht nachkommt und dem Versicherten wiederum nur ein Schadenersatzanspruch bliebe. Einzig effektiv wäre daher eine zwingende Verpflichtung des Versicherers, dem Versicherten über eine Gefährdung des Versicherungsschutzes Anzeige zu erstatten.

Die unzureichende Sicherung des Versicherten im Falle der Insolvenz des Versicherungsnehmers beruht darauf, daß der Versicherte zwar nach § 75 Abs. 1 VVG Inhaber der Entschädigungsforderung ist, diese Forderung jedoch im Zuge der Einziehung der Entschädigung durch Erfüllung erlischt und dem Versicherten dann lediglich der einfache schuldrechtliche Anspruch gegen den Versicherungsnehmer auf Auskehrung verbleibt. Dadurch hat er keinerlei

[135] Vgl. die Ausführungen unter C III 2.c.

[136] Gemeint ist die Einziehung der Forderung unter Vermischung mit der Masse, so daß die Entschädigungsleistung nicht mehr unterscheidbar in der Masse vorhanden ist.

dingliche Rechte mehr an der Versicherungsleistung. Hätte er ein Pfandrecht an der erlösten Summe, könnte er wenigstens im Wege der Absonderung nach § 50 Abs. 1 InsO vorrangig vor den einfachen Insolvenzgläubigern Befriedigung aus der ehemals ihm allein zustehenden Versicherungsleistung erlangen.

Eine derartige gesetzliche Regelung ist in § 1127 Abs. 1 BGB zum Schutze der Realgläubiger in der Gebäudefeuerversicherung getroffen worden. Danach erstreckt sich die Hypothek auf die Versicherungsforderung, wenn die versicherten Gegenstände der Hypothek unterlagen.
Dies führt auch zu einer Beschränkung der Verfügungsmöglichkeit des Versicherungsnehmers über die Versicherungsforderung. Weiterhin haftet die Versicherungsforderung in der Gebäudefeuerversicherung nach § 102 Abs. 1 VVG dem Realgläubiger auch bei einem „kranken Versicherungsverhältnis", das heißt in dem Falle, daß der Versicherer z.B. wegen einer Obliegenheitsverletzung des Versicherungsnehmers diesem gegenüber von der Verpflichtung zur Leistung frei ist.[137] Hat der Versicherungsnehmer die Prämie nicht gezahlt, ist der Versicherer dem Versicherten gegenüber nach § 102 Abs. 2 Satz 2 VVG gleichwohl zur Leistung verpflichtet, wenn die vorgeschriebene Mitteilung nach § 101 VVG unterlassen worden ist.

Eine weitere Möglichkeit zum Schutze des Versicherten würde sich bieten, wenn man seine rechtliche Stellung der Position des Kommittenten nach § 392 Abs. 2 HGB annähern würde. Nach § 392 Abs. 2 HGB gelten die Forderungen, die der Kommissionär aus den von ihm geschlossenen Geschäften erworben hat, im Verhältnis zwischen dem Kommittenten und dem Kommissionär oder dessen Gläubigern auch ohne Abtretung als solche des Kommittenten.
Allein eine solche Fiktion, wie sie § 392 Abs. 2 HGB vorsieht, erscheint jedoch wenig fruchtbar, da bei der Versicherung für fremde Rechnung der Versicherte nach § 75 Abs. 1 VVG bereits Gläubiger der materiellen Versicherungsforderung ist. Ein Lösungsansatz böte sich jedoch, wenn man § 392 Abs. 2 HGB auf den Fall analog anwendete, daß der Kommissionär die Forderung bereits eingezogen hat[138] und somit Eigentümer des Kommissionsgutes bei der Einkaufskommission, bzw. Eigentümer des Geldes oder Inhaber der Gutschrift auf sein Konto bei der Verkaufskommission geworden ist. Dann wäre der Kommittent im Verhältnis zu den Gläubigern des Kommissionärs als Eigentümer des bei Einlösung der Forderung Erlangten anzusehen.

Wendete man diesen Gedankengang weiter auf die Konstellation der Versicherung für fremde Rechnung an, würde der Versicherte nach der Einziehung der Forderung durch den Versicherungsnehmer auch ohne Übertragungsgeschäft

[137] Bühnemann in ZVersWiss 1970, 20, 29.
[138] Karsten Schmidt, Handelsrecht, § 31 V 4. c), S. 914.

zumindest im Verhältnis zu den Gläubigern des Versicherungsnehmers bereits als Eigentümer des ausgezahlten Geldes oder Inhaber der Forderung gegen die Bank aus der Gutschrift gelten. Dann könnte er im Falle der Insolvenz des Versicherungsnehmers sein Eigentumsrecht geltend machen und den Zugriff der Gläubiger auf die Entschädigungssumme verhindern.

Im Unterschied zu den oben vorgeschlagenen Maßnahmen bedürfte es aber für eine derartige Vereinbarung zur Stärkung der Stellung des Versicherten bei der Realisierung seines Anspruches aus § 75 Abs. 1 VVG einer gesetzlichen Grundlage, da im Falle der Vereinbarung einer entsprechenden Fiktion ein unzulässiger Vertrag zu Lasten Dritter, nämlich zu Lasten der sonstigen Gläubiger des Versicherungsnehmers, geschlossen werden würde.

3. Verhältnis Versicherer - Versicherter

a) Rechtserwerb des Versicherten

Der Versicherte erwirbt nach § 75 Abs. 1 VVG die Rechte aus dem Vertrag originär und unmittelbar. Ihm sind die Rechte “aus dem Vertrag” zugewiesen. Das heißt, er erwirbt den Anspruch auf Gefahrtragung und die geldlichen Ansprüche, nicht aber die Gestaltungsrechte. Der Versicherte ist daher alleiniger Gläubiger der Ansprüche gegen den Versicherer. Er selbst kann seine Rechte aber weder gegenüber seinem Schuldner geltend machen noch gerichtlich durchsetzen, da das alleinige Verfügungsrecht in § 76 Abs. 1 VVG dem Versicherungsnehmer zugewiesen ist. Der Versicherte kann nur dann selbst über seine Rechte verfügen, wenn der Versicherungsnehmer dem ausdrücklich oder konkludent - beispielsweise durch Aushändigung des Versicherungsscheines - zugestimmt hat.

b) Erfüllung von Vertragspflichten

Bei der Versicherung für fremde Rechnung ist die Position des Vertragspartners des Versicherers gespalten und mit dem Versicherungsnehmer und dem Versicherten besetzt.

Da es keine Verträge zu Lasten Dritter gibt, treffen den am Vertragsschluß nicht beteiligten Versicherten auch keine vertraglichen Rechtspflichten. Will er sich seine gesetzlich zugewiesene Anspruchsberechtigung erhalten, muß er jedoch Obliegenheiten erfüllen.

Nach herrschender Meinung[139] sind Obliegenheiten keine echten Rechtspflichten, sondern nur Pflichten von minderer Zwangsintensität. Werden dem Versicherten also Obliegenheiten "auferlegt", liegt damit kein Verstoß gegen das Verbot von Verträgen zu Lasten Dritter vor, da die Einhaltung der Obliegenheiten nicht erzwingbar ist und ihre Verletzung keinerlei Schadenersatzverpflichtung auslöst. Die Erfüllung der Obliegenheiten ist jedoch Voraussetzung für die Erhaltung der Ansprüche aus dem Vertrag.

Gemäß § 79 Abs. 1 VVG sind Kenntnis und Verhalten des Versicherten der Kenntnis und dem Verhalten des Versicherungsnehmers ausdrücklich gleichgestellt. Der Grund dafür, auch dem Versicherten die vertraglichen Verhaltensnormen aufzuerlegen, liegt darin, daß dieser kein am Versicherungsvertrag völlig unbeteiligter Dritter, sondern Träger des versicherten Interesses ist, so daß er sehr wohl ein eigenes Interesse an der Versicherung hat.[140]

Oft hat der Versicherte auch die Möglichkeit, auf die versicherte Sache einzuwirken, gefährliche Einwirkungen von der Sache abzuhalten und die Gefahrenlage zu beurteilen. Außerdem kann er im Schadensfall Maßnahmen zur Schadenminderung ergreifen und bei der Berechnung des Schadens behilflich sein.[141]
Der Versicherte ist zur Erfüllung der Obliegenheiten kraft seiner Stellung als Vertragsinteressent - und nicht etwa nur als Vertreter oder Gehilfe des Versicherungsnehmers verpflichtet.[142] Daher kann der Versicherer auch dann vom Vertrag zurücktreten, wenn der Versicherte seine Verpflichtungen nicht erfüllt.[143]

Eine Ausnahme ist bei der vorvertraglichen Anzeigepflicht zu machen, wenn der Versicherte keine Kenntnis vom Vertragsschluß durch den Versicherungsnehmer hat. Zwar hat eine Unkenntnis des Versicherten vom Vertragsschluß keine Auswirkung auf die Wirksamkeit des Versicherungsvertrages, doch kann der Versicherte die Obliegenheit nicht schuldhaft verletzen, wenn er überhaupt keine Kenntnis von ihrem Bestehen hat.[144]

---

[139] RG Urt. v. 28.06.1904 in RGZ 58, 342, 346; RG Urt. v. 21.12.1905 in RGZ 62, 190, 192; RG Urt. v. 19.06.1931 in RGZ 133, 117, 122; BGH Urt. v. 13.06.1957 in BGHZ 24, 378, 382; BGH Urt. v. 01.06.1959 in VersR 1959, 533; BGH Urt. v. 07.11.1967 in VersR 67, 27, 29; KG Urt. v. 01.03.1960 in VersR 60, 889, 890; Bruck, Privatversicherungsrecht S. 282 ff.; Bruck / Möller, VVG § 6 Anm. 9, S. 187; Cremer, S. 4; Hartung, S. 25 ff; R. Schmidt, Obliegenheiten S. 110, 111.

[140] Ruscher, S. 134; Millauer, S. 61.

[141] Kisch III, S. 431; Ruscher, S. 134.

[142] Cremer, S. 26.

[143] vgl. §§ 79 Abs. 1, 161, 179 Abs. 4 VVG.

[144] Ruscher, S. 140.

Der Versicherer erfüllt seine Vertragspflichten gegenüber dem Versicherten mit der Gefahrtragung und nach Eintritt des Versicherungsfalles mit der Zahlung der Entschädigungsleistung an den im Einzelfall zur Entgegennahme Berechtigten.
Der Versicherer ist von seiner Leistungspflicht frei, wenn der Versicherte oder der Versicherungsnehmer eine Obliegenheit verletzt hat oder der Versicherungsnehmer die Prämie nicht zahlt und zwischen Versichertem und Versicherer keine hiervon abweichende Vereinbarung getroffen wurde. Zahlt der Versicherungsnehmer die Prämie nicht rechtzeitig, so hat der Versicherte gemäß § 35a Abs. 1 VVG das Recht, die fällige Prämie an den Versicherer zu zahlen, ohne daß dieser die Zahlung zurückweisen könnte.
Den Versicherer treffen aber keinerlei Mitteilungspflichten dem Versicherten gegenüber, so daß dieser regelmäßig nicht weiß, ob gerade Versicherungsschutz besteht oder der Versicherungsvertrag notleidend geworden ist. Er wird in der Praxis vom Verzug des Versicherungsnehmers erst dann erfahren, wenn der Versicherungsfall bereits eingetreten und der Versicherungsschutz nicht mehr aufrechtzuerhalten ist.
Daher ist die Stellung des Versicherten recht unsicher, denn der Erwerb und der Erhalt der Rechte sind nicht nur vom seinem eigenen Verhalten, sondern zusätzlich und in erster Linie vom Verhalten des Versicherungsnehmers abhängig.

c) Aufrechnung des Versicherers

Da nach §§ 387 ff. BGB nur solche Forderungen gegeneinander aufgerechnet werden können, die in einem Gegenseitigkeitsverhältnis zueinander stehen, könnte der Versicherer ohne besondere gesetzliche Regelung nur mit solchen Forderungen aufrechnen, die ihm gegen den Versicherten persönlich zustehen, da der Versicherte nach § 75 Abs. 1 VVG Gläubiger der Entschädigungsforderung ist.
Hat der Versicherer jedoch z.B. eine Prämienforderung gegen den Versicherungsnehmer, so steht diese mit dem Anspruch des Versicherten auf die Versicherungsleistung nicht in einem Gegenseitigkeitsverhältnis. Hierbei ist unerheblich, ob der Versicherungsnehmer sie einzieht, da ihm die Forderung materiell nicht zusteht. Durch § 35 b VVG wurde deshalb ein besonderes "Abzugsrecht" geschaffen.

Der Versicherer kann nun gegen die Versicherungsforderung aufrechnen. Es wird eine Ausnahme vom Erfordernis der Gegenseitigkeit gemacht. Der Versicherer soll unter der Spaltung seines Vertragspartners in Versicherungsnehmer und Versicherten nicht leiden.[145]
Damit steht dem Versicherer kraft ausdrücklicher gesetzlicher Regelung ein Aufrechnungsrecht zu.[146]

d) Abgabe von Willenserklärungen

Da der Versicherte nicht Vertragspartner des Versicherers ist, sind die Erklärung von Rücktritt, Anfechtung und Kündigung gegenüber dem Versicherten wirkungslos. Sie müssen dem Versicherungsnehmer gegenüber erklärt werden. Eine Ausnahme bildet die Anfechtung durch den Versicherer wegen einer arglistigen Täuschung des Versicherten. Da der Versicherte aus dem Vertrag zwischen Versicherer und Versicherungsnehmer nach § 75 Abs. 1 VVG unmittelbar ein Recht erworben hat, muß die Anfechtung nach § 123 Abs. 2 Satz 2 i.V.m. § 143 Abs. 2 BGB gegenüber dem Versicherten erklärt werden. Die Ablehnung der Leistung nach § 12 Abs. 3 VVG muß ebenfalls dem Versicherten gegenüber erfolgen, wenn dieser durch Parteivereinbarung oder die Erteilung eines Sicherungsscheins verfügungsbefugt und damit auch aktivlegitimiert zur Durchsetzung seiner Ansprüche ist.[147]

Da der Versicherte keine Gestaltungsrechte erwirbt, kann er diesbezüglich auch keine Erklärungen an den Versicherer abgeben. Er hat das Zurückweisungsrecht aus § 333 BGB, das sowohl dem Versicherer als auch dem Versicherungsnehmer gegenüber ausgeübt werden kann.

Zusammenfassend ist hier festzustellen, daß die Rechtslage für einen Kreditgeber oder einen Leasinggeber als den Versicherten in der Versicherung für fremde Rechnung in vielfacher Hinsicht unsicher ist. Durch die rechtliche Ausgestaltung der Versicherung für fremde Rechnung in den §§ 74 ff. VVG ist der Anspruch des Versicherten in vielfältiger Weise von dem Verhalten des Versicherungsnehmers abhängig, und es besteht stets die Gefahr, daß die mit dem Abschluß der Versicherung bezweckte Absicherung der Interessen des Kredit-

---

[145] Heinrichs in Palandt, BGB, § 334 Rn. 1; Bruck / Möller, VVG § 35b Anm. 1; Knappmann in Prölss / Martin, VVG § 35b, S. 285.

[146] Hingegen kann der Versicherungsnehmer gegenüber einer Prämienforderung des Versicherers nur dann aufrechnen, wenn der Versicherte ihm die Entschädigungsforderung abtritt. Allein die Zustimmung des Versicherten reicht hier nicht aus. Vgl hierzu auch OLG Köln Urt. v. 18.06.1996 in VersR 1997, 1265.

[147] OLG Köln Urt. v. 13.08.1996 in VersR 1997, 1222; LG Köln Urt. v. 12.08.1987 in VersR 1989, 395.

gebers oder des Leasinggebers für den Fall der Untergangs des Sicherungs- oder Leasinggutes vereitelt wird. Insofern wird deutlich, daß die Interessen der Beteiligten eine Modifizierung der gesetzlichen Regelung zugunsten des Versicherten dringend erfordern. Die Einzelheiten der Anpassung der Versicherungsverhältnisses an die Interessen der Beteiligten erfolgt in der Praxis durch eine besondere Ausgestaltung des Versicherungsverhältnisses mit Hilfe von Sicherungsscheinen und Sicherungsbestätigungen. Wegen der großen Verbreitung von Sicherungsübereignungen und Leasinggeschäften im Rechts- und Wirtschaftsleben haben diese Papiere in der Praxis eine erhebliche Bedeutung.

D. Rechtslage bei Erteilung eines wirksamen Sicherungsscheins / einer wirksamen Sicherungsbestätigung

I. Sicherungsschein und Sicherungsbestätigung im System des Privatrechts

1. Rechtliche Grundlagen

a) Einbeziehung des Kreditgebers in den Versicherungsvertrag

Während früher der Sicherungsschein eine Urkunde über die Abtretung von Ansprüchen gegen den Versicherer darstellte[148], ist in den heute gebräuchlichen Formularen im Rahmen einer vorformulierten "Anzeige des Versicherungsnehmers" klargestellt, daß der Kreditgeber mittels des Instituts der Versicherung für fremde Rechnung in den Versicherungsvertrag einbezogen wird.[149]

Wörtlich heißt es im Sicherungsschein: "Die Versicherung der übereigneten Sachen gilt für Rechnung des Kreditinstituts.". In der Sicherungsbestätigung wird der Umfang der Versicherung für fremde Rechnung auf die Höhe der Forderung begrenzt. Hier heißt es: "Die Versicherung der übereigneten Sachen gilt im jeweiligen Umfang der gesicherten Forderung für Rechnung des Kreditgebers." Das Zustandekommen dieser Fremdversicherung richtet sich im einzelnen danach, ob zum Zeitpunkt der Sicherungsübereignung für das Sicherungsgut bereits ein Sachversicherungsvertrag bestand und vom Kreditgeber anschließend ein Sicherungsschein angefordert wird, oder ob noch kein Versicherungsvertrag bestand und der Sicherungsgeber mit Abschluß des Sicherungsvertrages verpflichtet wird, das Sicherungsgut unter Versicherungsschutz zu bringen und für den Sicherungsnehmer einen Sicherungsschein ausstellen zu lassen. Letzterenfalls wird der Sachversicherungsvertrag sofort als Versicherung für Rechnung des Sicherungsnehmers abgeschlossen.

Bestand der Versicherungsvertrag bereits vor der Sicherungsübereignung, kommt es durch die Erteilung des Sicherungsscheins auf Antrag des Versicherungsnehmers (Sicherungsgebers) zu einer Umwandlung der bisherigen Eigenversicherung in eine Fremdversicherung.

---

148 Wussow in VersR 1958, 207; Schultz in ZfV 1956,780, 781; Löffler Kraftfahrzeugversicherung und Autoabsatzfinanzierung.

149 BGH Urt. v. 25.11.1963 in BGHZ 40, 300; OLG Köln Urt. v. 18.06.1958 in VersR 1958, 639; KG Urt. v. 15.12.1958 in VersR 1959, 703; Sieg in VersR 1953, 219; Johannsen in Bruck / Möller / Johannsen, VVG, Anm. J 162, S. F 243; Jacobsen in Feyock / Jacobsen / Lemor, AKB § 12 Rn. 185.

Der Sicherungsnehmer verzichtet in einer vorformulierten Erklärung darauf, "in den Versicherungsvertrag als Versicherungsnehmer nach § 69 VVG einzutreten", so daß der Sicherungsgeber als Versicherungsnehmer Vertragspartner des Versicherers bleibt.

Der Übergang des versicherten Interesses vollzieht sich in Abhängigkeit von der dinglichen Rechtslage vollkommen unabhängig vom Parteiwillen. Da der Erwerber des Sicherungsguts als Eigentümer Träger des Eigentumsinteresses ist, kann dessen Interesse vom Sicherungsgeber als Versicherungsnehmer nur in der Versicherung für fremde Rechnung unter Versicherungsschutz gebracht werden. Den Interesseübergang können die Beteiligten auch nicht durch den im Sicherungsschein formulierten Verzicht des Kreditgebers verhindern. Der Verzicht darauf, als Versicherungsnehmer in den bestehenden Vertrag einzutreten, bezieht sich daher auch nur auf diese Rechtsfolge von § 69 VVG.

Die Stellung des Kreditgebers als Inhaber eines Sicherungsscheins ist im Vergleich zur Position eines "normalen" Versicherten in der Versicherung für fremde Rechnung nach den §§ 74 ff VVG wesentlich vorteilhafter, da der Versicherungsnehmer in seiner Anzeige an den Versicherer zu Gunsten des Versicherten weitgehend auf die Ausübung seiner Rechte verzichtet oder deren Ausübung nur im Einvernehmen mit dem Versicherten zusagt.

So wird in Abweichung von § 76 VVG vereinbart, daß die Verfügungsbefugnis über die dem Versicherten aus dem Vertrag erwachsenden Rechte nicht im eigenen Namen dem Versicherungsnehmer zustehen, sondern diese Verfügungsbefugnis, insbesondere das Recht zur Annahme der Entschädigung, allein beim Versicherten liegen soll.

Weiterhin verpflichtet sich der Versicherungsnehmer, die Versicherung nicht aufzuheben, sie nicht in ihrem Betrage zu mindern und sie unverändert fortzusetzen, solange nicht der Versicherte schriftlich in ein hiervon abweichendes Verfahren eingewilligt hat. Ist dies der Fall, muß diese Einwilligungserklärung dem Versicherer mindestens einen Monat vor Ablauf vom Versicherungsnehmer eingereicht werden, um gültig zu sein.

Letztlich ist der Versicherte auch zur Zahlung der fälligen Versicherungsprämie ausdrücklich befugt.

Neben diesen Vereinbarungen mit dem Versicherungsnehmer verpflichtet sich der Versicherer dem Versicherten gegenüber zur Erfüllung bestimmter Mitteilungspflichten, die dessen Rechtsstellung zusätzlich erheblich verbessern.

Da die dem Versicherer obliegenden Mitteilungspflichten ausschließlich dessen Verhältnis zum Versicherten betreffen, wird insbesondere auf die Rechtsnatur und den Inhalt dieser Mitteilungspflichten im Rahmen der Darstellung der Rechtsbeziehungen zwischen beiden näher eingegangen.

b) Umfang der Versicherung für fremde Rechnung

Der zeitliche Rahmen der Versicherung für fremde Rechnung und der weiteren Verpflichtungen des Versicherers wird im Sicherungsschein und in der Sicherungsbestätigung zumeist nicht ausdrücklich abgesteckt. Er ergibt sich jedoch aus dem Zeitpunkt der Erteilung des Sicherungsscheins bzw. der Sicherungsbestätigung und der Laufzeit des Versicherungsvertrags.

Der sachliche Umfang der Versicherung für fremde Rechnung steckt ab, wie weit das für den vertragschließenden Versicherungsnehmer "fremde" versicherte Interesse des Kreditgebers reicht. Obwohl in der Diskussion der Grundlagen, welches Interesse in einer Sachversicherung Vertragsgegenstand ist und wem dieses versicherte Interesse im Rahmen der Durchführung von Kreditsicherungsgeschäften zusteht, von der Rechtsprechung und weiten Teilen des Schrifttums konträre Auffassungen vertreten werden, herrscht bei der Bestimmung des Umfangs der Fremdversicherung im Zusammenhang mit Sicherungsscheinen und Sicherungsbestätigungen erstaunlicherweise weitgehend Einvernehmen.

Der sachliche Umfang der Versicherung für fremde Rechnung soll begrenzt sein durch den Umfang der Darlehensforderung des Sicherungsnehmers gegen den Sicherungsgeber. Sowohl Rechtsprechung als auch Literatur gehen davon aus, daß bei Vorliegen eines Sicherungsscheins das "fremde" Sicherungsinteresse des Kreditgebers im Umfang seiner noch offenen Forderung und daneben das eigene Interesse des Versicherungsnehmers an dem Sachwert des Sicherungsgegenstands insoweit, als eine etwaige Entschädigung die Restkreditforderung des Sicherungsnehmers überschreitet, versichert ist.[150] Mit anderen Worten tritt "... von Anfang an neben die Versicherung für fremde Rechnung eine Eigenversicherung ... mit der Maßgabe, daß nach endgültiger Tilgung der Finanzierungsschuld die Versicherung für fremde Rechnung gänzlich erlischt."[151] Demnach

---

[150] BGH Urt. v. 25.11.1963 in BGHZ 40, 297, 301; BGH Urt. v. 17.07.1993 in VersR 1993, 1223, 1224; BGH Urt. v. 19.01.1967 in VersR 1967, 343, 344; BGH Urt. v. 06.07.1988 in VersR 1988, 949; KG Urt. v. 15.12.1958 in VersR 1958, 703, 704; OLG Köln Urt. v. 07.06.1966 in VersR 1966, 748; OLG Hamm Urt. v. 20.06.1980 in VersR 1980, 1039; OLG Düsseldorf Urt. v. 06.11.1969 in VersR 1970, 736, 737.

[151] Johannsen in Bruck / Möller / Johannsen Anm. J 164; vgl. auch Sieg in VersR 1953, 219; a.A. BGH Urt. v. 12.02.1985 in VersR 1985, 679, 680; OLG Hamm Urt. v. 20.11.1987 in VersR 1988, 926.

soll der Umfang der Fremdversicherung von der Höhe der Forderung des Sicherungseigentümers gegen den Versicherungsnehmer direkt abhängig sein.

Die Frage nach dem Umfang der Versicherung für fremde Rechnung ist unlösbar mit der Problematik verbunden, wer in dieser Beziehung der Versicherte ist. Nach dem Umfang des versicherten Interesses des Kreditgebers richtet sich dessen Eigenschaft als Versicherter und mithin die Reichweite der Fremdversicherung, da eine solche nur insoweit vorliegt, wie in dem vom Versicherungsnehmer abgeschlossenen Vertrag fremde Interessen, hier die des Kreditgebers, versichert sind.
Die Koppelung des Umfanges der Fremdversicherung allein an die Höhe der Forderung ist mit dem Ansatz zur Bestimmung des versicherten Interesses nach der materiellen Rechtslage nicht vereinbar.

In den derzeit gebräuchlichen Formularen von Sicherungsschein und Sicherungsbestätigung zeigt der Versicherungsnehmer dem Versicherer an, das jeweils näher bezeichnete Sicherungsgut dem Kreditgeber zur Sicherung von dessen derzeitigen und künftigen Forderungen übereignet zu haben, und teilt mit, daß der Kreditgeber darauf verzichte, in den Versicherungsvertrag als Versicherungsnehmer gemäß § 69 VVG einzutreten.
Weiter heißt es in der Sicherungsbestätigung: "Die Versicherung der übereigneten Sachen gilt im jeweiligen Umfang der gesicherten Forderung für Rechnung des Kreditgebers." Im Sicherungsschein besteht die Formulierung: "Die Versicherung der übereigneten Sachen gilt für Rechnung des Kreditinstituts."

Das Wort "gilt" könnte in diesem Zusammenhang auf das Vorliegen einer echten Fiktion hinweisen[152] oder "in das Gewand einer Fiktion gekleidet"[153] eine rechtlich gefaßte Tatsache umschreiben.
Nach der Rechtsprechung zu § 69 VVG wird der Sicherungsnehmer als Eigentümer des Sicherungsgutes nach erfolgter Sicherungsübereignung auch Träger des Eigentumsinteresses.[154] Versichert nun der Sicherungsgeber das Sicherungsgut, liegt tatsächlich eine Fremdversicherung vor, so daß es hier keiner Fiktion bedarf.

Demgegenüber kommt es nach Auffassung des Schrifttums[155] durch eine Sicherungsübereignung nicht zum Übergang des versicherten Interesses. Versichert bleibe nach wie vor das "Eigentümerinteresse" des Sicherungsgebers. Der Si-

---

[152] vgl. Asmus, FS - Reimer Schmidt, 1976, 701, 707.
[153] ders, a.a.O. S. 710.
[154] Vgl. zu den Einzelheiten die Ausführungen unter C I. 2.; RG Urt. v. 28.04.1914 in RGZ 84, 409-415; OLG Celle Urt. v. 21.12.1953 in VersR 1954, 89 f.
[155] Bruck, Interesse, S. 130; ders. Privatsicherungsrecht S. 487 ff.

cherungsnehmer hat nach dieser Ansicht nur ein Kreditinteresse in Höhe der bestehenden Forderung. Daher finde kein Interessenübergang i.S.v. § 69 VVG statt. Ginge man von dieser Rechtsauffassung aus, was in dieser Arbeit jedoch nicht der Fall ist, so müßte man sich tatsächlich einer Fiktion bedienen, um mit den Rechtsfolgen einer Versicherung für fremde Rechnung arbeiten zu können, denn der Versicherungsnehmer bliebe auch nach der Sicherungsübereignung Träger des "wirtschaftlich verstandenen" Eigentümerinteresses. Unter einer Fiktion versteht man im Recht ein bewußt falsches zweckgerichtetes Abweichen von der Wirklichkeit; eine gewollte Gleichsetzung von Ungleichem zu einem bestimmten Zweck.[156] Eine echte Fiktion einer Fremdversicherung dergestalt, daß ein versicherbares Interesse vertraglich vereinbart wird, so daß ein Nichtinteressent zum Interessenten würde, ist mit dem Interesseerfordernis als Grunderfordernis in der Schadenversicherung nicht vereinbar. Die Normen über die Versicherung für fremde Rechnung und auch die Konstruktion der Versicherung für Rechnung wen es angeht, fußen auf der Grundregel, daß Voraussetzung für eine Versicherung stets das Vorhandensein eines Interesses ist, also einer "Wertbeziehung einer Person zu einem Gute, aufgrund derer die Person schädigende Tatsachen, welche das Gut betreffen, als Nachteil empfindet".[157] Könnte das Vorhandensein des Interesses beliebig fingiert werden, würde außerdem gegen das Bereicherungsverbot verstoßen, da die Entschädigungsleistung in dem Falle nicht dem tatsächlichen Interessenten, der wirklich durch den Eintritt des schädigenden Ereignisses geschädigt wird, zukäme, sondern dem jeweils vertraglich vereinbarten Versicherten. Insofern führte hier die Annahme eines "wirtschaftlichen" Interessebegriffs auch zu dogmatischen Schwierigkeiten bei der Konstruktion einer Versicherung für Rechnung des Kreditgebers.
In konsequenter Orientierung an die Lehre vom formal-juristisch zu bestimmenden Träger des Eigentumsinteresses in der Sachversicherung liegt tatsächlich eine Fremdversicherung vor, wenn der Sicherungsgeber einen Versicherungsvertrag zur Deckung des Risikos des Sicherungsnehmers und Eigentümers abschließt. Die Formulierung "... gilt für Rechnung ..." umschreibt lediglich die tatsächliche Rechtslage und ist nicht Ausdruck einer vertraglichen Fiktion.

Die Erteilung des Sicherungsscheins kann die Zuordnung des versicherten Interesses zu einem bestimmten Träger nicht modifizieren. Die Auffassung, daß ein in der Sachversicherung versicherbares Interesse nicht der Parteidisposition untersteht, ist mit dem Wortlaut der Sicherungsscheine ("Die Versicherung der übereigneten Sachen gilt für Rechnung des Kreditinstituts.") zwanglos vereinbar. Für den Umfang der Fremdversicherung ergäbe sich, daß das gesamte Sicherungseigentum des Kreditgebers von der Fremdversicherung umfaßt wird.

---

[156] Fischer, Fiktionen und Bilder in der Rechtswissenschaft in AcP Bd. 117 (1919), S. 144.
[157] Ehrenberg, S. 286; Trautmann, S. 1.

Soweit jedoch fast einstimmig die Auffassung vertreten wird, daß der Umfang der Versicherung für Rechnung des Kreditgebers von der Höhe der jeweiligen Forderung des Kreditgebers gegen den Versicherungsnehmer abhängt, kann dem nicht zugestimmt werden. Da die Zuordnung des versicherten Interesses nicht der Parteidisposition unterliegt, sondern im Bereich der Sachversicherung allein von der formal-sachenrechtlichen Eigentumslage abhängt, kann diese Koppelung des Umfangs der Versicherung für fremde Rechnung an die Forderungshöhe auch nicht durch die in die Sicherungsbestätigung aufgenommene Vereinbarung: "Die Versicherung der übereigneten Sachen gilt im jeweiligen Umfang der gesicherten Forderung für Rechnung des Kreditgebers" erreicht werden.
Die Ermittlung des versicherten Interesses in Anknüpfung an die tatsächliche Eigentumslage ist keinesfalls Konsequenz unreflektierter Fortführung einmal für richtig befundener formaler Ansätze, sondern berücksichtigt gerade den besonderen wirtschaftlichen Hintergrund des Abschlusses einer Versicherung für fremde Rechnung im Zusammenhang mit einem Kreditsicherungsgeschäft. Letztlich ist auf versicherungsvertraglicher Ebene mit sicherzustellen, daß die Kreditsicherung des Versicherten gewahrt bleibt und das Risiko der Insolvenz des Versicherungsnehmers nicht bei Eintritt des Versicherungsfalles auf den Versicherten verlagert wird.

Für die Vertreter des Schrifttums ist die Koppelung der Fremdversicherung an die Höhe der Forderung durchaus nachvollziehbar, da sie das versicherte Interesse nicht formal-sachenrechtlich definieren und so im Falle der Sicherungsübereignung dem Sicherungsgeber als "wirtschaftlichem Eigentümer" das "Eigentumsinteresse" zusprechen und dem Sicherungseigentümer lediglich Kreditinteressen, jedoch keine direkt aus dem Sacheigentum resultierenden Interessen, zubilligen. Das Kreditinteresse ist nach diesem Ansatz bereits aus der Natur der Sache heraus direkt von der Höhe der noch ausstehenden Forderung abhängig.

Da diese "wirtschaftliche" Betrachtungsweise im Falle der Sicherungsübereignung jedoch bei Eintritt eines Versicherungsfalls die Verschiebung des Insolvenzrisikos vom Sicherungsgeber auf den Sicherungsnehmer (Kreditgeber) zur Folge hat, obwohl mit der Sicherungsübereignung gerade dessen Forderung gesichert werden sollte, kann ihr nicht gefolgt werden.[158]

[158] vgl. dazu die Stellungnahme im Abschnitt D I. 1. C) ee).

Demzufolge umfaßt die Versicherung für fremde Rechnung sowohl im Falle der Ausstellung eines Sicherungsscheins als auch bei Ausstellung einer Sicherungsbestätigung das Sicherungsgut insoweit, wie das Eigentumsinteresse des Sicherungsnehmers reicht, er also formal-rechtlich Eigentümer ist. Diese Sichtweise entspricht zugleich einer Mitberücksichtigung der sogenannten überschießenden Außentendenz der Sicherungsübereignung als eines abstrakten Sicherungsmittels.

Die in der Sicherungsbestätigung enthaltene Vereinbarung, daß im Schadensfall der die Höhe der noch ausstehenden Kreditforderung übersteigende Teil der Versicherungsleistung nicht mehr dem Sicherungsnehmer zustehen soll, kann nur als "vorgezogene" Auseinandersetzung bezüglich des Innenverhältnisses der Parteien des Sicherungsvertrags verstanden werden. Eine Lösung auf versicherungsvertraglicher Ebene, in dem Sinne, daß der Sicherungsnehmer nur entsprechend der Restkreditforderung Interessent sei und ihm demzufolge nur der diesbezügliche Teil der Entschädigungsleistung zustünde, ist demnach nur durch entsprechende Freigabeklauseln im Sicherungsvertrag zu realisieren. Ist vereinbart, daß Teile des Sicherungsguts im Zuge der Tilgung des Kredits entweder automatisch - bei auflösend bedingter Sicherungsübereignung - oder durch Übereignung nach den §§ 929 ff. BGB in das Eigentum des Sicherungsgebers zurückgelangen, geht insoweit auch das Eigentumsinteresse auf den Versicherungsnehmer über und der Umfang der Fremdversicherung nimmt ab.

Es steht den Parteien frei, eine stufenweise dingliche Freigabe des Sicherungsgutes zu vereinbaren, um eine Übersicherung zu vermeiden. Solange jedoch keine Änderung der dinglichen Rechtslage herbeigeführt wird, bleibt der Sicherungsnehmer vollen Umfangs Versicherter, unabhängig von der eventuellen Ausstellung einer Sicherungsbestätigung oder eines Sicherungsscheins. Sind sich die Parteien darüber einig, daß mit der Auskehrung der Entschädigungsleistung des Versicherers auch das Innenverhältnis zwischen Sicherungsnehmer und Sicherungsgeber "verrechnet" werden soll, bleibt die Möglichkeit einer Teilabtretung der Entschädigungsforderung an den Sicherungsgeber oder die Vereinbarung eines Pfandrechts zu dessen Gunsten.

Die Anknüpfung des Umfangs der Fremdversicherung an die dingliche Rechtslage bewährt sich auch dann, wenn die Sicherungsabrede wegen Sittenwidrigkeit nichtig ist und dadurch die Prämisse für flankierenden Versicherungsschutz entfällt. Die Sittenwidrigkeit der Sicherungsabrede kann sich z.B. aus einer Übersicherung, etwa bei Knebelung des Schuldners oder aus einer Kredittäuschung zum Nachteil des Kreditgebers ergeben.[159] Da sich in diesen Fällen die Sittenwidrigkeit der Sicherungsabrede gerade im Vollzug der Leistung, nämlich

[159] Thomas in Palandt, BGB, § 826 Rn. 37.

durch die Sicherungsübereignung manifestiert, schlägt die Nichtigkeit der Sicherungsabrede auch auf das dingliche Rechtsgeschäft durch.[160] Für den Versicherungsvertrag hat dies zur Folge, daß mangels Eigentumsübergangs auch das versicherte Interesse bei dem Versicherungsnehmer verbleibt und tatsächlich keine Fremdversicherung begründet wird. Sicherungsschein und Sicherungsbestätigung, die bereits nach ihrem klaren Wortlaut nur „für die Dauer der Sicherungsübereignung“ gelten sollen, entfalten dann ebenfalls keine materielle Wirkung.

1. Rechtliche Stellung der Beteiligten und ihr Verhältnis zueinander

a) Verhältnis Versicherer – Versicherungsnehmer

Mit der Erteilung des Sicherungsscheins bzw. der Sicherungsbestätigung werden die Rechte des Versicherungsnehmers gegenüber den §§ 74 ff. VVG stark eingeschränkt, um im Gegenzug die Rechte des Versicherten erheblich zu erweitern. Versicherer und Versicherungsnehmer vollenden die Umgestaltung eines bestehenden Sachversicherungsvertrags in eine Fremdversicherung zu Gunsten des Kreditgebers. Bestand vorher kein Versicherungsschutz, treten Versicherer und Versicherungsnehmer einander sogleich als Vertragspartner eines Vertrags zu Gunsten Dritter gegenüber.

Als Vertragspartner bleiben dem Versicherungsnehmer die Gestaltungsrechte wie Anfechtung, Kündigung und Rücktritt. Das Kündigungsrecht kann jedoch nur mit der Zustimmung des Versicherten wahrgenommen werden. Anstelle der Ausübung der Gestaltungsrechte kann der Versicherungsnehmer mit dem Versicherer auch eine Änderung des Versicherungsvertrags vereinbaren, da eine solche Änderung gegenüber der Ausübung der Gestaltungsrechte das Mindere ist.[161] Weiterhin bleibt dem Versicherungsnehmer der Anspruch auf Aushändigung des Versicherungsscheins nach § 3 VVG, das Widerspruchsrecht bei unrichtigem Versicherungsschein nach § 5 VVG, das Widerspruchsrecht bei fehlenden Versicherungsbedingungen oder Verbraucherinformationen gemäß § 5a VVG sowie ein etwaiger Anspruch auf Ersatz von Rettungskosten gemäß § 63 VVG. Nach Ziffer 2 der vorformulierten "Anzeige des Versicherungsnehmers" ist dieser in Abweichung von § 76 VVG nicht befugt, im eigenen Namen über die Rechte des Versicherten aus dem Versicherungsvertrag zu verfügen. Die Verfügungsbefugnis liegt beim Versicherten auch dann, wenn er sich nicht im Besitz des Versicherungsscheins befindet.

---

[160] vgl. Heinrichs in Palandt, BGB, § 138 Rn. 20, Bassenge in Palandt, BGB, § 930 Rn. 14.
[161] Sieg in VersR 1953, 219.

Gemäß Ziffer 3 der "Anzeige" darf der Versicherungsnehmer nicht ohne Einverständnis des Versicherten über den Versicherungsvertrag verfügen, d.h. er darf die Versicherung weder aufheben noch in ihrem Betrage vermindern, sondern muß sie unverändert fortführen. Ein hiervon abweichendes Verfahren ist nur gültig, wenn der Versicherte hierin einwilligt und der Versicherungsnehmer diese Einwilligungserklärung dem Versicherer einreicht.

Die vertraglichen Pflichten und die Obliegenheiten des Versicherungsvertrags lasten auch bei Ausstellung eines Sicherungsscheins auf dem Versicherungsnehmer. Insbesondere bleibt der Versicherungsnehmer allein zur Prämienzahlung verpflichtet. Es wird noch einmal klargestellt, daß der Versicherte zur Zahlung der fälligen Prämie befugt ist und der Versicherer eine Leistung des Versicherten auf die fällige Prämienschuld auch dann nicht ablehnen darf, wenn der Versicherungsnehmer widerspricht. Durch diese Beschränkungen und den zeitweisen Ausschluß der Gestaltungs- und Verfügungsrechte des Versicherungsnehmers in Abweichung von den §§ 75 Abs. 2, 76 VVG wird der mit der Sachversicherung verfolgte Sicherungszweck des Kreditgebers verwirklicht.
Der Versicherer, der tatsächlich nicht die Wahl hat zwischen dem Vertragsabschluß bzw. der Umgestaltung eines bestehenden Vertrages in eine Fremdversicherung mit oder ohne Erteilung eines Sicherungsscheins, ist natürlich zur Ausstellung des Sicherungsscheins bereit. Johannsen[162] hat die Pflicht des Versicherers zum Abschluß der Fremdversicherung und der Ausstellung des Sicherungsscheins überzeugend als ergänzende Vertragspflicht des Versicherers bezeichnet, und zwar mit Hinweis auf die gängige Formularpraxis, in der einige Versicherer bereits im Antragsformular ("Antrag auf Kraftfahrtversicherung") fragen, ob ein Sicherungsschein ausgestellt werden soll.

Die vom Versicherungsnehmer im vorformulierten Antrag auf Erteilung eines Sicherungsscheins abgegebenen Erklärungen führen zu einer erheblichen Einschränkung seiner versicherungsvertraglichen Rechte zugunsten des Versicherten. Diese Beschränkungen der Rechte des Versicherungsnehmers sind vor dem Hintergrund der Kreditgewährung des Versicherten an den Versicherungsnehmer jedoch geradezu notwendig. Nur durch die Einbeziehung des Kreditgebers in den Versicherungsvertrag ist eine effektive Sicherung des an den Versicherungsnehmer gewährten Kredits für den Fall der Beschädigung oder Zerstörung des Sicherungsguts gewährleistet. Erteilt der Versicherer – dem Auftrag des Versicherungsnehmers entsprechend – dem Versicherten einen Sicherungsschein oder eine Sicherungsbestätigung, so wirkt sich dies maßgeblich auf das Vertragsverhältnis zwischen dem Versicherer und dem Versicherungsnehmer aus.

---

[162] Johannsen in Bruck / Möller / Johannsen, VVG, Anm. J 163 S. 245 f.

Für die Frage der Wirksamkeit einzelner Klauseln des Sicherungsscheins nach Maßgabe der §§ 305 ff. BGB stellt sich die Frage, ob hier primär der Schutz des Versicherten oder des Versicherungsnehmers im Mittelpunkt steht. Im Ergebnis spricht hier mehr für ein Schutzbedürfnis des Versicherungsnehmers. Der Versicherte ist als Adressat eines Sicherungsscheines in jedem Fall ein Kreditinstitut, bzw. als Adressat einer Sicherungsbestätigung wahlweise ein Kreditinstitut oder ein sonstiger Kreditgeber und damit in der überwiegenden Mehrzahl der Fälle ein Unternehmer, der nach der Wertung in § 310 Abs.1 □GB im Vergleich zum Verbraucher nur eingeschränkt schutzbedürftig ist. Belastet wird letztlich die Rechtsstellung des Versicherungsnehmers, der diese Minderung seiner Rechte zugunsten des Kreditgebers bei dem Versicherer ausdrücklich beantragt und so seiner Verpflichtung aus der Sicherungsabrede nachkommt. Die isolierte Betrachtung des Versicherungsverhältnisses würde daher an dieser Stelle zu kurz greifen. Ob eine Regelung im Sicherungsschein zu einer unangemessenen Benachteiligung des Versicherungsnehmers führt oder ob lediglich eine zweckmäßige Vereinbarung zum Schutze des versicherten Kreditgebers vorliegt, ist daher stets im Zusammenhang mit der jeweiligen Sicherungsabrede zu ermitteln. Die vom GDV herausgegebenen Formulare für Sicherungsscheine und Sicherungsbestätigungen enthalten sehr funktionale Regelungen, die keine unangemessene Benachteiligung des Versicherungsnehmers erkennen lassen.

b) Verhältnis Versicherungsnehmer – Versicherter

aa) Vertragliche Beziehungen

Vertragliche Beziehungen zwischen dem Versicherungsnehmer und dem Versicherten bestehen auf unterschiedlichen Ebenen. Bei Geschäften zur Kreditsicherung enthält die Sicherungsabrede, bei Leasinggeschäften der Leasingvertrag, die Verpflichtung des Versicherungsnehmers dazu, das Sicherungs- bzw. das Leasinggut unter Sachversicherungsschutz zu bringen und dem Kreditgeber vom Versicherer den entsprechenden Sicherungsschein oder die Sicherungsbestätigung ausstellen zu lassen.

Diese kredit- oder leasingvertragliche Ebene ist von der versicherungsvertraglichen Ebene der Beziehungen zwischen Versicherungsnehmer und Versichertem rechtlich unabhängig. Durch den "außerversicherungsvertraglichen" Zweck des Sachversicherungsvertrags, den Kreditgeber davor zu bewahren, bei einer völligen Zerstörung oder einer wertmindernden Beschädigung des Sicherungsguts seine dingliche Sicherheit zu verlieren, beeinflussen sich diese unterschiedlichen vertraglichen Ebenen jedoch gegenseitig. Durch die Ausstellung des Sicherungsscheins wird das Sicherungsgeschäft bzw. der Leasingvertrag in besonderer Weise mit dem Versicherungsvertrag verknüpft: Um den im Sicherungsvertrag festgelegten Sicherungszweck bestmöglich zu erreichen, wird auf versicherungsvertraglicher Ebene die rechtliche Stellung des Versicherungsnehmers in Abwandlung der §§ 74 ff VVG zu Gunsten des Versicherten weitgehend eingeschränkt. Die Verfügungsbefugnis liegt nun zusammen mit der materiellen Berechtigung ausschließlich beim Versicherten. Damit ist der Versicherte im Falle der Insolvenz des Versicherungsnehmers vor Zugriffen durch dessen Gläubiger auf die vom Versicherungsnehmer (bei "normaler" Fremdversicherung nach den §§ 74 ff VVG) nach § 76 Abs. 1 VVG eingezogene fremde Entschädigungsforderung geschützt. Auch die Verpflichtung des Versicherungsnehmers zur Aufrechterhaltung des Versicherungsschutzes ist durch die im Sicherungsschein bzw. der Sicherungsbestätigung verankerten Mitteilungspflichten des Versicherers für den Versicherten kontrollierbar geworden, so daß er selbst durch Einwirken auf den Versicherungsnehmer oder nötigenfalls durch Zahlung der fälligen Prämie die Gefährdung des Versicherungsschutzes nach § 38 Abs. 2 bzw. § 39 Abs. 2 VVG ausschließen kann.

Sowohl der Versicherungsnehmer als auch der Versicherte sind zur Erfüllung der versicherungsvertraglichen Obliegenheiten verpflichtet. Es ist anerkannt, daß diese Obliegenheiten im Verhältnis zum Versicherer keine echten Rechtspflichten darstellen.[163] Sie sind nicht einklagbar, und ihre Verletzung löst keine (versicherungsvertraglichen) Schadenersatzansprüche aus, sondern hat lediglich den Verlust des Anspruchs auf die Entschädigungsforderung zur Folge. Von der sicherungs- oder leasingvertraglichen Ebene aus betrachtet liegt mit der Verletzung versicherungsvertraglicher Obliegenheiten, durch die der Versicherungsschutz beeinträchtigt oder gefährdet wird, eine Pflichtverletzung vor, die im Falle eines Schadens bei schuldhaftem Handeln einen Schadenersatzanspruch aus §§ 180 Abs. 1, 241 Abs. 2 BGB auslöst.[164] Schadenersatzansprüche des Versicherungsnehmers gegen den Versicherten können außer im Falle der Verletzung versicherungsvertraglicher Obliegenheiten entstehen, wenn der Versicherte dem Versicherer die Verpflichtung zur Zahlung der Entschädigungsleistung erläßt oder bei einem umstrittenen Versicherungsanspruch entgegen der materiellen Rechts- und Beweislage mit dem Versicherer einen den Versicherungsnehmer benachteiligenden Vergleich abschließt.

[163] Reimer Schmidt, Obliegenheiten, S. 312 ff.

[164] Sieg in VersR 1953, 219, 221; Johannsen in Bruck / Möller / Johannsen, J 174, S. 261.

bb) Haftungsersetzung durch Versicherungsschutz

Bei Abschluß einer Fremdversicherung besteht über das Ergebnis der Haftungsersetzung insbesondere dann Einigkeit, wenn - wie in den hier interessierenden Fällen der Sicherungsübereignung - der Versicherungsnehmer, der das Risiko des Untergangs oder einer Beschädigung der Sache trägt, gegenüber dem Versicherten zum Abschluß der Sachversicherung für fremde Rechnung verpflichtet ist und regelmäßig auch die Versicherungsprämien zu tragen hat.

Eine Haftungsersetzung durch Versicherungsschutz kann gesetzlich oder durch Parteivereinbarung herbeigeführt werden. Von gesetzlicher Haftungsersetzung durch Versicherungsschutz spricht man immer dann, wenn der Gesetzgeber an die Stelle einer haftungsrechtlichen Schadenabwicklung eine versicherungsrechtliche treten läßt, wie z.B. durch die Haftungsprivilegien der Arbeitsunfallhaftung in den §§ 636, 637 RVO, durch die Fluggastunfallversicherung in § 50 LuftVG und die Probandenversicherung nach § 40 AMG (Arzneimittelgesetz). Eine gewillkürte Haftungsersetzung durch Versicherungsschutz bezeichnet alle Instrumente und Formen der Ablösung haftungsrechtlichen Schadensausgleichs durch Deckungsvorsorge, die auf einen entsprechenden Parteiwillen zurückzuführen sind.

Die Sachversicherung soll im Schadensfall auch dem Versicherungsnehmer zugute kommen. Auf welchem Wege eine Haftungsersetzung jedoch erreicht wird, ist umstritten. Eine verbreitete Auffassung geht davon aus, daß neben dem Erhaltungsinteresse das Sachersatzinteresse des Versicherungsnehmers in die Sachversicherung einbezogen ist.[165] Dies hätte zur Folge, daß ein Schadenersatzanspruch des Versicherten gegen den Versicherungsnehmer nicht nach § 67 VVG auf den Sachversicherer übergehen würde, da nur solche Ansprüche des Versicherten gegen den Schädiger auf den Versicherer übergehen, die sich gegen Dritte richten. Ist der schadenersatzpflichtige Versicherungsnehmer jedoch durch Mitversicherung seines Sachersatzinteresses in den Vertrag als "Mitversicherter" einbezogen, ist er nicht Dritter i.S.v. § 67 VVG und der Übergang des gegen ihn gerichteten Anspruchs auf den Versicherer mithin ausgeschlossen.

---

165 BGH Urt. v. 14.07.1993 in VersR 1993, 1223, 1224; BGH Urt. v. 05.07.1989 in VersR 1989, 950, 951; OLG Hamm Urt. v. 10.12.1993 in VersR 1994, 1223; OLG Karlsruhe Urt. v. 07.12.1989 in VersR 1990, 1222; LG Köln Urt. v. 22.04.1987 in VersR 1988, 685; Prölss in Prölss / Martin § 80 Rn 15, 9; Schnepp, S. 166 f.

Weiter wird zur Begründung angeführt, daß der Versicherungsnehmer nur durch die Versicherung seines Sachersatzinteresses unabhängig vom Versicherten vollwertigen Schutz erreiche. So wäre der Versicherungsnehmer hier auch geschützt, wenn der Versicherer dem Versicherten gegenüber wegen einer Obliegenheitsverletzung von der Leistungspflicht frei wäre.

Die Vertreter der Gegenauffassung[166] lehnen die Mitversicherung eines Sachersatzinteresses des Versicherungsnehmers in dem Fremdversicherungsvertrag ab. Die Sachversicherung könne zwar wie eine Haftpflichtversicherung wirken, werde dadurch aber nicht zu einer Versicherung des Haftpflichtrisikos, des Sachersatzinteresses.[167] Tatsächlich bestehe keine Mitversicherung des Sachersatzinteresses, des Haftpflichtrisikos des potentiellen Schädigers, sondern die Sachfremdversicherung komme diesem infolge eines Regreßausschlusses zugute. Ein solcher Regreßausschluß ist entweder ausdrücklich vorgesehen oder kann aus besonderen Umständen - als stillschweigend vereinbart - abgeleitet werden. Eine Versicherung des Interesses des Eigentümers und des Haftpflichtinteresses (= Sachersatzinteresse) des nutzungsberechtigten Versicherungsnehmers in demselben Vertrag führte außerdem zu einer Pflichtenkollision; denn der Versicherer kann nicht gleichzeitig verpflichtet sein, als Sachversicherer des Eigentümers die Aufwendungen für den Sachschaden zu Lasten des Schädigers gering zu halten, und als Haftpflichtversicherer den Schädiger möglichst vor einer Haftung zu bewahren.[168]. So ist hier die Auffassung von der Einbeziehung des Sachersatzinteresses des potentiellen Schädigers in den Sachversicherungsvertrag für fremde Rechnung abzulehnen.[169] Tatsächlich geht es nicht um die Mitversicherung von Nebeninteressen, sondern um Reflexwirkungen, die die Versicherung des Interesses des Eigentümers ausstrahlt.[170]

Diese Begründung wird auch durch einen Umkehrschluß aus §§ 61, 79 VVG gestützt: Die Rollenspaltung zwischen Versicherungsnehmer und Versichertem in der Versicherung für fremde Rechnung soll dem Versicherer nicht zum Nachteil, aber auch nicht zum Vorteil durch die Regreßmöglichkeit (gegen den Versicherungsnehmer) gereichen.[171]

---

166 BGH Urt. v. 23.01.1991 in VersR 1991, 462; BGH Beschl. v. 18.12.1991 in VersR 1992, 311 mit Anm. E. Lorenz in VersR 1992, 399; Schirmer in ZVersWiss 1981, 637, 681 ff; Sieg in Bruck / Möller / Sieg, VVG, § 74 Anm. 8, § 80 Anm. 9; Sieg in VersRdsch 1968, 181, 195 ff.

167 Schirmer in ZVersWiss 1981, 637, 683.

168 E. Lorenz in VersR 1992, 399, 400; Sieg in Bruck / Möller / Sieg, VVG, § 80 Anm. 9, S. 992.

169 Weitere Argumente in dem Aufsatz von Schirmer in ZVersWiss 1981, 637 und der Anmerkung von E. Lorenz in VersR 1992, 399.

170 Sieg in Bruck / Möller / Sieg, VVG, § 74, Anm. 8, S. 932.

171 Sieg in Bruck / Möller / Sieg, VVG, § 67 Anm. 128.

Ausdrücklichen Schutz erlangt der Versicherungsnehmer im Falle der Versicherung für fremde Rechnung durch gesetzliche Anordnung, z.B. in § 67 Abs. 2 VVG, besondere Regreßverzichtsvereinbarungen des Versicherungsnehmers mit dem Versicherer, z.B. gemäß § 15 Abs. 2 AKB, oder durch Regreßverzichtsabkommen der Versicherer, z.B. der Feuerversicherer[172]. Möglich ist auch die vertragliche Haftungsbeschränkung auf Vorsatz und grobe Fahrlässigkeit durch Vereinbarung zwischen dem Versicherungsnehmer und dem Versicherten. Dadurch wird im Falle zufälliger oder leicht fahrlässiger Schadenverursachung die Entstehung eines Schadenersatzanspruchs von vornherein verhindert, so daß auch kein Anspruch nach § 67 VVG auf den Versicherer übergehen kann, wenn dieser den Versicherten entschädigt.[173]

Sind solche ausdrücklichen Vereinbarungen zum Schutz des potentiellen Regreßschuldners nicht getroffen worden, stellt sich die Frage, ob ein Regreßausschluß aus den besonderen Umständen des Vertrags abgeleitet werden kann. Dies ist anerkannt für den Fall, daß die Sachversicherung vereinbarungsgemäß vom Eigentümer genommen werden muß[174], die Kaskoversicherungsprämie anteilig oder vollständig vom Mieter getragen wird[175], der Eigentümer und Vermieter auf Nachfrage des Mieters ausdrücklich erklärt, daß Kaskoversicherungsschutz für das Kfz besteht[176] und auch für den Fall, daß einem Wohnungsmieter im Mietvertrag anteilige Kosten der Gebäudefeuerversicherung auferlegt werden[177].

Durch den Regreßausschluß wird dem Versicherungsnehmer hier mit haftungsrechtlichen Mitteln (ausdrücklicher oder stillschweigender Haftungsausschluß) letztlich die Stellung verschafft, die auf der versicherungsrechtlichen Ebene in der Fremdversicherung dem Versicherten zukommt, denn auch dieser verliert seinen versicherungsvertraglichen Deckungsanspruch gegen den Sachversicherer nicht schon bei leicht fahrlässiger Verursachung des Schadens, sondern erst bei grob fahrlässiger oder vorsätzlicher Herbeiführung des Versicherungsfalls, (§ 61 VVG).

Zusammenfassend ist festzustellen, daß bei Abschluß einer Sachversicherung für fremde Rechnung die vertragliche Haftung des Versicherungsnehmers für Schäden an der Sache des Versicherten durch den Versicherungsschutz ersetzt wird. Deutlich wird dies an folgendem Beispiel: Unterhält der Leasingnehmer eines PKW für diesen Vollkaskoversicherungsschutz in Form einer Fremdversi-

---

[172] VerBAV 1978, 138.

[173] Schirmer in ZVersWiss 1981, 637, 684 f.

[174] BGH Urt. v. 13.01.1975 in VersR 1975, 317; BGH Urt. v. 11.07.1975 in VersR 1976, 44.

[175] BGH Urt. v. 29.10.1956 in BGHZ 22, 109, 114 f.

[176] BGH Urt. v. 30.03.1965 in BGHZ 43, 295.

[177] BGH Urt. v. 13.12.1995 in VersR 1996, 320.

cherung, ist er bei Eintritt eines Versicherungsfalles gegenüber dem Leasinggeber von der Haftung befreit, soweit der Versicherer den Schaden deckt. Dies ändert sich grundsätzlich auch bei Ausstellung eines Sicherungsscheins oder einer Sicherungsbestätigung nicht.
Der Versicherer kann jedoch den Versicherungsnehmer nach § 67 VVG in Regreß nehmen, wenn er aufgrund einer Obliegenheitsverletzung des Versicherungsnehmers von der Leistungspflicht befreit ist, jedoch wegen seiner weitergehenden Verpflichtung aus dem Sicherungsschein dem Versicherten gegenüber keine Einwendungen aus dem Verhaltens des Versicherungsnehmers erheben kann und so an diesen leistet[178]. Die Regreßmöglichkeit besteht in diesem Falle, weil mit Erteilung des Sicherungsscheines die Haftung des Versicherers im Verhältnis zum Versicherten erweitert wird und so dessen Versicherungsschutz weiter reicht als der Schutz des Versicherungsnehmers.

cc) Verpflichtung des Versicherten zur Bereitstellung der Entschädigung zur Wiederherstellung bzw. zur Beschaffung von Ersatz für untergegangenes Sicherungs- oder Leasinggut

Sowohl bei der Sicherungsübereignung als auch beim Abschluß eines Leasingvertrags wird üblicherweise der Sicherungsgeber bzw. der Leasingnehmer verpflichtet, die Gefahr für Untergang, Verlust oder Beschädigung der Sache zu tragen und eine Fremdversicherung zu Gunsten des Eigentümers abzuschließen. Da dieser als Versicherter im Schadensfalle Gläubiger des Anspruchs auf die Entschädigungsleistung wird und als Inhaber des Sicherungsscheins auch verfügungsberechtigt ist, stellt sich die Frage, ob und gegebenenfalls in welchem Umfang der Versicherte in der Verwendung der Entschädigungsleistung gebunden ist und ob er im Falle des Bestehens einer gegen ihn gerichteten Forderung des Versicherungsnehmers diesem gegenüber mit fälligen Raten aus dem Kredit- oder Leasingvertrag aufrechnen darf. Beurteilungsgrundlage hierfür ist das Innenverhältnis zwischen Versicherungsnehmer und Versichertem.

Wird das Sicherungsgut bzw. der Leasinggegenstand vollständig zerstört, wird im Falle der Kreditgewährung zum Erwerb des Sicherungsgegenstands durch den Versicherungsnehmer[179] regelmäßig die restliche Kreditforderung sofort fällig gestellt. Der Kreditgeber kann die Entschädigungsleistung dann für sich

---

[178] OLG Köln Urt. v. 19.9.1995 in VersR 1996, 1409; OLG Stuttgart Urt. v. 14.05.1965 in VersR 1965, 873; Johannsen in Bruck / Möller / Johannsen, VVG, Anm. § 172, S. 257; Prölss in Prölss / Martin, VVG, § 67 Rn. 15, S. 558.
[179] Bsp.: Finanzierung von Kfz-Käufen, gekoppelt mit der Sicherungsübereignung des Kfz an das Finanzierungsinstitut.

behalten, soweit ihm aus dem Darlehensvertrag ein Anspruch gegen den Versicherungsnehmer zusteht. Diente die Darlehensgewährung durch den Versicherten nicht in erster Linie dazu, dem Versicherungsnehmer den Erwerb des Sicherungsgegenstands zu ermöglichen, ist der Versicherungsnehmer im Falle des Untergangs des Sicherungsgegenstands regelmäßig verpflichtet, dem Kreditgeber wiederum eine Sicherung zur Verfügung zu stellen. Aus dieser Abrede des Sicherungsvertrags heraus – im Zusammenhang mit der Verpflichtung des Darlehensnehmers, einen Fremdversicherungsvertrag zu Gunsten des Versicherten abzuschließen – folgt die Verpflichtung des Kreditgebers, dem Versicherungsnehmer durch Bereitstellung der Entschädigungsleistung die Anschaffung neuen Sicherungsguts zu ermöglichen. Dies steht auch mit dem mit Abschluß des Fremdversicherungsvertrags und Ausstellung des Sicherungsscheins verfolgten Zweck im Einklang, durch die materielle Berechtigung und die Verfügungsbefugnis des Versicherten über die Entschädigungsforderung für diesen sicherzustellen, daß die Versicherungsleistung der Wiederherstellung seiner dinglichen Sicherheit (ggf. durch Ersatz des Sicherungsgegenstands) zugute kommt.

Die Verpflichtung des Versicherten, im Falle des Untergangs des Sicherungsgegenstands mit dem Versicherungsnehmer zum Zwecke der Beschaffung neuen Sicherungsguts und der Begründung der neuen Sicherheit zusammenzuwirken und hierfür die Entschädigungsleistungen des Versicherers und des Schädigers zur Verfügung zu stellen, läßt sich sowohl aus der Sicherungsabrede und dem Sachzusammenhang zwischen der Pflicht zur Gefahrtragung und dem Abschluß einer Sachversicherung durch den Sicherungsgeber[180] als auch aus einer entsprechenden Anwendung des § 1288 BGB herleiten[181]. Besteht diese Verpflichtung des Versicherten zur Bereitstellung der Entschädigungsleistung zum Erwerb neuen Sicherungsguts, ist der Versicherte auch nicht berechtigt, mit rückständigen Kreditraten aufzurechnen. Etwas anderes gilt nur dann, wenn der Sicherungsfall inzwischen eingetreten ist und der Versicherte somit auch das Sicherungsgut selbst verwerten dürfte. Ist der Sicherungsfall jedoch nicht eingetreten, folgt die Verpflichtung zur Bereitstellung der Entschädigung aus der Zweckbindung der Versicherungsleitung. Danach bezweckt die Sachversicherung regelmäßig lediglich die Befriedigung solcher Ansprüche des Versicherten, die aus der Beschädigung, Zerstörung oder dem Verlust des Sicherungs- bzw. Leasinggegenstands resultieren.[182] Die Bereitstellung der Entschädigung zur Anschaffung neuen Sicherungsguts schließt daher insoweit eine Aufrechnung des Versicherten aus.

---

[180] OLG Hamburg Urt. v. 30.10.1998 in MDR 1999, 420; OLG Düsseldorf Urt. v. 22.06.1983 in ZIP 1983, 1092; Reinking / Eggert, Rn. 1117.

[181] Vgl. zu den Einzelheiten Abschnitt C. III. 2.c; Sieg in VersR 1953, 219, 221; ihm folgend: Tron, S. 138; Johannsen in Bruck / Möller / Johannsen, VVG, J 174, S. 261.

[182] Vgl. BGH Urt. v. 11.12.1991 in ZIP 1992, 179, 181.

Für Teilschäden ist allgemein anerkannt, daß eine Verpflichtung des Versicherten besteht, die Versicherungsentschädigung für die Reparatur zur Verfügung zu stellen.[183] Dies folgt sowohl aus dem Zweck der Sachversicherung, die finanziellen Mittel für eine erforderliche Reparatur oder Ersatzbeschaffung zu sichern, als auch aus der besonderen Art und Weise der Einbeziehung des Kreditgebers in den Versicherungsvertrag durch die Versicherung für fremde Rechnung unter Ausstellung eines Sicherungsscheins. Zum Schutz des Kreditgebers wird so gewährleistet, daß der Versicherungsnehmer die Entschädigungsleistung nicht anderen Zwecken als der Wiederherstellung des Sicherungs- oder Leasinggegenstands zuführt.

Durch die Verfügungsbefugnis des Kreditgebers wird dieser in die Lage versetzt, die Entschädigung selbst der vertragsgemäßen Verwendung zuführen zu können. Letztlich wurde der Sicherungsgeber bzw. der Leasingnehmer in dem entsprechenden zugrundeliegenden Vertrag sowohl verpflichtet, die Gefahr für Beschädigung und Untergang der Sache zu tragen, als auch zu Gunsten des Kredit- bzw. Leasinggebers eine Fremdversicherung abzuschließen und die Pflichten und Lasten aus diesem Versicherungsvertrag zu erfüllen. Es ist anerkannt, daß die Auferlegung dieser Pflichten nur dann wirksam erfolgt, wenn den Versicherten im Gegenzug die Verpflichtung trifft, wegen der Beschädigung der Sache erhaltene Leistungen für die Reparatur zur Verfügung zu stellen. Anderenfalls liegt eine unangemessene Benachteiligung des zur Gefahrtragung Verpflichteten i.S.v. § 307 Abs. 1 BGB vor.[184]
Auch daraus folgt, daß dem Versicherungsnehmer die Vorteile dieses Vertrags zugute kommen müssen. Zwar hat er selbst keinen Anspruch auf die Entschädigungsleistung, doch ist der Versicherte ihm gegenüber verpflichtet, die Entschädigung zur Wiederherstellung der Sache zur Verfügung zu stellen.

Umstritten ist, ob der Versicherte dem Versicherungsnehmer gegenüber den Wert bereits fälliger Darlehens- bzw. Leasingraten von der Versicherungsentschädigung einbehalten darf, ob der Versicherte also insoweit aufrechnen kann, wenn hierzu keine vertraglichen Vereinbarungen getroffen wurden.

Sieg und ihm folgend Tron und Johannsen[185] bejahen ein solches Abzugsrecht für bereits fällige Kreditraten. Zur Begründung wird der mit der Einbeziehung des Kreditgebers in den Versicherungsvertrag verfolgte Zweck herangezogen.

---

[183] Sieg in VersR 1953, 219, 221; Johannsen in Bruck / Möller / Johannsen, VVG, J 174, S. 260.
[184] OLG Hamburg Urt. v. 30.10.1998 in MDR 1999, 420; OLG Düsseldorf Urt. v. 22.06.1983 in ZIP 1983, 1092; Reinking / Eggert, Rn. 1117.
[185] Sieg in VersR 1953, 219, 221; Tron, S. 137 f; Johannsen in Bruck / Möller / Johannsen, VVG, J 174, S. 260.

Danach diene diese nicht nur dem Interesse es Kreditgebers an der Erhaltung des Versicherungsgegenstands, sondern darüber hinaus auch zur Sicherung der Kreditforderung selbst.

Tatsächlich sichert jedoch die Einbeziehung des Kreditgebers in den Versicherungsvertrag nicht unmittelbar die Kreditforderung gegen den Versicherungsnehmer. Ein solches Verständnis der Vertragsbeziehungen zwischen Sicherungsgeber / Leasingnehmer und Sicherungsnehmer / Leasinggeber kann dem mit der Einschaltung des Kreditgebers in den Versicherungsvertrag verfolgten Zweck nicht entnommen werden.[186] Die Sachversicherung des Sicherungs- oder Leasinggegenstands ist kein geeignetes Mittel zur Forderungssicherung, da dem Versicherten dann keine Ansprüche gegen den Versicherer zustehen, wenn das Sicherungsgut aus anderen Gründen als durch die Realisierung einer versicherten Gefahr an Wert verliert oder der Versicherer von der Leistungspflicht befreit ist. Aus dem Versicherungsvertrag erwächst dem Versicherten daher keine wirkliche Forderungssicherung.
Sieg führt zur Begründung an[187], daß die Versicherung zu Gunsten Dritter für den Versicherten im Falle des Totalschadens praktisch wertlos sei, wenn nur dessen Interesse an der Erhaltung der versicherten Sache, nicht jedoch gleichzeitig auch seine Kreditforderung geschützt sei. Dies ist jedoch nicht zutreffend. Der Sicherung der Kreditforderung dient das Eigentum an dem jeweiligen Sicherungsgegenstand. Insofern ist der "Wert der Sicherung" direkt vom Wert der versicherten Sache abhängig. Da das Sicherungsgut insbesondere durch die Nutzung durch den Versicherungsnehmer der Gefahr der Beschädigung oder Zerstörung ausgesetzt ist, wurde der Versicherungsnehmer zum Abschluß entsprechender Sachversicherung verpflichtet. Damit sollte sichergestellt werden, daß für den gefahrtragenden Versicherungsnehmer die Mittel zur Wiederherstellung des eventuell beschädigten Sicherungsguts und somit zur wertmäßigen Aufrechterhaltung der Sicherung des Kreditgebers zur Verfügung stehen. Die Kreditsicherung als solche spielt daher für den Abschluß des Versicherungsvertrags nur mittelbar eine Rolle. Daran ändert auch die stärkere Einbeziehung des Versicherten mittels Sicherungsscheins nichts. Hier werden die Verfügungsrechte in die Hand des Versicherten legt und diesem durch die Mitteilungspflichten des Versicherers eine stärkere Kontrolle über die Aufrechterhaltung des Versicherungsschutzes ermöglicht. Die Kreditsicherung selbst ist zwar Motiv für den Abschluß, aber nicht selbst Vertragsgegenstand des Fremdversicherungsvertrages.

---

[186] BGH Urt. v. 12.02.1985 in BGHZ 93, 391, 396 = VersR 1985, 679, 680.
[187] Sieg in VersR 1953, 219, 221.

Zutreffend führt der BGH[188] hierzu aus, daß auch in dem von Sieg angeführten Totalschadensfall dem Interesse des Kredit- bzw. Leasinggebers Genüge getan und die Versicherung für diesen keinesfalls wertlos sei, da dem Versicherten zumindest der Zeitwert der versicherten Sache ersetzt wird. Diese Entschädigungsleistung entspricht mithin dem Wert des Sicherungsgegenstands zum Zeitpunkt des Eintritts des Versicherungsfalls. Es kann neues Sicherungsgut angeschafft werden, dessen Wert dem des untergegangenen Guts entspricht, und der Kreditgeber und Versicherte erhält die Sicherungsposition, die er auch ohne den Eintritt des Versicherungsfalls innegehabt hätte. Damit ist dem Anliegen der Parteien des Sicherungs- bzw. Leasingvertrags, das zur Verpflichtung des Sicherungsgebers/Leasingnehmers zum Abschluß der Sachfremdversicherung geführt hat, vollen Umfangs Rechnung getragen.

Abschließend ist daher festzustellen, daß auch im Falle eines Teilschadens am Sicherungs- bzw. Leasinggut der Kreditgeber verpflichtet ist, die Entschädigungsleistung vollen Umfangs zur Beseitigung des Schadens zur Verfügung zu stellen, so daß ihm nicht gestattet ist, bereits fällige Kredit- oder Leasingraten von der Entschädigungssumme einzubehalten.[189]

c) *Verhältnis Versicherer – Versicherter*

Die Beziehungen zwischen dem Versicherer und dem Versicherten werden hier im Anschluß an die Darstellung der Erklärungen des Versicherers im Sicherungsschein im Hinblick auf drei Gesichtspunkte näher erläutert: das Einstehenmüssen des Versicherers gegenüber dem Versicherten für die Angaben im Sicherungsschein, die Mitteilungspflichten des Versicherers und die Möglichkeit der Vereinbarung eines sogenannten Einwendungsverzichts des Versicherers gegenüber dem Versicherten.

---

188 BGH Urt. v. 12.02.1985 in VersR 1985, 679, 680.

189 Vgl. auch Habersack in MünchKomm, BGB, Schuldrecht BT I, Leasing Rz. 65; v. Westphalen, Leasingvertrag, Rz. 933, S. 389.

aa) Haftung des Versicherers für die Angaben im Sicherungsschein

(1) Erklärungen des Versicherers im Sicherungsschein und in der Sicherungsbestätigung

Im derzeit gebräuchlichen Formular für den Sicherungsschein zur Feuerversicherung[190] gibt der Versicherer gegenüber dem versicherten Kreditinstitut zu der in der Anzeige des Versicherungsnehmers näher bezeichneten Feuerversicherung folgende Erklärung ab:

"Sicherungsschein. Wir erteilen hiermit dem Kreditinstitut bezüglich der übereigneten Sachen den Sicherungsschein zu umseitigen Bedingungen. Für die übereigneten Sachen besteht eine Versicherung zu den Allgemeinen Versicherungsbedingungen (nachfolgendes anzukreuzen:) sowie weiteren Besonderen Bedingungen mit einer Selbstbeteiligung von ... % ... (DM oder EUR)". Es folgen Datum und Unterschrift des Versicherers. Die "umseitigen Bedingungen" regeln unter Ziffer 1 die Modalitäten der Auszahlung der Entschädigungsleistung entweder an das Kreditinstitut oder mit Zustimmung des Kreditinstituts an den Versicherungsnehmer.

Unter Ziffer 2 der Sicherungsschein-Bedingungen verpflichtet sich der Versicherer, den Versicherten in Höhe der zu sichernden Forderung grundsätzlich auch dann zu entschädigen[191], wenn er wegen des Verhaltens des Versicherungsnehmers nach dem Versicherungsvertrag von der Entschädigungspflicht frei ist oder nach Eintritt des Schadensfalls vom Vertrag zurücktritt.

Die unter Ziffer 3 genannte Befugnis des Versicherten zur Zahlung der fälligen Prämie hat angesichts der gesetzlichen Regelung in § 35a VVG nur deklaratorische Wirkung.

Unter Ziffer 4 wird im ersten Absatz die Mitteilungspflicht des Versicherers an den Versicherten für den Fall begründet, daß eine Folgeprämie nicht rechtzeitig gezahlt und dem Versicherungsnehmer die im Versicherungsvertragsgesetz und in den Allgemeinen Bedingungen für die Feuerversicherung vorgeschriebene Frist für die Zahlung der Prämie bestimmt wurde. Diese Mitteilungspflicht besteht auch, wenn das Vertragsverhältnis nach dem Ablauf der Frist wegen unterbliebener Prämienzahlung gekündigt wird.

---

[190] VdS 1501: 1998-05 (03).

[191] (gegen Abtretung dieser Forderung in entsprechender Höhe nebst Sicherheiten).

Im zweiten Absatz der Ziffer 4 wird die Aufrechterhaltung der Leistungspflicht gegenüber dem Kreditinstitut (nach Ziffer 2) für die Dauer von einem Monat von dem Zeitpunkt an, zu dem das Kreditinstitut die Mitteilung von der Zahlungsfrist erhalten hat, bestimmt.
Absatz 3 der Ziffer 4 verpflichtet den Versicherer zum Abschluß einer Anschlußversicherung auf Wunsch des Kreditinstituts.

Ziffer 5 bestimmt das Fortbestehen des Versicherungsschutzes gegenüber dem Kreditinstitut für die Dauer eines Monats, nachdem diesem eine Kündigung, ein Rücktritt oder eine sonstige Tatsache, die die Beendigung des Versicherungsverhältnisses zur Folge hat, mitgeteilt wurde. Dies gilt ebenfalls für Vertragsänderungsvereinbarungen zwischen Versicherer und Versicherungsnehmer, durch die der Umfang des Schutzes des Versicherten verringert wird.

Die unter Ziffer 5 angeordnete Fortwirkung des Versicherungsschutzes gilt nicht, wenn das Versicherungsverhältnis mit Zustimmung des Kreditgebers gekündigt wird und wenn das Versicherungsverhältnis durch die Entfernung der versicherten Sachen vom Versicherungsort beendet wird.

Unter Ziffer 6 folgt sodann der Einwendungsausschluß des Versicherers gegenüber dem Kreditinstitut für den Fall der Nichtigkeit des Versicherungsvertrags wegen Über- oder Doppelversicherung, bei der eine unredliche Absicht des Versicherungsnehmers obwaltet. In diesem Fall endigt das Versicherungsverhältnis dem Versicherten gegenüber mit Ablauf von drei Monaten nach der Mitteilung von der Nichtigkeit durch den Versicherer.

Unter Ziffer 7 der Bedingungen verpflichtet sich schließlich der Versicherer zur Anzeige an den Kreditgeber binnen Wochenfrist, wenn die versicherten Sachen von einem erheblichen Brandschaden betroffen werden.

Gegenüber diesen umfangreichen Bestimmungen zum Schutz des Kreditinstituts bei Ausstellung eines Sicherungsscheins verpflichtet sich der Versicherer bei Ausstellung einer Sicherungsbestätigung oder bei Erteilung einer Versicherungsbestätigung für Leasinggesellschaften lediglich dazu, den Kreditgeber bzw. den Leasinggeber über folgende Ereignisse zu informieren:

1. Mahnung des Versicherungsnehmers gemäß
§ 39 VVG im Falle nicht rechtzeitiger Prämienzahlung;

2. Vorzeitige Beendigung (oder Teilbeendigung) des Versicherungsverhältnisses; bei Technischen Versicherungen auch Änderung der Selbstbeteiligung.

Weiterhin verspricht der Versicherer die Zahlung der auf die übereigneten Sachen entfallenden Entschädigung an den Kreditgeber, und zwar bis zur Höhe der von diesem anzugebenden Forderungen gegen den Versicherungsnehmer. Auch wird darauf hingewiesen, daß die "Verrechnung fälliger Prämien gegen Entschädigungsleistung ... durch die Sicherungsabtretung nicht ausgeschlossen" ist. Im Unterschied zur Sicherungsbestätigung[192] enthält die entsprechende Passage in den Bedingungen zur Erteilung der Versicherungsbestätigung für Leasinggesellschaften[193] keine Begrenzung der Entschädigungsleistung auf die Höhe der "von dem Kreditgeber anzugebenden Forderung gegen den Versicherungsnehmer". Der Versicherer sagt dem Versicherten zu, "die auf die im Eigentum des Leasinggebers befindlichen Sachen entfallende Entschädigung an den Leasinggeber zu zahlen, sofern die Zahlung verlangt wird."[194]

Zusätzlich zu den vom Versicherten erfragten Angaben, ist der Versicherer bei der Erteilung einer Sicherungsbestätigung bzw. eines Sicherungsscheines weiterhin verpflichtet, den Kreditgeber auch auf diesem unbekannte Umstände hinzuweisen, die für die Werthaltigkeit des Versicherungsanspruchs von wesentlicher Bedeutung sind.[195] Anderenfalls würde der wirtschaftliche Zweck der Sicherungsbestätigung verfehlt, der darin besteht, den Kreditgeber davor zu bewahren, durch den ersatzlosen Verlust des Sicherungsgutes einen Verlust zu erleiden.[196] In dem dem BGH vorliegenden Fall war ein Autokran, dessen Anschaffungskosten sich auf etwa 2,45 Mio. DM netto beliefen, in einem „Rahmenvertrag für die Maschinenversicherung von Autokranen" versichert worden. Dieser Rahmenvertrag erstreckte sich auf jeweils etwa 150 weitere Autokräne mit einer Jahresprämie von insgesamt ca. 1,5 Mio. DM. Nachdem über den einzelnen Autokran ein Leasingvertrag abgeschlossen wurde, wurde der Leasinggeberin eine Sicherungsbestätigung zu den üblichen Bedingungen erteilt, ohne daß sie darauf hingewiesen wurde, daß der Versicherungsvertrag den Versicherer berechtigte, fällige Prämienrückstände aus dem Rahmenvertrag gegen eine Entschädigungsleistung für das einzelne Objekt aufzurechnen. Bei Eintritt eines Teilschadens an dem Kran rechnete der Versicherer mit Prämienrückständen in Höhe von DM 355.630,23 auf. In diesem Fall wurde besonders deutlich, daß die Auskunft des Versicherers in der Sicherungsbestätigung für die Entscheidung der Leasinggeberin von erheblicher wirtschaftlicher Bedeutung war, weil ihr durch die Einbeziehung des Leasingobjektes in den Rahmenvertrag und die daraus resultierende umfassende Aufrechnungsmöglichkeit des Versicherers die weitgehende Entwertung des Versicherungsschutzes drohte.

---

[192] VdS 1503: 1998-5 (02).

[193] VdS 1506: 1998-5 (02).

[194] VdS 1506: 1998-05 (02), Versicherungsbestätigung für Leasinggesellschaften.

[195] BGH Urt. v. 06.12.2000 in VersR 2001, 235 ff.

[196] BGH Urt. v. 06.12.2000 in VersR 2001, 235 unter II 2.a; Römer in Römer / Langheid, VVG, §§ 75, 76 Rn. 18 ff.

Zusammenfassend betrachtet, beinhaltet das vom Versicherer an das jeweilige Kreditinstitut oder den Leasinggeber ausgehändigte Papier einerseits Aussagen über den vom Versicherungsnehmer abgeschlossenen Versicherungsvertrag, sowie ggf. über die Werthaltigkeit des Anspruchs und andererseits erst in der Zukunft vom Versicherer einzuhaltende Mitteilungspflichten, sowie Bestimmungen über die Modalitäten der Entschädigungsleistung im Schadensfall.

Da der Kreditgeber sich für die Gestaltung seiner vertraglichen Beziehungen auf die Angaben des Versicherers zum Bestehen des Versicherungsschutzes und auch im Falle von Störungen im Versicherungsvertrag auf eine entsprechende Benachrichtigung durch den Versicherer verlassen können muß, stellt sich hier die Frage, auf welcher Grundlage der Versicherer für diese seine Erklärungen einzustehen verpflichtet ist. Weder das Versicherungsvertragsgesetz noch der Versicherungsvertrag selbst eröffnen dem Versicherten die Möglichkeit, einen Schaden, der auf einer unzutreffenden Erklärung des Versicherers im Sicherungsschein oder einer fehlerhaften oder unterlassenen Mitteilung beruht, gegen diesen geltend zu machen. Anspruchsgrundlage können daher auf versicherungsvertraglicher Ebene nur die besonderen, durch die Erteilung des Sicherungsscheins bzw. der Sicherungsbestätigung geknüpften Beziehungen sein.

(2) Einstehenmüssen des Versicherers für die Richtigkeit der Angaben im Sicherungsschein selbst

Während im Ergebnis Einigkeit darüber besteht, daß der Versicherer verpflichtet ist, für die im Sicherungsschein niedergelegten Erklärungen einzustehen[197], ist nicht völlig geklärt, auf welcher Grundlage diese Haftung des Versicherers beruht.
Hat der Versicherer den Sicherungsschein bzw. die Sicherungsbestätigung ausnahmsweise nicht selbst ausgestellt, sondern liegt ein sogenannter Blankettmißbrauch vor, bei dem ein Nichtberechtigter einen vom Versicherer bereits blanko unterschriebenen Schein ausfüllt und in den Rechtsverkehr bringt, kommt nur eine Haftung des Versicherers unter Rechtsscheinsgesichtspunkten in Betracht.[198] In entsprechender Anwendung der in Art. 10 Wechselgesetz und Art. 13 Scheckgesetz niedergelegten Grundsätze der Rechtsscheinshaftung kommt es für die Haftung des Versicherers darauf an, wie der redliche Dritte,

---

[197] BGH Urt. v. 25.11.1963 in BGHZ 40, 297, 303; BGH Urt. v. 25.11.1978 in VersR 1979, 176, 177; BGH Urt. v. 05.06.1985 in VersR 1985, 981, 982; OLG Hamburg Urt. v. 20.05.1988 in DAR 1988, 45; grundlegend Sieg in VersR 1953, 219, 220; Johannsen in Bruck / Möller / Johannsen, VVG, J 168, S. 250 ff; Geyer in ZfV 1965, 330; Tron, S. 92 ff.

[198] BGH Urt. v. 25.11.1963 in BGHZ 40, 297, 303 f; OLG Düsseldorf Urt. v. 06.11.1969 in VersR 1970, 736 ff; Johannsen in Bruck / Möller / Johannsen, VVG, J 168, S. 252; Tron S. 73-75.

der den Blankettmißbrauch nicht kennt, die Erklärung des Blankettgebers nach Treu und Glauben mit Rücksicht auf die Verkehrssitte auffassen durfte und aufgefaßt hat.[199]

Ist die Erteilung des Scheins ordnungsgemäß erfolgt, ist eine Haftung des Versicherers für solche Angaben, die er dem Versicherten in dem Dokument selbst erteilt, auf unterschiedliche Weise denkbar. Möglich ist, daß die Verpflichtung des Versicherers auf einem besonderen, mit der Erteilung des Sicherungsscheins zwischen Versicherer und Versichertem abgeschlossenen Vertrag beruht, oder daß (ebenso wie beim Blankettmißbrauch) beim Fehlen direkter vertraglicher Beziehungen zwischen Versichertem und Versicherer nur eine Haftung für einen zurechenbar gesetzten Rechtsschein besteht, oder daß das Einstehenmüssen des Versicherers für die Angaben im Sicherungsschein seine Grundlage ebenso wie der Anspruch des Versicherten auf die Entschädigungsleistung in dem zwischen Versicherungsnehmer und Versicherer abgeschlossenen Vertrag zu Gunsten des Versicherten hat.

Im Anschluß an Sieg[200] wird die Haftung des Versicherers für die Angaben im Sicherungsschein aus den Grundsätzen über die Haftung aus Bescheinigungen hergeleitet. Danach kommen als Grundlage der Verpflichtung des Ausstellers, für die Bescheinigung einzustehen, das Bestehen einer Garantie, eines Auskunftsvertrags oder subsidiär die Grundsätze der Haftung für erzeugten Rechtsschein in Betracht.

Sieg[201], ihm folgend weite Teile des Schrifttums und die Rechtsprechung[202] stützen den Anspruch des Versicherten gegen den Versicherer bei unzutreffend ausgefülltem Sicherungsschein auf einen zwischen diesen beiden bestehenden Auskunftsvertrag. Dieser Auskunftsvertrag stehe neben dem vom Versicherungsnehmer mit dem Versicherer abgeschlossenen Fremdversicherungsvertrag und komme mit der Erteilung des Sicherungsscheins bzw. der Sicherungsbestätigung zustande. In diesem Auskunftsvertrag stelle die Erteilung einer sachlich zutreffenden Auskunft eine Hauptleistungspflicht dar, so daß sich die Haftung des Versicherers im Falle einer schuldhaften Verletzung der Auskunftspflicht auf Schadenersatz wegen Nichterfüllung beziehe.[203] Der Empfänger der fehlerhaften Auskunft ist in einem solchen Fall so zu stellen, als ob er eine richtige Auskunft erhalten hätte.[204]

---

199 RG Urt. v. 25.03.1922 in RGZ 105, 183.
200 Sieg in VersR 1953, 219, 220.
201 Sieg a.a.O.
202 OLG Köln, Urt. v. 16.12.1956 in ZfV 1957, 182, 183; Geyer in ZfV 1965, 330, 333; Tron, S. 93 f.
203 OLG Köln, in ZfV 1957, 182, 183; LG Hannover in VersR 1956, 341; Tron S. 101.
204 Thomas in Palandt, BGB, § 767 Rn. 7; vgl. auch BGH in DB 66, 2021.

Zieht man einen Auskunftsvertrag in Betracht, ist der Abschluß dieses Vertrages jedoch schwer zu begründen, da der Versicherte in seiner Erklärung an den Versicherer lediglich anzeigt, daß er darauf verzichte, in den Versicherungsvertrag als Versicherungsnehmer nach § 69 VVG einzutreten. Er gibt kein Angebot auf Abschluß eines Auskunftsvertrags ab. Ein solches ist auch der Erklärung des Versicherungsnehmers nicht zu entnehmen. Sieg nimmt hier an, daß der Versicherungsnehmer als Stellvertreter des Versicherten mit dem Antrag auf Erteilung des Sicherungsscheins auch ein entsprechendes Angebot bezüglich des Auskunftsvertrags abgebe.[205] Dieses Angebot nehme der Versicherer dann dem Versicherten gegenüber mit Zusendung des gewünschten Scheins an ihn an.
Der BGH versuchte das Fehlen einer ausdrücklichen Vereinbarung zwischen Versicherer und Versichertem über die Auskunft im Sicherungsschein selbst konstruktiv so zu erklären, daß die Offerte vom Versicherer ausgehen müsse, da der Versicherungsnehmer weder ausdrücklich noch konkludent eine Willenserklärung abgebe, die als Vertragsofferte gedeutet werden könnte. Der Versicherte nehme das Angebot an, indem er den Sicherungsschein widerspruchslos entgegennehme. Nach § 151 BGB könne zudem auf den Zugang der Annahmeerklärung beim Versicherer verzichtet werden.[206]

Selbstverständlich ist der Abschluß eines solchen Auskunftsvertrags im Einzelfall möglich. Im Normalfall der Erteilung des Sicherungsscheins ist mit den Angaben des Versicherers im Sicherungsschein selbst der Abschluß einer solchen Vereinbarung jedoch nach dem regelmäßigen Geschäftsablauf und bei Abgabe der standardisierten Erklärungen nur umständlich zu konstruieren.

Überzeugender ist hingegen der Ansatz von Johannsen.[207] Er lehnt bezüglich der vom Versicherer im Sicherungsschein gemachten Angaben zum Versicherungsverhältnis das Vorliegen eines Auskunftsvertrags ab. Es handele sich hierbei um im Wege des Vertrags zu Gunsten Dritter festgelegte Verpflichtungen des Versicherers gegenüber dem Versicherten, die nicht als Auskunftsvertrag charakterisiert werden könnten. Demnach habe der Versicherer ohnehin die Pflicht, dem Versicherten über das Versicherungsverhältnis Auskunft zu erteilen. Hier sei diese im Vertrag zu Gunsten Dritter bestehende ergänzende Vertragspflicht zur Verdeutlichung der Rechtslage ausdrücklich festgelegt worden. Tatsächlich hat der Versicherte als "Dritter" eines Vertrags zu Gunsten Dritter i.S.v. §§ 328 ff BGB gegenüber dem Versicherer als "Versprechendem" einen Anspruch auf Erteilung einer Auskunft über Bestand und Umfang seines aus dem Vertrag zu Gunsten Dritter entspringenden Forderungsrechts, soweit er in

---

205 Sieg in VersR 1953, 219, 220.
206 BGH Urt. v. in VersR 1964, 131, 133; Tron, S. 95 f.
207 Johannsen in Bruck / Möller / Johannsen, VVG, J 168, S. 250.

entschuldbarer Weise im ungewissen ist.[208] Auch besteht zwischen dem Versprechenden (hier dem Versicherer) und dem Dritten (hier dem Versicherten) zwar nicht der eigentliche Vertrag, wohl aber ein vertragsähnliches Verhältnis.[209] Wenn also der Versicherte ohnehin einen Anspruch gegen den Versicherer auf Erteilung der im Sicherungsschein vorgesehenen Auskunft hat, spräche dies gegen die Annahme eines neben dem Versicherungsvertrag bestehenden Auskunftsvertrags zwischen Versicherer und Versichertem, da eine solche Vereinbarung überflüssig wäre.

Im Wege ergänzender Auslegung des Versicherungsvertrags ist ein Auskunftsanspruch des Versicherten in der Tat gut zu begründen, da der Versicherte als Träger des versicherten Interesses faktisch den Versicherungsgegenstand stellt. Gegen den Versicherungsnehmer leitet sich der Auskunftsanspruch des Versicherten aus dem zwischen beiden bestehenden gesetzlichen Treuhandverhältnis ab.[210] Der Versicherer kann den Versicherten in dem speziellen Fall der Versicherung von Gegenständen zur Kreditsicherung mit Erteilung eines Sicherungsscheins bzw. einer Sicherungsbestätigung nicht auf dessen Anspruch gegen den Versicherungsnehmer verweisen, wenn er Auskunft verlangt, da in dem wirtschaftlich bedeutsamen Bereich der Kreditsicherung dem Gläubiger nicht zuzumuten ist, sich für die Absicherung allein auf eine Auskunft seines Schuldners verlassen zu müssen.

Dies gilt erst recht für solche Auskünfte, die allein der Versicherer aufgrund überlegener Kenntnisse erteilen kann, oder die wegen einer besonderen Gestaltung des Versicherungsverhältnisses, z.B. bei der Einbindung von Leasinggut in einen größeren Rahmenversicherungsvertrag, eines zusätzlichen Hinweises bedürfen.[211]

Insofern ist der Auffassung Johannsens zuzustimmen, daß die Verpflichtung des Versicherers, dem Versicherten Auskunft über die im Sicherungsschein aufgeführten Punkte zu erteilen, im Wege ergänzender Auslegung des Fremdversicherungsvertrags zu begründen ist. Es wird im Sicherungsschein kein neben dem Versicherungsvertrag stehender, besonderer Auskunftsvertrag geschlossen.

---

[208] BGH in FamRZ 1982, 677, 678.

[209] Gottwald in MünchKomm, BGB, § 328 Rn. 25.

[210] Prölss in Prölss / Martin, VVG, § 77 Rn. 3.

[211] BGH Urt. v. 06.12.2000 in VersR 2001, 235 ff.; Römer in VersR 1998, 1313, 1319 ff.

Wenn der Versicherer zur Erteilung der Auskunft verpflichtet ist, folgt daraus auch, daß er im Falle des Verstoßes gegen diese Pflicht durch die Abgabe sachlich nicht zutreffender Informationen dem Versicherten gegenüber weiter zur Erfüllung verpflichtet bleibt und der Versicherer sich so behandeln lassen muß, als wenn der von ihm mitgeteilte Sachverhalt zuträfe.[212]

(3) Berichtigung unzutreffender Angaben im Sicherungsschein / in der Sicherungsbestätigung

Erkennt der Versicherer die Fehlerhaftigkeit seiner Auskunft, kann er sie mit Wirkung ex tunc durch eine entsprechende Erklärung gegenüber dem Versicherten berichtigen. Da es dann nicht darum geht, sich von einer Willenserklärung zu lösen, ist der Versicherer weder an die Voraussetzungen der §§ 119, 123 BGB noch an die zeitliche Begrenzung der Anfechtbarkeit nach § 121 BGB gebunden.[213] Es liegt jedoch im eigenen Interesse des Versicherers, die fehlerhafte Auskunft so früh wie möglich zu berichtigen, um die Gefahr der Inanspruchnahme für die Zukunft zu verringern. Der Versicherte kann aufgrund der vorangegangenen unrichtigen Bescheinigung auch für einen überschaubaren Zeitraum nach erfolgter Berichtigung noch gegen den Versicherer vorgehen, wenn ihm infolge der ursprünglich falschen Auskunft ein Schaden entstanden ist. Dem Versicherten muß insoweit die Möglichkeit eingeräumt werden, sich auf die veränderte Sachlage einzustellen und das Sicherungsgut sicherzustellen oder etwa selbst eine Sachversicherung abzuschließen.[214]

Für die Fallgruppe der Kraftfahrzeug-Sicherungsscheine hat Johannsen[215] vorgeschlagen, die Nachhaftung des Versicherers im Anschluß an die Berichtigung auf den Zeitraum von einer Woche zu beschränken. Grund für die Annahme dieser kurzen Frist war, daß der Versicherte nach Ziffer 4 des Kraftfahrzeug-Sicherungsscheins alter Fassung nur binnen einer Woche nach Zugang der Mitteilung des Versicherers z.B. über eine vorzeitige Beendigung des Versicherungsvertrags bei dem Versicherer eine Anschlußversicherung beantragen konnte, um eine zeitlich lückenlose Deckung seines Risikos zu erhalten. Im Falle der Berichtigung eines fehlerhaft ausgestellten Kraftfahrzeug-Sicherungsscheins sollte nun der Versicherte mit der Nachhaftung des Versicherers nicht besser gestellt werden, als wenn bei ordnungsgemäß erteiltem Kraftfahrzeug-Sicherungsschein nachträglich eine Beendigung des Versicherungs-

[212] Johannsen in Bruck / Möller / Johannsen, VVG, J 168, S. F251; BGH Urt. v. 16.02.1995 in VersR 1995, 714.
[213] Sieg in VersR 1953, 219, 221; Tron, S. 102.
[214] Johannsen in Bruck / Möller / Johannsen, VVG, J 168, S. 252.
[215] Johannsen a.a.O.

vertrags herbeigeführt worden sei, so daß zur Begrenzung der Nachhaftung des Versicherers bei nicht korrekt ausgefülltem Kraftfahrzeug-Sicherungsschein die dortige Ziffer 4 der Bedingungen insoweit entsprechend angewandt werden könne. Diese Überlegungen zum Kraftfahrzeug-Sicherungsschein sind durchweg überzeugend. Unter Zugrundelegung der heute gebräuchlichen Kraftfahrzeug-Sicherungsscheine, die unter Ziffer 5 den Versicherten nach dem Zugang der Mitteilung über die Gefährdung des Versicherungsschutzes oder vorzeitige Beendigung des Versicherungsvertrags eine zweiwöchige Frist zur Beantragung der Anschlußversicherung einräumen, ist jedoch auch der Zeitraum für die Anschlußhaftung des Versicherers nach erfolgter Berichtigung des fehlerhaft ausgestellten Kraftfahrzeug-Sicherungsscheins für einen Zeitraum von zwei Wochen nach Zugang der Erklärung anzunehmen.

Für den Fall, daß der Versicherer in einem Sicherungsschein zur Feuerversicherung[216] falsche Angaben zum Versicherungsschutz gemacht und diese dann dem Versicherten gegenüber berichtigt hat, erscheint es sachgerecht, eine längere Nachhaftungsfrist im Anschluß an den Zugang der Berichtigungserklärung anzunehmen, als dies für den Kraftfahrzeug-Sicherungsschein erläutert wurde. Im Sicherungsschein (Feuerversicherung) räumt der Versicherer dem Versicherten auch bei ordnungsgemäß erteiltem Sicherungsschein eine einmonatige Frist zur Entscheidung ein, ob bei der vorzeitigen Beendigung des Versicherungsvertrags eine Anschlußversicherung beantragt werden soll oder der Versicherte sich anderweitig vor der Gefährdung seiner Kreditsicherheit schützt. Grund dafür ist die gegenüber der Kraftfahrzeugversicherung aufwendigere vorvertragliche Prüfung der Gefahrumstände und die Vielfalt der Objekte selbst bei der Versicherung von Maschinen- und Einrichtungsgegenständen, landwirtschaftlichen Inventarien (nach Maßgabe des Pachtkreditgesetzes vom 05.08.1951), Handelswaren oder Gebäuden, die gemäß § 95 Abs. 1 BGB nicht Bestandteil eines Grundstücks sind.
Geht es darum, eine zeitliche Grenze für die Haftung des Versicherers nach erfolgter Berichtigung der unrichtig erteilten Auskunft zu ziehen, so wird man dem Versicherten für den Fall unrichtiger Erteilung des Sicherungsscheins ebenfalls eine einmonatige Frist zubilligen, um das Sicherungsgut gegen Feuersgefahr zu versichern. Wäre die Nachhaftungsfrist länger, wäre der Kreditgeber besser gestellt als der Inhaber eines ordnungsgemäß erteilten Sicherungsscheins bei vorzeitiger Beendigung des Versicherungsverhältnisses.

[216] Formular VdS 1501: 1998-05 (03).

Umgekehrt würde der Versicherer bevorteilt, wenn man dessen Nachhaftung wegen der unzutreffenden Auskunft auf weniger als einen Monat verkürzen würde, da die Leistungspflicht des Versicherers auch bei ordnungsgemäß erteiltem Sicherungsschein zur Feuerversicherung im Anschluß an die Mitteilung über eine vorzeitige Beendigung des Versicherungsvertrags dem Versicherten gegenüber noch einen Monat bestehen bleibt.

Nach Ablauf der Monatsfrist im Anschluß an die Berichtigung kann der Versicherte eine Haftung des Versicherers nur dann durchsetzen, wenn er darlegt und beweist, daß er trotz aller Bemühungen keinen Versicherer habe finden können, der bereit gewesen sei, das Risiko mit sofortiger Wirkung im Sinne einer vorläufigen Deckungszusage zu übernehmen.

Haftet der Versicherer wegen falscher Angaben in einem Zubehör-Hypothekensicherungsschein[217], ließe sich mit der Argumentation, wie sie für den Kraftfahrtbereich von Johannsen zutreffend entwickelt wurde, eine Beschränkung der Nachhaftung des Versicherers im Anschluß an die Berichtigung auf einen Zeitraum von drei Monaten herleiten. Nach den Bedingungen zur Erteilung des Zubehör-Hypothekensicherungsscheins wirkt nämlich auch eine Tatsache, die die Beendigung des Versicherungsverhältnisses zur Folge hat, "... gegenüber dem Kreditgeber erst mit Ablauf von drei Monaten, nachdem die Beendigung ...und, sofern diese noch nicht eingetreten ..." war, "... der Zeitpunkt der Beendigung ... ihm durch den Versicherer mitgeteilt ist." Auch für die Stellung des Antrags auf Fortsetzung der Versicherung für das Interesse des Kreditgebers wird diesem eine dreimonatige Frist eingeräumt. Lediglich im Falle der Leistungsfreiheit wegen Nichtzahlung einer Folgeprämie ist das Fortbestehen der Haftung des Versicherers gegenüber dem Versicherten auf die Dauer eines Monats begrenzt. Innerhalb dieser Frist muß der Versicherte auch die Fortsetzung der Versicherung beantragen und sich zur Zahlung der Prämie verpflichten, wenn er lückenlosen Schutz begehrt.

Diese Regelungen im Zubehör-Hypothekensicherungsschein entsprechen der gesetzlichen Normierung der Parallelproblematik zum Schutze der Realgläubiger in der Gebäudefeuerversicherung in den §§ 102, 103, 105 VVG. Hier wirkt eine vorzeitige Beendigung nach § 103 VVG gegenüber dem Realgläubiger erst mit Ablauf von drei Monaten; ebenso lange hat der Versicherte Zeit, die Hypothekeninteresseversicherung zu beantragen.

---

[217] Formular VdS 1502: 1998-05 (03).

Demgegenüber wirkt nach § 102 Abs. 2 VVG die Leistungspflicht des Versicherers dem Hypothekengläubiger gegenüber nur für die Dauer eines Monats fort, wenn die Leistungsfreiheit auf nicht rechtzeitiger Zahlung einer Folgeprämie beruht. In dem Fall muß der Gläubiger binnen Monatsfrist die Hypothekeninteresseversicherung beantragen (§ 105 i.V.m. § 102 Abs. 2, Satz 2 VVG).

Als Maßstab für eine sinnvolle Begrenzung der Nachhaftung des Versicherers im Anschluß an die Berichtigung eines unzutreffend ausgefüllten Zubehör-Hypothekensicherungsscheins wird hier die Monatsfrist angesehen, während derer der Versicherte sich auch im Falle der Mitteilung des Versicherers von der Fristsetzung zur Zahlung der Folgeprämie um eine Absicherung seiner Interessen bemühen muß, um nicht bei Eintritt des Versicherungsfalls ohne wirkungsvolle Kreditsicherung dazustehen. Die Nachhaftung aus unrichtig ausgestelltem Zubehör-Hypothekensicherungsschein auf einen längeren Zeitraum erstrecken zu wollen, hieße den Versicherer übermäßig zu benachteiligen. Läßt sich der Versicherungsnehmer mit dem Abschluß einer Versicherung mehr als einen Monat nach Zugang der Berichtigungsmitteilung des Versicherers Zeit, so kann ein danach eintretender Schaden aufgrund fehlender Deckung nicht mehr als auf der unzutreffenden Auskunft des Versicherers basierend angenommen werden. Macht der Versicherte Ansprüche für Schäden geltend, die nach Ablauf der Nachhaftungsfrist eingetreten sind, sind hohe Anforderungen an die Darlegungs- und Beweislast des Sicherungsscheininhabers in Bezug darauf zu stellen, daß es ihm binnen Monatsfrist nicht möglich war, sein Interesse zu versichern.

Ist dem Versicherer beim Erteilen einer Sicherungsbestätigung[218] oder einer Versicherungsbestätigung für Leasinggesellschaften ein Mitteilungsfehler unterlaufen, stellt sich die Frage, ob in diesem Fall überhaupt eine Nachhaftung im Anschluß an den Zugang der Berichtigungsmitteilung beim Versicherten anzunehmen ist, da nach den jeweiligen Bedingungen zur Erteilung der Sicherungs- bzw. der Versicherungsbestätigung auch bei ordnungsgemäß erteilter Sicherungsbestätigung Mitteilungen des Versicherers über eine vorzeitige Beendigung des Versicherungsverhältnisses dem Versicherten gegenüber sofort wirken und die Leistungspflicht nicht dem Versicherten gegenüber für einen bestimmten Zeitraum trotz Beendigung des Versicherungsvertrags fortbesteht.

Aus diesem Fehlen eines Fortbestehens der Leistungspflicht bei vorzeitiger Beendigung des Versicherungsverhältnisses kann jedoch nicht auf eine Begrenzung der Haftung wegen unrichtig erteilter Auskunft auf den Zeitraum von der Erteilung der Auskunft bis zu deren Berichtigung geschlossen werden. Der Versicherer haftet für einen durch die unrichtige Auskunft verursachten Schaden

[218] Formular VdS 1503: 1998-05 (02).

des Versicherten auch nach erfolgter Berichtigung für den Zeitraum, den der Kreditgeber bzw. der Leasinggeber benötigt, um sich auf die veränderte Sachlage einzustellen. Im allgemeinen wird eine zweiwöchige Frist ausreichend sein, so daß der Kreditgeber bei Eintritt des Versicherungsfalls nach Ablauf dieser Frist darlegen und beweisen muß, daß es ihm trotz seiner Bemühungen nicht möglich war, das Sicherungs- bzw. Leasinggut unter sofortige Deckung zu bringen.

bb) Mitteilungspflichten des Versicherers aufgrund der Verpflichtung im Sicherungsschein

Neben den Angaben, die der Versicherer dem Versicherten in dem Sicherungsschein selbst erteilt, verpflichtet er sich diesem gegenüber darüber hinaus auch dazu, in der Zukunft den Versicherten über das Eintreten bestimmter Ereignisse, die den Versicherungsschutz gefährden oder zur Beendigung des Versicherungsvertrags führen, zu informieren. So ist der Versicherer zur Mitteilung verpflichtet, wenn eine Folgeprämie nicht rechtzeitig gezahlt und dem Versicherungsnehmer die im Versicherungsvertragsgesetz und in den Allgemeinen Bedingungen für die Feuerversicherung vorgeschriebene Frist bestimmt ist, wenn der Vertrag nach fruchtlosem Fristablauf wegen unterbliebener Prämienzahlung gekündigt wird, sowie bei Erklärung einer Tatsache, die die Beendigung des Versicherungsverhältnisses zur Folge hat, wie z.B. eine Kündigung, ein Rücktritt oder ein Ablauf.

In den Kraftfahrzeug-Sicherungsscheinen verspricht der Versicherer ausdrücklich auch eine Mitteilung für den Fall, daß der Versicherungsnehmer den Abschluß des Vertrags gemäß § 5 a VVG widerruft oder der Versicherungsnehmer die Erstprämie nicht rechtzeitig gezahlt und den Versicherungsschein nicht eingelöst hat. (§ 38 VVG / § 1 AKB).

(1) Dogmatische Einordnung und Zustandekommen der Verpflichtung des Versicherers

Über die Rechtsnatur der haftungbegründenden Vereinbarung besteht ähnlich Streit wie über die Grundlage der Haftung des Versicherers für direkt im Sicherungsschein erteilte Auskünfte.
Während die wohl herrschende Auffassung[219] davon ausgeht, daß auch in bezug auf die Mitteilungspflichten durch die Erteilung des Sicherungsscheins bzw. der Sicherungsbestätigung ein Auskunftsvertrag zwischen Versicherer und Versi-

[219] Sieg in VersR 1953, 219, 220; Geyer in ZfV, 1965, 330, 333.

chertem zustande kommt, vertritt Johannsen[220] die Auffassung, daß bezüglich der Mitteilungspflichten zwar ein Auskunftsvertrag angenommen werden könne, dieser selbst aber auch einer im Wege des Vertrags zu Gunsten Dritter festgelegten Verpflichtung des Versicherers entspringe. Daher seien die im Sicherungsschein aufgeführten Anzeigetatbestände auch keine Hauptverbindlichkeiten des Versicherers aus dem durch den Sicherungsschein begründeten Rechtsverhältnis, sondern eine "ergänzende Vertragspflicht im Rahmen eines Vertrages zu Gunsten Dritter, die zur Verdeutlichung der Rechtslage ausdrücklich festgelegt" worden sei.[221]

Die Abgrenzung, ob der Versicherer die Erteilung der Auskunft dem Versicherten aufgrund eines zwischen beiden geschlossenen Auskunftsvertrags schuldet, oder ob der Auskunftsvertrag mit dem Versicherungsnehmer zu Gunsten des Versicherten vereinbart wird, ist schwierig und nur unter Auslegung der jeweiligen Erklärungen sowie unter Berücksichtigung der jeweiligen Interessen der Beteiligten möglich. Praktisch relevant ist diese Frage für den Versicherten. Besteht kein selbständiger Vertrag zwischen ihm und dem Versicherer, müßte er sich anderenfalls wegen § 334 BGB auch in Bezug auf Auskünfte des Versicherers dessen Einwendungen aus dem ihn begünstigenden Rechtsverhältnis zwischen Versicherungsnehmer und Versicherer entgegenhalten lassen.

Der Versicherungsnehmer beantragt die Ausstellung des Sicherungsscheins beim Versicherer. Daß der Versicherer die in den Bedingungen zur Erteilung des Sicherungsscheins niedergelegten Mitteilungspflichten übernimmt, wird vor der Ausstellung des Scheins nicht erwähnt, weder vom Versicherungsnehmer noch vom Versicherer oder vom Versicherten, der ohnehin lediglich erklärt, nicht nach § 69 VVG als Versicherungsnehmer in den Versicherungsvertrag eintreten zu wollen. Ein entsprechendes Angebot könnte dem Versicherungsnehmer als von ihm im eigenen oder fremden Namen konkludent abgegeben, quasi nur unterstellt werden. Tatsächliche Anhaltspunkte für eine Offerte hinsichtlich des Auskunftsvertrags enthält seine Erklärung nicht. Besondere Verhandlungen über die Mitteilungspflichten sind jedoch auch nicht nötig, da die gebräuchlichen Sicherungsscheine weitgehend auf allgemein gebräuchlichen Formularen erteilt werden.[222] Der Inhalt der Sicherungsscheine und insbesondere der Umfang der Haftung des Versicherers wurden bereits im Vorfeld unter Federführung der jeweiligen Interessenverbände ausgehandelt. Das Angebot muß demnach vom Versicherer mit der Ausstellung des Sicherungsscheins selbst abgegeben werden. Gegen die Auffassung, Vertragspartner des Auskunftsvertrags sei einzig der Versicherungsnehmer, so daß auch die Mittei-

[220] Johannsen in Bruck / Möller / Johannsen, VVG, J 168, 170, S. 250, 254.
[221] Johannsen in Bruck / Möller / Johannsen, VVG, J 170, S. 254.
[222] Für den Kfz-Sicherungsschein gibt es derzeit vom GDV kein Formular.

lungspflichten den Versicherten nur im Rahmen eines Vertrags zu Gunsten Dritter berechtigten, spricht formal, daß der Sicherungsschein im Regelfall direkt an den Kreditgeber übersandt wird. Dies spricht dafür, daß der Versicherer auch mit ihm direkt kontrahieren will. Natürlich ist auch denkbar, daß der Versicherer im Sinne einer "Abkürzung des Leistungsweges" durch das Zusenden des Scheins an den Versicherten dem Versicherungsnehmer gegenüber konkludent die Annahme eines – seinerseits konkludent erteilten - Angebots erklärt, da es im Innenverhältnis zwischen Versicherungsnehmer und Versichertem letztlich der Versicherte sein wird, der entscheidet, in welchem Umfang er Mitteilungen des Versicherers zur Absicherung seines Risikos für erforderlich hält. Tatsächliche Anhaltspunkte für ein solches Angebot des Versicherten sind jedoch nicht vorhanden. Ein Angebot des Versicherers gegenüber dem Versicherungsnehmer kann durch das Zusenden des Sicherungsscheins an den Versicherten nicht gewollt sein, da es ansonsten umständlicher Konstruktionen mit dem Kreditinstitut als Vertreter ihres Kunden bedürfte, um den Vertrag schnellstmöglich wirksam werden zu lassen. Letztlich fehlen auch hierfür konkrete Anhaltspunkte in den Erklärungen der Beteiligten.

Dies spricht dafür, daß der Versicherer mit Zusendung des Sicherungsscheins an den Versicherten diesem den Abschluß eines Auskunftsvertrags anträgt. Der Versicherte nimmt den Antrag dadurch an, daß er sich mit ihm einverstanden erklärt und den Sicherungsschein zu seinen Unterlagen nimmt. Da eine gesonderte Mitteilung über die Annahme auch vom Versicherer nicht erwartet wird, ist der Zugang der Annahmeerklärung nach § 151 BGB entbehrlich. Der Versicherte hat ein erhebliches Interesse daran, über eine Gefährdung des Versicherungsschutzes unverzüglich informiert zu werden, um sachgerecht einschreiten und den Versicherungsschutz notfalls durch Beantragung einer sogenannten Anschlußversicherung aufrechterhalten zu können.

Der Versicherungsnehmer hingegen hat unmittelbar kein eigenes Interesse daran, daß der Versicherte über Gefährdungen oder gar über die bevorstehende Beendigung des Versicherungsschutzes informiert wird, da dies zumeist Informationen über die Verletzung von Pflichten des Versicherungsnehmers aus dem Kreditvertrag sind. Ein entferntes Interesse des Versicherungsnehmers daran, daß der Versicherer dem Versicherten gegenüber die Mitteilungspflichten übernimmt, läßt sich nur insofern bejahen, als der Versicherungsnehmer davon ausgehen muß, daß ihm der erstrebte Kredit nur gewährt wird, wenn er das Sicherungsgut unter Versicherungsschutz bringt und dem Kreditinstitut einen Sicherungsschein ausstellen läßt, in dem auch die Übernahme der Mitteilungspflichten vorgesehen ist. Als notwendigen Zwischenschritt zur Erfüllung der Voraussetzungen des Kreditvertrags hat der Versicherungsnehmer mithin auch ein – wenn auch entferntes – Interesse an der Übernahme der Mitteilungspflichten durch den Versicherer. Diesem Interesse würde jedoch auch durch den

Abschluß des Auskunftsvertrags zwischen Versicherer und Versichertem Genüge getan, da es dem Versicherungsnehmer hier nur darauf ankommt, die Forderungen des Kreditgebers zu dessen Absicherung zu erfüllen, um seiner Verpflichtung aus dem Kreditvertrag nachzukommen.

Der Versicherer macht durch die Zusendung des Sicherungsscheins an den Versicherten und auch durch den Wortlaut der Bedingungen deutlich, wem gegenüber er sich zur Erteilung der Auskünfte verpflichten will. Es ist daher im Einklang mit Sieg davon auszugehen, daß die Pflicht des Versicherers, die in den Bedingungen zur Erteilung des Sicherungsscheins niedergelegten Mitteilungspflichten zu erfüllen, ihre Grundlage in einem besonderen, d.h. neben dem Versicherungsvertrag stehenden Auskunftsvertrag zwischen Versicherer und Versichertem hat.

Diese besonderen, selbständigen Pflichten des Versicherers zur Erteilung von Auskünften übersteigen auch qualitativ die aus dem Fremdversicherungsvertrag abgeleitete allgemeine Verpflichtung des Versicherers zur Beantwortung von Anfragen des Versicherten zu Einzelheiten des Versicherungsschutzes. Die Begründung der Pflichten des Versicherers in einem selbständigen Auskunftsvertrag mit dem Versicherten, hat für diesen auch den Vorteil, daß er in diesem Vertragsverhältnis vor Einwendungen des Versicherers aus dessen Vertragsbeziehungen mit dem Versicherungsnehmer geschützt ist.

(2) Umfang der Haftung des Versicherers

Der Versicherer haftet dem Versicherten aus dem Auskunftsvertrag auf Erfüllung der Mitteilungspflichten. Verletzt der Versicherer diese Pflichten, indem er den Versicherten beim Vorliegen anzeigepflichtiger Tatbestände unzutreffend oder gar nicht informiert, ist er dem Versicherten zum Ersatz des daraus entstehenden Schadens verpflichtet. Nach den Bedingungen zur Erteilung des Sicherungsscheins bleibt die Haftung des Versicherers gegenüber dem Kreditinstitut bis zu einem Zeitraum von einem Monat nach erfolgter Mitteilung einer anzeigepflichtigen Tatsache bestehen. Insofern haftet der Versicherer dem Versicherten bei unterbliebener Mitteilung auf das negative Interesse, d.h. dem Versicherten werden alle Vermögensnachteile ersetzt, die er im Vertrauen darauf erlitten hat, daß entsprechender Versicherungsschutz bestand.

Haftungsmaßstab ist auch hier § 276 BGB. Obwohl der Auskunftsvertrag zwischen Versichertem und Versicherer für die Erteilung der Auskünfte in der Regel kein Entgelt vorsieht, wird eine Beschränkung der Haftung auf Vorsatz und grobe Fahrlässigkeit in Anlehnung an §§ 521, 599, 680 BGB allgemein abgelehnt.[223] Auch im Rahmen des Auskunftsvertrags zwischen Versicherer und Versichertem gibt es keinen Grund, eine konkludente Haftungsbeschränkung als vereinbart anzunehmen. Der Versicherer haftet mithin im Falle der Verletzung seiner Mitteilungspflichten für Vorsatz und jede Fahrlässigkeit.

cc) Durchbrechung der Abhängigkeit des Versicherungsschutzes des Versicherten vom Verhalten des Versicherungsnehmers

Nach der gesetzlichen Ausgestaltung der Versicherung für fremde Rechnung entscheidet das Verhalten des Versicherungsnehmers (vorbehaltlich des § 158 i VVG, der für den Bereich der Pflichthaftpflichtversicherung den Schutz des Versicherten verselbständigt hat) auch und gerade darüber, ob der Versicherer dem Versicherten gegenüber zur Leistung verpflichtet ist. Diese Abhängigkeit des Versicherungsschutzes vom Verhalten des Versicherungsnehmers birgt unkalkulierbare Risiken für den Versicherten in sich. Durch die Haftungsfreiheit des Versicherers nach § 61 VVG im Falle grob fahrlässiger oder vorsätzlicher Herbeiführung des Versicherungsfalls durch den Versicherungsnehmer und die Leistungsfreiheit bei Verletzung gesetzlicher oder vertraglicher Obliegenheiten des Versicherungsnehmers droht dem Versicherten eine weitgehende Entwertung seines Versicherungsschutzes.
Zugunsten des Inhabers eines Sicherungsscheins wird diese Abhängigkeit des Versicherungsschutzes des Versicherten vom Verhalten des Versicherungsnehmers in unterschiedlicher Ausgestaltung und Reichweite durchbrochen, um dem besonderen Schutzbedürfnis des Versicherten Rechnung zu tragen.
Dies soll im folgenden dogmatisch eingeordnet werden.

Nach § 61 VVG ist der Versicherer von der Verpflichtung zur Leistung frei, wenn der Versicherungsnehmer den Versicherungsfall vorsätzlich oder durch grobe Fahrlässigkeit herbeiführt. Für die Versicherung für fremde Rechnung als Vertrag zu Gunsten Dritter i.S.v. §§ 328 ff BGB führt daher § 334 BGB dazu, daß sich die Leistungsfreiheit des Versicherers bei vorsätzlicher oder grob fahrlässiger Herbeiführung des Versicherungsfalls durch den Versicherungsnehmer auch auf das Verhältnis zwischen Versicherer und Versichertem erstreckt.[224] Grundsätzlich scheint die Deckung eines Schadensfalls, den der Versicherungs

[223] Vgl. Vollkommer in Jauering, BGB, § 241 Anm. 8. c) bb); arg. ex §§ 662, 680 BGB.
[224] Möller im Bruck / Möller, VVG, § 61 Anm. 80 (S. 597), Anm. 58.

nehmer oder Anspruchsberechtigte vorsätzlich herbeiführt, auch der Definition der Versicherung zu widersprechen, weil der Schadensfall in der Regel zufällig eintreten muß.

Seiner Rechtsnatur nach räumt § 61 VVG dem Versicherer nicht lediglich ein Leistungsverweigerungsrecht i.S.v. § 6 VVG ein, sondern die gesetzliche Regelung bzw. eine entsprechende Vertragsabrede stellt einen subjektiven Risikoausschluß dar.[225] Dies hat zur Rechtsfolge, daß eine Leistungspflicht bei vorsätzlicher oder grob fahrlässiger Herbeiführung des Versicherungsfalls gar nicht erst begründet wird. Es hat sich eine Gefahr verwirklicht, für die keine Haftung übernommen wurde. Der Geltendmachung eines Leistungsverweigerungsrechts, einer Einwendung, durch den Versicherer bedarf es insofern nicht.[226]

Wenn also formuliert wird, die "Leistungsfreiheit tritt von selbst ein"[227], so ist dies tatsächlich nicht ganz korrekt, da § 61 VVG das besondere subjektive Risiko vom Versicherungsschutz ausnimmt. Wo jedoch nie eine Leistungspflicht vereinbart wurde, kann streng genommen auch keine Leistungsfreiheit eintreten. Daher ist hier im Anschluß an Möller[228] festzustellen, daß die Rechtsfolge der Haftungsfreiheit ipso jure gegeben ist.

§ 61 VVG ist nicht zwingend[229]. Es ist daher zumindest im Hinblick auf § 61 VVG möglich, die Abhängigkeit der Haftung des Versicherers gegenüber dem Versicherten vom Verhalten des Versicherungsnehmers zu durchbrechen und einzuschränken. Die Parteien können sich darauf verständigen, das Risiko des grob fahrlässig oder sogar vorsätzlich herbeigeführten Schadensfalls in die Versicherung mit einzubeziehen.

Zu bedenken ist jedoch, daß eine Erweiterung der Haftung des Versicherers auf jedwede Form des Verschuldens unter Umständen die Nichtigkeit einer solchen Vereinbarung wegen Sittenwidrigkeit nach § 138 Abs. 1 BGB[230] oder wegen eines Verstoßes gegen § 307 Abs. 2 Nr. 1 BGB[231] zur Folge hat. Sowohl für mit den guten Sitten als auch mit § 307 Abs. 2 Nr. 1 BGB vereinbar wird die Einbeziehung auch vorsätzlich herbeigeführter Schäden in den Versicherungsschutz in der Regel dann angesehen, wenn die Interessenlage und die darauf beruhenden zwingenden wirtschaftlichen Notwendigkeiten das Eintreten des Versiche-

---

225 H.M.; RGZ 117, 327; 135, 370; BGHZ 11, 120; 42, 295; 43, 88; VersR 63, 429; 64, 475; 76, 649; 84, 25; 86, 656; 94, 1165; Prölss in Prölss / /Martin, VVG, § 61 Rn. 2, S. 508.
226 Möller in Bruck / Möller, VVG, § 61 Anm. 79, S. 596.
227 Prölss in Prölss / Martin, VVG, § 61 Rn. 18 mit Hinweis auf § 6 Rn. 86.
228 Möller in Bruck / Möller, VVG, § 61 Anm. 79, S. 596.
229 Prölss in Prölss / Martin, VVG, § 61 Rn. 28 m.w.N., S. 517.
230 Prölss in Prölss / Martin , § 61 Rn. 29, S. 518.
231 Brandner in Ulmer/Brandner/Hensen, AGBG, § 9 Rn. 107 ff., 124.

rers auch für vorsätzliches oder grob fahrlässiges Handeln des Versicherungsnehmers erfordern.[232]
Anerkannt ist dies für solche Fälle, in denen der Versicherte in der Versicherung für fremde Rechnung nicht nur vom Versicherungsnehmer, sondern auch gegen ihn versichert wird und dem Versicherten unmittelbar die Entschädigung zusteht. Dies ist z.B. in § 3 Nr. 4 SVS und in § 1 Nr. 1 der AVB für Personenkautionsversicherungen der Fall.

Einschränkungen von § 61 VVG haben sich im Zusammenhang mit der Ausstellung von Sicherungsscheinen und Sicherungsbestätigungen in unterschiedlichen Ausgestaltungen und mit unterschiedlicher Reichweite durchsetzen können. Die dogmatisch-konstruktiven Möglichkeiten von Vereinbarungen zum Schutz des Versicherten vor Verfehlungen des Versicherungsnehmers werden hierbei von der Dogmatik des § 61 VVG determiniert.

(1) Ausgestaltung im Sicherungsschein zur Feuerversicherung und im Zubehör-Hypothekensicherungsschein

Nach Ziffer 2 der Bedingungen zur Erteilung des Sicherungsscheins[233] verpflichtet sich der Feuerversicherer, in dem Falle, daß er "wegen des Verhaltens des Versicherungsnehmers nach dem Versicherungsvertrag von der Entschädigungspflicht frei" ist, "die Entschädigung gleichwohl, und zwar bis zur Höhe der Forderung, zu deren Sicherung die versicherten Sachen übereignet sind, an das Kreditinstitut .. gegen Abtretung dieser Forderung in entsprechender Höhe ..." zu zahlen. Das Kreditinstitut hat hierbei dem Versicherer das zur Sicherung der an den Versicherer zu übertragenden Forderung bestehende Sicherungsmiteigentum an den übereigneten Sachen in dem Verhältnis zu übertragen, in dem die zu übertragende Forderung zur Gesamtforderung steht.
Unter Ziffer 7 folgt dann: "Soweit der Versicherer aufgrund der vorstehenden Bestimmungen den Kreditgeber zu befriedigen hat, ohne nach dem Vertrag zu einer Entschädigung verpflichtet zu sein, braucht er erst zu zahlen, wenn ihm der Kreditgeber in entsprechender Höhe seine Forderung gegen den Versicherungsnehmer und das Realrecht sowie die sonstigen Sicherheiten jeder Art abtritt. Der Übergang darf nicht zum Nachteil des Kreditgebers geltend gemacht werden."[234]

---

[232] Prölss in Prölss / Martin, VVG, § 61 Rn. 29, S. 518.
[233] Formular VdS 1501: 1998-05 (03).
[234] Formular VdS 1502: 1998-05 (03).

Unter Ziffer 2 der Bedingungen zur Erteilung des Zubehör-Hypothekensicherungsscheins ist festgelegt: "Ist der Versicherer wegen des Verhaltens des Versicherungsnehmers von der Entschädigungspflicht frei, so bleibt gleichwohl seine Verpflichtung gegen den Kreditgeber bestehen. ..."

Diese vertraglichen Vereinbarungen bringen bereits vor Eintritt des Versicherungsfalls zum Ausdruck, daß der Versicherer den Willen hat, sich zu Gunsten des Versicherten nicht auf den Einwand der Haftungsfreiheit aus § 61 VVG zu berufen. § 61 VVG wird insoweit abbedungen.[235] Dogmatisch liegt hier eine Vertragsbestimmung im Sinne einer Klausel zu Gunsten des Versicherten vor, durch die der Versicherungsvertrag insoweit modifiziert wird, als im Verhältnis zum Versicherten auch die Gefahr der vorsätzlichen oder grob fahrlässigen Herbeiführung des Versicherungsfalls durch den Versicherungsnehmer mit gedeckt sein soll.

Dem Versicherungsnehmer selbst kommt diese Modifizierung nicht zugute, da der Versicherer nach der Entschädigung des Versicherten die Möglichkeit hat, auf den Versicherungsnehmer i.S.v. § 67 VVG zurückzugreifen. Der Versicherte wird insofern nicht nur vom Versicherungsnehmer, sondern auch gegen ihn versichert.[236]

In der Wirkung bestehen gewisse Parallelen zur Haftpflichtversicherung, da der Versicherer (trotz Haftungsfreiheit in der Sachversicherung im Verhältnis zum Versicherungsnehmer) quasi einen Anspruch des Versicherten gegen den Versicherungsnehmer befriedigt, der seinen Ursprung in der schuldhaften Herbeiführung des Versicherungsfalls hat. Als Anspruchsgrundlage konkurrieren hier ein Anspruch aus §§ 280 Abs. 1, 241 Abs. 2 BGB wegen Verletzung von Pflichten des Sicherungsvertrags und deliktische Ansprüche aus § 823 BGB, eventuell auch aus § 826 BGB[237].

Es liegt jedoch tatsächlich keine Haftpflichtversicherung vor, da der Versicherer nicht Ansprüche gegen den Versicherungsnehmer zu befriedigen oder abzuwehren hat, sondern vielmehr aus dem gegenüber dem Versicherungsvertragsgesetz geänderten Sachversicherungsvertrag selbst dem Versicherten zur Entschädigung verpflichtet ist. Mithin bleibt es beim Bestehen der Sachversicherung, bei der das Interesse des Kreditgebers versichert ist.

---

235 Möller in Bruck / Möller, VVG, § 61 Anm. 81, S. 599.

236 Prölss in Prölss / Martin, VVG, § 61 Rn. 29, S. 518.

237 Bei letzterem Anspruch wäre im Bereich der Haftpflichtversicherung jedoch § 152 VVG zu bedenken.

Den im Sicherungsschein und im Zubehör-Hypothekensicherungsschein getroffenen Vereinbarungen zum Schutz der Gläubiger vergleichbar sind die gesetzlichen Vorschriften zum Schutz der Realgläubiger in der Gebäudefeuerversicherung. Die §§ 100-107 c VVG sind mit ihrer Einfügung in das Versicherungsvertragsgesetz[238] an die Stelle der bis dahin verwendeten Hypothekensicherungsscheine getreten, um in der Gebäudeversicherung einen Mindestumfang für den Schutz des Realkredits gesetzlich festzulegen.

§ 102 Abs. 1 S. 1 VVG i.V.m. § 107 b VVG legt zum Schutz der Interessen der Realgläubiger fest, daß "die Verpflichtung gegenüber einem Hypothekengläubiger" auch in dem Falle bestehen bleibt, daß "bei der Gebäudeversicherung der Versicherer wegen des Verhaltens des Versicherungsnehmers von der Verpflichtung zur Leistung frei" ist. Das Gesetz statuiert hier gleichsam eine nur relative Haftungsfreiheit.

Die Grundlage dieses Anspruchs des Realgläubigers bei "krankem" Versicherungsverhältnis ist umstritten.[239] Nach herrschender Meinung hat der Hypothekengläubiger ein eigenes selbständiges Recht aus einem gesetzlichen Versicherungsverhältnis für sein Interesse[240]. Die Fortdauer der Leistungspflicht gegenüber dem Versicherten ist mithin nicht derart zu konstruieren, als ob zu Gunsten des Hypothekengläubigers der Versicherungsvertrag als fortbestehend angesehen, d.h. eine seinem Pfandrecht nach §§ 1127, 1128 BGB unterliegende Forderung des Versicherungsnehmers fingiert würde[241].

Das "eigene selbständige Recht des Realgläubigers aus einem gesetzlichen Versicherungsverhältnis für sein Interesse" läßt sich jedoch in seiner Art nicht mit dem Entschädigungsanspruch des Inhabers eines Sicherungsscheins in der Feuerversicherung oder eines Zubehör-Hypothekensicherungsscheins gleichsetzen, da die Inhaber der Sicherungsscheine bei einer Versicherung für fremde Rechnung selbst als Versicherte in den Versicherungsvertrag mit einbezogen sind, während der Realgläubiger aufgrund seines Grundpfandrechts nach §§ 1127, 1128 BGB lediglich ein ebensolches dingliches Recht an der Entschädigungsforderung des Berechtigten gegen den Versicherer hat.
Da ein solches Pfandrecht an der Versicherungsforderung das Bestehen der Forderung selbst voraussetzt, der Versicherer jedoch im Verhältnis zum Versicherungsnehmer nicht haftet, ist die Konstruktion eines gesetzlichen bzw. gesetzlich – im Sinne des Schutzes des Versicherten – ausgestalteten Versiche-

---

238 Art. I der VO zur Ergänzung und Änderung des Gesetzes über den Versicherungsvertrag vom 28.12.1942 in RGBl. I S. 740.
239 Vgl. hierzu die Ausführungen von Brisken, S. 63 ff.
240 BGH VersR 97, 570; VersR 81, 571; RG 25, 218; 124, 91; 133, 117; 151, 389; Kollhosser in Prölss / Martin, VVG, § 103 Rn. 3.
241 Kollhosser in Prölss/Martin, VVG, § 103 Rn. 3.

rungsverhältnisses für das Interesse des Realgläubigers im Falle des "kranken" Verhältnisses zum Versicherungsnehmer einleuchtend. Der Sicherungsscheininhaber ist jedoch bereits von Anfang an Versicherter im vom Versicherungsnehmer zu seinen Gunsten abgeschlossenen Versicherungsvertrag. Hier bedarf es daher keiner zusätzlichen Begründung einer Versicherung für das Interesse des Kreditgebers. Notwendig ist die Einbeziehung der durch § 61 VVG für den Regelfall ausgeschlossenen Gefahr eines Eintritts des Versicherungsfalls durch vorsätzliches oder grob fahrlässiges Handeln des Versicherungsnehmers in die Haftungspflicht des Versicherers im Verhältnis zum Versicherten.

Dadurch, daß die in § 61 VVG für den Regelfall vom Haftungsumfang des Versicherers ausgenommene Gefahr im Sicherungsschein zur Feuerversicherung sowie im Zubehör-Hypothekensicherungsschein im Verhältnis zum Gläubiger mit in die Haftung einbezogen wird, ist im Falle der vorsätzlichen oder grob fahrlässigen Herbeiführung des Versicherungsfalls durch den Versicherungsnehmer der Versicherungsschutz des Versicherten nicht mehr in Gefahr. Diesbezüglich ist die Abhängigkeit der Leistungspflicht des Versicherers gegenüber dem Versicherten vom Verhalten des Versicherungsnehmers aufgehoben.

(2) Ausgestaltung in Sicherungsbestätigung, Kraftfahrzeug-Sicherungsschein und Versicherungsbestätigung für Leasinggesellschaften

In den Bedingungen zur Erteilung der Sicherungsbestätigung, des Kraftfahrzeug-Sicherungsscheins und der Versicherungsbestätigung für Leasinggesellschaften fehlt eine der Ziffer 2 der Bedingungen zur Erteilung des Sicherungsscheins in der Feuerversicherung bzw. des Zubehör-Hypothekensicherungsscheins entsprechende Regelung zum Schutz des Versicherten zur Einbeziehung der allgemein durch § 61 VVG vom Versicherungsschutz ausgenommenen Gefahr der Herbeiführung des Versicherungsfalls durch vorsätzliches oder grob fahrlässiges Verhalten des Versicherungsnehmers. Werden also zusätzlich zur Erteilung des Sicherungsscheins keine Vereinbarungen zur Einschränkung des § 61 VVG getroffen, kann sich der Versicherer auch gegenüber dem Versicherten auf die Haftungsfreiheit im Falle vorsätzlicher oder grob fahrlässiger Herbeiführung des Versicherungsfalls durch den Versicherungsnehmer berufen.

Für den Versicherten birgt dies die Gefahr einer weitgehenden Entwertung seiner rechtlichen Position in sich. Die Haftungsfreiheit des Versicherers nach § 61 VVG läßt seinen Anspruch auf Entschädigung für zerstörtes Leasing- oder Sicherungsgut entfallen und führt so zumeist zu einem ersatzlosen Wegfall seiner Kreditsicherung.

Insbesondere im Bereich der Kraftfahrzeugversicherung ist das Risiko einer grob fahrlässigen Herbeiführung des Versicherungsfalls durch Trunkenheitsfahrten des Versicherungsnehmers recht hoch. Zum Schutz des Versicherten sind hier Abreden zwischen Versicherer und Versichertem relativ weit verbreitet, in denen der Versicherer gegen Zahlung einer "einmaligen Gebühr" auch im Falle grob fahrlässiger Herbeiführung des Versicherungsfalls leistet und dann dem Versicherten gegenüber auf den Einwand aus § 61 VVG bei grob fahrlässiger Herbeiführung des Versicherungsfalls verzichtet. In dieser Sondervereinbarung verpflichtet sich der Kreditgeber gegenüber dem Fahrzeugversicherer, von vornherein in Höhe der etwaigen Leistungen aufgrund dieser Vereinbarung die Ansprüche gegen den Fahrzeughalter aus dem Finanzierungsgeschäft oder der Bevorschussung der Reparaturkosten, die ihm zum Zeitpunkt der Auszahlung der Entschädigung zustehen, abzutreten.[242] Zur Vermeidung einer negativen Risikoauslese ist der Versicherte außerdem verpflichtet, für alle durch ihn finanzierten Fahrzeuge diese Sondervereinbarung gegen Zahlung einer einmaligen Gebühr abzuschließen.

Im Unterschied zu den Bestimmungen zur Überwindung des § 61 VVG im Sicherungsschein zur Feuerversicherung und im Zubehör-Hypothekensicherungsschein wird hier die Abrede zwischen Versicherer und Versichertem geschlossen. Während in den genannten Sicherungsscheinen der Versicherungsvertrag selbst vom Versicherer und dem Versicherungsnehmer einvernehmlich modifiziert wurde, liegt mit der Zusatzvereinbarung zum Kraftfahrzeug-Sicherungsschein oder zur Versicherungsbestätigung für Leasinggesellschaften ein Vertrag zwischen Versicherer und Versichertem vor, von dem der Versicherungsnehmer in der Regel gar keine Kenntnis hat.
Die dogmatische Einordnung dieser „Zusatzvereinbarung“ und deren Wirkungsweise ist deshalb von Bedeutung, weil davon die Beurteilung grundlegender Problemstellungen abhängt. So bestimmt sich danach, was überhaupt Gegenstand einer solchen zusätzlichen Versicherung ist und welchen Normen das durch den Abschluß der Zusatzvereinbarung geschaffene Rechtsverhältnis zwischen Leasing- / Kreditgeber und Versicherer unterliegt. Weiter folgt hieraus, ob dem Leasing- / Kreditgeber hieraus ein direkter Anspruch gegen den Versicherer erwächst oder ob dieser sich im Schadensfalle an den Leasing- / Kreditnehmer halten muß. Letztlich ist die Einordnung für die Frage maßgebend, welches Schicksal das durch die Zusatzvereinbarung geschaffene Rechtsverhältnis dann ereilt, wenn der vom Leasing- / Kreditnehmer für fremde Rechnung abgeschlossene Sachversicherungsvertrag nicht zustande kommt, vollständig aufgehoben wird oder Leistungsstörungen auftreten.

---

[242] VerBAV 1956, 24; Schnepp, S. 274.

Für die dogmatische Einordnung gibt es grundsätzlich drei Möglichkeiten.

(a) Haftpflichtversicherung für fremde Rechnung

Die zwischen Versicherer und Leasing- bzw. Kreditgeber abgeschlossene "Zusatzvereinbarung" könnte einen Haftpflichtversicherungsvertrag für fremde Rechnung begründen. Die Prämienzahlungspflicht trifft nach der "Zusatzvereinbarung" den Leasing- / Kreditgeber. Versichert wäre in begrenztem Umfang das Haftpflichtrisiko des Leasingnehmers. Dabei müßte der Versicherer solche Schäden decken, die infolge grobfahrlässiger Beschädigung oder Zerstörung des Leasing- / Sicherungsgutes durch den Leasingnehmer entstehen. So würde dann indirekt der dem Leasinggeber an dem Leasinggut entstehende Schaden gedeckt.

(b) Sachversicherung des Leasing- / Kreditgebers für eigene Rechnung

Die zwischen Versicherer und Leasing- / Kreditgeber getroffene "Zusatzvereinbarung" ist auch in Form einer Sachversicherung für eigene Rechnung denkbar, die jedoch nur die Deckungslücke der vom Leasing- / Kreditnehmer für fremde Rechnung vereinbarten Sachversicherung in dem Fall schließen soll, daß der Leasing- / Kreditnehmer den Schaden am Leasing- / Sicherungsgut grobfahrlässig herbeigeführt hat.

Eine durch die "Zusatzversicherung" begründete Sachversicherung müßte in ihrem Umfang insoweit beschränkt sein, daß zu der bereits bestehenden Sachversicherung zu Gunsten des Leasing- / Kreditgebers keine Doppelversicherung geschaffen wird.

(c) Annexvereinbarung

Letztlich könnte die zwischen Versicherer und Leasing- / Kreditgeber getroffene "Zusatzvereinbarung" auch lediglich einen unselbständigen Annex zum bestehenden Fremdversicherungsvertrag darstellen. Die Vereinbarung könnte zwar wie eine Haftpflichtversicherung des Leasing- / Kreditgebers "gegen" den Leasing- / Kreditnehmer wirken, wäre jedoch der Rechtsnatur nach an den bestehenden Sachversicherungsvertrag angelehnt und dessen Normen unterworfen.

(d) Stellungnahme

Für das Haftpflichtmodell spricht, das eine solche begrenzte Haftpflichtversicherung des Leasing-/ Kreditnehmers für Rechnung des Leasing-/ Kreditgebers ausschließlich dann eingreifen soll, wenn letzterer infolge grobfahrlässigen Handelns des Leasing-/ Kreditnehmers neben den Ansprüchen aus dem jeweiligen Leasing-/ Sicherungsvertrag auch Ansprüche aus gesetzlicher Haftpflicht, zumindest aus den §§ 823 ff. BGB, hat.

Eine solche Haftpflichtversicherung - ausschließlich für fremde Rechnung - ist grundsätzlich möglich und in vielen Bereichen durchaus zweckmäßig. Derartige Haftpflichtversicherungen ausschließlich zu Gunsten anderer sind z.B. üblich in Form von Vermögensschaden-Haftpflichtversicherungen für Unternehmensleiter, wobei der Unternehmensträger selbst Versicherungsnehmer wird; als Gruppenversicherungen, in denen ein Unternehmensträger oder ein Verein die Privathaftpflicht seiner Mitglieder abdeckt oder im Rahmen der Versicherungspflicht von Kranken-, Kinderpflege- und Hebammenschulen zu Gunsten der Schülerinnen.

Unabhängig davon, ob die Haftpflichtversicherung mit ihrem besonderen Versicherungsgegenstand hier dem Leasing-/ Kreditgeber am besten zu dienen geeignet ist, könnte dem Haftpflichtmodell auch ein in § 7 Ziff. 2 AHB, sowie in § 11 Ziff. 2 AKB formulierter Grundsatz des Ausschlusses von Ansprüchen des Versicherungsnehmers gegen den Versicherten vom Versicherungsschutz entgegenstehen.
Ob in der in verschiedenen Haftpflichtversicherungen vorgesehene Ausschluß von Ansprüchen des Versicherungsnehmers gegen den Versicherten Ausdruck eines allgemein gültigen Grundsatzes ist oder durchaus im Einzelfall etwas anderes vereinbart werden kann, wird nicht einheitlich beurteilt.[243]

Für die hier allein maßgebliche Konstellation einer reinen Fremdversicherung, bei der der Versicherungsnehmer selbst ausdrücklich auch nicht dem Kreis der mitversicherten Personen angehört, ist der Ausschluß von Ansprüchen des Versicherungsnehmers gegen den Versicherten vom Versicherungsschutz jedoch nicht sinnvoll begründbar.
Der in § 7 Ziff. 2 AHB und in § 11 Ziff. 2 AKB formulierte Ausschluß hat in erster Linie den Sinn, der Gefahr manipulativen Zusammenwirkens zwischen dem Versicherungsnehmer und dem Versicherten zu Lasten des Versicherers entgegenzuwirken.[244]

---

[243] Späte, AHB, § 7 Rn. 10.
[244] Johannsen in Bruck / Möller / Johannsen, VVG, Anm. H 23; Schmalzl, Berufshaftpflichtversicherung, Rn. 197.

Außerdem soll durch entsprechende Ausschlußklauseln die Deckung von Schäden des Versicherungsnehmers an dessen eigenen Rechtsgütern vermieden werden.
Im Bereich der ausschließlichen Haftpflichtfremdversicherung besteht jedoch weder die Kollusionsgefahr noch die Gefahr der Deckung von Eigenschäden des Versicherungsnehmers in - gegenüber einem Haftpflichtversicherungsvertrag ohne Drittbezug - gesteigertem Maße.
Da der Versicherungsnehmer als Prämienzahlungsverpflichteter regelmäßig auch ein Interesse daran hat, das Schadenaufkommen gering zu halten, scheinen im Bereich der hier in Rede stehenden Zusatzvereinbarung zwischen Leasing-/ Kreditgeber und Versicherer die Kollusionsbedenken ohnehin nicht gerechtfertigt. Regelmäßig erlangt der Leasing-/ Kreditnehmer vom Abschluß der Zusatzvereinbarung auch gar keine Kenntnis.

Die Einordnung der Zusatzvereinbarung in den Bereich der Haftpflichtversicherung wird jedoch problematisch, wenn der Versicherungsgegenstand einer solchen Haftpflichtversicherung und das eigentliche Anliegen, das der Leasing-/ Kreditgeber mit dem Abschluß der Zusatzvereinbarung verfolgt, auf ihre Kongruenz hin untersucht werden.
Der Leasing-/ Kreditgeber möchte in den Fällen nicht auf die Leistungsfähigkeit seines Schuldner angewiesen sein, in denen der Sachversicherer wegen grob fahrlässiger Herbeiführung des Versicherungsfalles durch den Versicherungsnehmer (Leasing-/ Kreditnehmer) für Schäden am Leasing-/ Sicherungsgut nicht eintrittspflichtig ist.

Gegenstand des hier denkbaren Haftpflichtversicherungsvertrages zu Gunsten des Leasing-/ Kreditnehmers für Rechnung des Leasing-/ Kreditgebers wäre ein Freistellungsanspruch des Versicherten gegen den Versicherer im Hinblick auf die Inanspruchnahme des Versicherten (Leasing-/ Kreditnehmers) durch den Leasing-/ Kreditgeber auf Schadenersatz.
Die Haftpflichtversicherung als Passivenversicherung ist auf den Schutz des Versicherten vor Vermögenseinbußen durch Schadenersatzverpflichtungen gegenüber Dritten ausgerichtet. Die hier vom Leasing-/ Kreditgeber erwünschte Wirkung, einen solventen Schuldner zur Erfüllung möglicher Schadenersatzansprüche zu haben, wäre allenfalls Reflex des Anspruches des Versicherten gegen den Versicherer auf Freistellung.

Noch ungünstiger für den Leasing-/ Kreditgeber wäre die Konstruktion einer Haftpflichtversicherung in dem Fall, daß das grobfahrlässige Handeln des Leasing-/ Kreditnehmers nicht auf der Hand liegt. Lehnt in einem solchen Fall der Sachversicherer die Deckung unter Hinweis auf § 61 VVG ab, müßte der Haftpflichtversicherer zur Erfüllung des Anspruches auf Rechtsschutz gegen die Geltendmachung unbegründeter Schadenersatzansprüche bei tatsächlichen

Zweifeln am grobfahrlässigen Herbeiführen des Schadens diesen Anspruch des Leasing-/ Kreditgebers abzuwehren versuchen. Der Geschädigte Leasing-/ Kreditgeber hätte dem Schädiger durch den Abschluß einer Haftpflichtversicherung quasi zu kostenlosem Rechtsschutz gegen die eigenen Ansprüche des Leasing-/Kreditgebers verholfen. Dies kann dessen Anliegen nicht sein. Durch den Abschluß der Zusatzvereinbarung will der Leasing-/ Kreditgeber eigene Vermögensinteressen wahren. Er will selbst, unmittelbar aus dem durch diese Vereinbarung begründeten Vertrag Ansprüche erwerben - und nicht wiederum auf ein vertragstreues Verhalten seines Schuldners angewiesen sein bzw. die Pfändung und Überweisung des Anspruches gegen den Haftpflichtversicherer anstrengen.[245]

Ein weiteres Problem des Haftpflichtmodells bildete die Beschränkung des Risikos insofern, als der Leasing-/ Kreditgeber ja nur in dem Umfange Prämien zu zahlen bereit ist, als es um die Übernahme des Risikos der grobfahrlässigen Beschädigung bzw. Zerstörung des Leasing- / Sicherungsgutes durch den Leasing- / Kreditnehmer ginge.
Eine solche Begrenzung auf nur bestimmte Ansprüche eines möglichen Geschädigten ist der Haftpflichtversicherung jedoch fremd. Üblich ist die Deckung - auch aus nur bestimmten Verhaltensbereichen - gegenüber allen möglichen Geschädigten bzw. die Gewährung von Rechtsschutz gegenüber allen in Betracht kommenden Anspruchstellern.
Die Zusatzvereinbarung zwischen Leasing- / Kreditgeber und Versicherer begründet daher keinen Haftpflichtversicherungsvertrag zu Gunsten des Leasing- / Kreditnehmers, obwohl die Vereinbarung wegen der Absicherung des Schadenersatzanspruches des Leasing- / Kreditgebers wie eine Haftpflichtversicherung "gegen dessen Schuldner" wirkt.

Eine selbständige Sachversicherung des Leasing- / Kreditgebers für eigene Rechnung oder eine quasi als Annex an den bestehenden Fremdversicherungsvertrag angehängte Begründung einer vertraglichen Pflicht des Versicherers, auch im Falle der Herbeiführung des Versicherungsfalles durch grobfahrlässiges Verhalten des Leasing- / Kreditnehmers den Leasing- / Kreditgeber zu entschädigen, wäre überhaupt nur dann rechtlich notwendig, wenn die Leistungspflicht für diese eigentlich nicht gedeckten Schadensfälle nicht bereits durch einfachen "Verzicht" auf die Leistungsfreiheit herbeigeführt werden kann.

In der Zusatzvereinbarung selbst spricht der Versicherer einen solchen "Verzicht" auf den Einwand aus § 61 VVG wegen grobfahrlässiger Herbeiführung des Versicherungsfalles durch den Versicherungsnehmer (Leasing-/ Kreditnehmer) aus.

---

[245] Vgl. Voit in Prölss / Martin, VVG, § 156 Rn. 11.

Die Bezeichnung als "Verzicht" auf den "Einwand" aus § 61 VVG kann jedoch an dieser Stelle nur untechnisch gemeint sein, da § 61 VVG von der Rechtsfolge her nach anerkannter überwiegender Auffassung in Rechtsprechung und Schrifttum keinen Einwand begründet, auf den der Versicherer sich berufen müßte. Das Gesetz weist dem Versicherer in § 61 VVG kein Gestaltungsrecht zu, das ausgeübt werden müßte, sondern beim Vorliegen der Tatbestandsvoraussetzungen von § 61 VVG entfällt die Haftung ohne ein besonderes Tätigwerden des Versicherers. Die Rechtsfolge der Leistungsfreiheit tritt eo ipso ein. § 61 VVG ist ein Risikoausschluß, so daß streng genommen bei der Beeinträchtigung des versicherten Interesses durch grob fahrlässiges oder vorsätzliches Verhalten des Versicherungsnehmers gar kein Versicherungsfall vorliegt.
Für derartige Risiken hat der Versicherer die Gefahrtragung nie versprochen. Mit einem "Verzicht" - unabhängig davon, worauf dieser gerichtet sein soll - kommt man daher nicht weiter, weil als Grundlage nichts da ist, was eine Leistungspflicht des Versicherers auslösen könnte.
Dogmatisch ist daher im Rahmen der Zusatzvereinbarung zwischen Versicherer und Leasing- / Kreditgeber allein die Begründung der Leistungspflicht des Versicherers im Fall der Herbeiführung des Versicherungsfalles durch grob fahrlässiges Verhalten des Versicherungsnehmers sinnvoll, wenn insoweit eine Einigung erzielt wurde.
Werden grob fahrlässig herbeigeführte Schäden zu Gunsten einzelner in den Versicherungsschutz mit einbezogen, begegnet grundsätzlichen Bedenken. Ansatzpunkt ist hier § 138 BGB, der Rechtsgeschäfte, die gegen grundlegende Prinzipien der Rechtsordnung verstoßen, für nichtig erklärt.[246] Der Gedanke der Gefahrengemeinschaft aller Versicherten verbietet dem Versicherer das Erbringen wirtschaftlich sinnloser Leistungen, durch die ein einzelner auf Kosten der Gemeinschaft begünstigt würde.
Dies wäre im Falle einer "Abbedingung" des § 61 VVG zu Gunsten einzelner Versicherungsnehmer jedoch die Folge, wenn eine solche Regelung ausschließlich dem Schutze des Versicherungsnehmers selbst dient und kein Prämienzuschlag vereinbart wird[247]. In den hier maßgeblichen Fällen, in denen ein Leasing- oder Kreditgeber ein verständliches und erhebliches wirtschaftliches Interesse an der Absicherung bezüglich grob fahrlässiger Beschädigung des auf Kredit gegebenen Gutes bzw. des Sicherungsgutes durch den Leasing- / Kreditnehmer hat, ist die Situation jedoch anders zu beurteilen.

Hier fordern die wirtschaftlichen Notwendigkeiten die Möglichkeit der Deckung dieses Risikos. Damit dies jedoch nicht auf Kosten der Gefahrgemeinschaft erfolgt, fordert der Kraftfahrtversicherer eine zusätzliche Prämie für den Abschluß dieser Zusatzvereinbarung. Weiterhin wird vom Leasing-/ Kreditge-

[246] Kagelmacher, S. 48 f.
[247] LG Saarbrücken, Urt. v. 19.01.1982 in VersR 1982, 892.

ber durch Rahmenvereinbarungen gefordert, entsprechende Zusatzvereinbarungen für alle seine Leasing- / Kreditfälle abzuschließen, so daß keine Möglichkeit für eine "negative Risikoauslese" besteht. Darüber hinaus läßt sich der Versicherer die Ansprüche des Leasing-/ Kreditgebers gegen den Leasing-/ Kreditnehmer abtreten und nimmt diesen dann in Regreß, so daß die Belastung für die Versichertengemeinschaft gering gehalten werden kann. Dies ist möglich, da sich der Verzicht auf den Einwand aus § 61 VVG nur auf das Rechtsverhältnis zwischen Versicherer und Versichertem, nicht aber auf die Rechtsbeziehung zum Versicherungsnehmer erstreckt.

Da das besondere wirtschaftliche Interesse des Leasing-/ Kreditgebers jedoch nicht in Höhe des gesamten Sachwertes, sondern nur in Höhe der noch offenen Kreditforderung besteht, sind die Versicherer regelmäßig auch nur in diesem Umfange dazu bereit, den Leasing-/ Kreditgeber bei grob fahrlässigem Verhalten des Leasing-/ Kreditnehmers zu entschädigen.

Dies erscheint auf den ersten Blick inkonsequent, weil bei Anwendung des formal-juristischen Interessebegriffs der Versicherte tatsächlich in Höhe des tatsächlich eingetretenen Schadens und nicht lediglich in Höhe der noch bestehenden Kredit- / bzw. Leasingforderung in seinem versicherten Interesse beeinträchtigt wird.
Hier ist jedoch zu beachten, daß die Regelung für solche Fälle geschaffen wurde, in denen nach Maßgabe des Versicherungsvertrages, der Versicherer gerade keine Gefahrtragung schulden würde. Der Versicherte wäre innerhalb des Sicherungvertrages von seiner Pflicht zur Rückübereignung des Sicherungsgutes an den Sicherungsgeber frei, wenn der Sicherungsgeber selbst den Untergang des Sicherungsgutes zu vertreten hat. Daher ist es sachgerecht und ohne Verstoß gegen die Lehre vom formal-juristischen Interessebegriff möglich, für diese über den Versicherungsvertrag hinausgehende Haftung bereits auf versicherungsvertraglicher Ebene zu saldieren und in diesem Rahmen die Sicherungsabrede zwischen Versichertem und Versicherungsnehmer mit zu berücksichtigen. Es wird so bereits der Anspruch auf die Entschädigungsleistung auf dasjenige beschränkt, was der Leasing- / Kreditgeber letztendlich, auch nach Abrechnung des Innenverhältnisses mit dem Leasing- / Kreditnehmer, behalten dürfte.

Anderenfalls käme es zu dem praktisch unbefriedigenden Ergebnis, daß der Versicherer im Regreßwege vom Versicherungs- / Kreditnehmer die vorher an den Leasing- / Kreditgeber ausgezahlte Entschädigungsleistung teilweise zurückfordern müßte und insoweit auch dessen Insolvenzrisiko trüge. Würde nämlich der Versicherer bei grob fahrlässiger Herbeiführung des Versicherungsfalles durch den Leasing- / Kreditnehmer den Leasing- / Kreditgeber bei Untergang des Leasing- / Sicherungsgutes in Höhe des vollen Sachwertes entschädigen, obwohl die Forderung gegen den Leasing- / Kreditnehmer sich z.B. nur noch auf die Hälfte des Wertes des Leasing- / Sicherungsgutes beläuft, wäre der Sicherungsnehmer verpflichtet, in Abrechnung des Kreditvertrages und zur Abwicklung der Sicherungsübertragung das erhaltene Surrogat für das untergegangene Sicherungsgut unter Abzug seiner Restforderung an den Kreditnehmer- / Sicherungsgeber auszukehren. Ein mühsamer Regreß des Versicherers gegen den Versicherungsnehmer wird sinnvollerweise durch die primäre Beschränkung der Leistungspflicht auf den Umfang des versicherten Interesses einerseits und die Höhe der noch ausstehenden Forderung andererseits vermieden.

Durch den Abschluß der Zusatzvereinbarung zwischen Versicherer und Leasing- / Kreditgeber wird mithin in dem Umfang der noch bestehenden Restforderung des Leasing- / Kreditgebers gegen den Leasing- / Kreditnehmer ein Sachversicherungsschutz für den Fall der grob fahrlässigen Herbeiführung des Versicherungsfalles durch letzteren begründet.

Ob diese Zusatzvereinbarung ihrerseits nun einen selbständigen, von dem bereits bestehenden Fremdversicherungsvertrag unabhängigen Versicherungsvertrag zwischen Versicherer und Leasing- / Kreditgeber begründet oder lediglich einen unselbständigen Annex zu dem bei demselben Versicherer abgeschlossenen Fremdversicherungsvertrag darstellt, kann nur durch Auslegung ermittelt werden.

Wörtlich ist von einem Verzicht auf den Einwand aus § 61 VVG im Rahmen eines bestehenden Fremdversicherungsvertrages die Rede. Die enge Anlehnung an den bestehenden Vertrag zeigt, daß die Parteien nicht davon ausgehen, hier mit Abschluß der Zusatzvereinbarung einen von dem bestehenden Fremdversicherungsvertrag völlig unabhängigen Vertrag zu begründen.
Allerdings stehen sich hier andere Vertragspartner gegenüber. Der Leasing-/ Kreditgeber ist zwar Versicherter im Rahmen des Fremdversicherungsvertrages, er ist jedoch zu Verfügungen über das Fremdversicherungsverhältnis an sich nicht befugt. Diese sind ihm als Nicht-Vertragspartei auch nicht möglich. Dies und auch der Umstand, daß der Leasing- / Kreditnehmer über den Abschluß und auch den Inhalt der Zusatzvereinbarung zumeist nicht informiert wird, spräche eher für einen selbständigen Vertrag.

Inhaltlich ist die Vereinbarung zwischen dem Versichertem und dem Versicherer jedoch so eng mit dem bestehenden Versicherungsvertrag verknüpft, daß sie allein keinen Bestand haben würde. Aus diesem Grunde stellt die Zusatzvereinbarung keinen selbständigen Vertrag, sondern lediglich einen unselbständigen Annex zu dem bestehenden Versicherungsvertrag dar. Dies entspricht auch dem Sinn und Zweck der Vereinbarung, die darauf abzielt, das bestehende Versicherungsverhältnis zugunsten des Versicherten zu modifizieren, nicht aber, eine hiervon unabhängige, parallele Vereinbarung zu treffen.

II. Bereicherungsrechtliche Rückabwicklung bei fehlerhafter Auszahlung der Versicherungsleistung

Der Bereicherungsausgleich im Rahmen einer Versicherung für fremde Rechnung stellt einen Teilbereich der stark umstrittenen Problematik des Bereicherungsausgleichs im Drei-Personen-Verhältnis dar.

Die Beantwortung der Frage, ob sich der Bereicherungsanspruch des Versicherers gegen den Versicherungsnehmer oder gegen den Versicherten richtet, wird dadurch kompliziert, daß der Versicherer im Zweifel sowohl gegenüber seinem Vertragspartner, wenn auch zur Leistung an den Dritten, als auch dem Dritten gegenüber unmittelbar, zur Leistung verpflichtet ist. Damit ließen sich die Voraussetzungen des Bereicherungsanspruchs nach § 812 BGB rein begrifflich in beiden Beziehungen begründen.[248] Das Problem kann mithin nicht bereits begrifflich gelöst werden.

Vertreten werden alle denkbaren Auffassungen, d.h. Kondiktionsansprüche des Versicherers entweder gegen den Versicherungsnehmer[249] oder[250] den Versicherten[251], sowie Ansprüche gegen beide als Gesamtschuldner.

Unstreitig scheiden Ansprüche gegen den Versicherten dann aus, wenn dieser weder vom Versicherer selbst noch vom Versicherungsnehmer die Versicherungsleistung oder einen Teil der Entschädigungssumme erhalten hat, da der Versicherte insoweit nichts erlangt hat.

Hat der Versicherer – insbesondere aufgrund eines Sicherungsscheins – direkt an den Versicherten gezahlt, wird die Auffassung vertreten, daß der Versicherer im Falle des tatsächlichen Nichtbestehens einer Leistungspflicht die Entschädigung auch direkt vom Versicherten müsse kondizieren können, da der Versicherte aufgrund des Sicherungsscheins über die Rechte aus dem Versicherungsverhältnis allein verfügungs- und einziehungsbefugt sei und der Versicherer auch direkt an ihn geleistet habe. Dies ist jedoch Ausdruck einer zu formalen Betrachtungsweise. Entscheidend ist hier nicht eine objektive Betrachtungsweise aus der Sicht des Zahlungsempfängers, sondern zunächst kommt es für den bereicherungsrechtlichen Leistungsbegriff entscheidend auf die tatsächlichen

---

248 Gottwald im MünchKomm, BGB § 334 Rn. 14; Jagmann in Staudinger, BGB, 334 Rn. 40.

249 BGH Urt. v. 02.11.1988 in BGHZ 105, 365; v. Westphalen, Leasingvertrag, S. 392 Rz. 338; BGH Urt. v. 10.03.1993 in NJW 1993, 1578 ff; HansOLG Urt. v. 11.11.1988 in MDR 1989, 817, S. 18.

250 Kondiktion jeweils von demjenigen, an den die Entschädigung ausgekehrt wurde: Sieg in Bruck / Möller / Sieg, VVG, §§ 75, 76, Anm. 51, S. 962.

251 Dörner in NJW 1990, 473 ff; Ballhausen in RGRK, BGB, § 334, Rn. 10.

Zweckvorstellungen des Leistenden und des Zahlungsempfängers an.[252] Erst wenn diese tatsächlichen Vorstellungen nicht in Einklang zu bringen sind, ist auf den objektiven Horizont des Zahlungsempfängers abzustellen.[253] Im Rahmen der Versicherung für fremde Rechnung, bei der dem Versicherten sogar ein Sicherungsschein ausgestellt wurde, um den Versicherten vor Verfügungen des Versicherungsnehmers über die Entschädigungsleistung zu schützen, wird im Falle der Entschädigungszahlung der Versicherer seiner vertraglichen Verpflichtung gegenüber dem Versicherungsnehmer aus dem Deckungsverhältnis nachkommen wollen.

Der Versicherer geht davon aus, daß bei Ausstellung des Sicherungsscheins alle Gläubigerrechte beim Versicherten liegen. Das Vertragsverhältnis im engeren Sinne besteht jedoch auch nach Ausstellung des Sicherungsscheins allein zum Versicherungsnehmer, so daß dieser die Prämien zu zahlen allein verpflichtet ist und der Versicherer auch diesem die Gefahrtragung schuldet. Der Versicherer zahlt mithin an den Versicherten, um seine Leistungspflicht aus dem Versicherungsvertrag – gegenüber dem Versicherungsnehmer – zu erfüllen. Mithin ist die Zahlung des Versicherers aus dessen Sicht eine Leistung an den Versicherungsnehmer. Der Versicherte als Empfänger der Entschädigungssumme weiß auch, daß die Leistungspflicht des Versicherers dem Deckungsverhältnis zwischen Versicherer und Versicherungsnehmer entspringt. Für den Versicherten stellt sich die Zahlung des Versicherers als Leistung seines Leasing- / Kreditnehmers, mithin des Versicherungsnehmers, dar.

Der Versicherte hat letztlich den späteren Versicherungsnehmer in dem entsprechenden Leasing- oder Sicherungsvertrag ausdrücklich verpflichtet, zur Absicherung möglicher Schäden oder des Verlustes des Leasing- oder Sicherungsguts zu Gunsten des Versicherten als Eigentümer eine entsprechende Sachversicherung abzuschließen.

Schließlich ist der Versicherungsnehmer dem Versicherten aus dem Valutaverhältnis zum Ersatz eines aus der Beschädigung oder dem Verlust der Sache resultierenden Schadens verpflichtet. Diese Verpflichtung erfüllt der Versicherer im Zuwendungsverhältnis mit der direkten Auskehrung der Sachversicherungsleistung an den Versicherten.

Auch vom Standpunkt des Versicherten aus stellt sich die Zahlung an ihn als Leistung des Versicherers an den Versicherungsnehmer dar, wobei weiterhin der Versicherungsnehmer seine Verpflichtung zum Ersatz des Schadens gegenüber dem Versicherten erfüllt.

---

[252] Lorenz in Staudinger, BGB, § 812 Rn. 4,5.
[253] Lieb in MünchKomm, BGB, § 812 Rn. 23 ff..

Es erscheint daher unter Berücksichtigung der Leistungsbeziehungen die Kondiktion des Versicherers vom Versicherungsnehmer auch in dem Fall als sachgerecht, daß der Versicherer die Entschädigungssumme direkt dem Versicherten zur Verfügung gestellt hat.

Wenn hier von Befürwortern eines Anspruchs direkt gegen den Versicherten eingewandt wird, daß der Versicherungsnehmer im Falle der Zahlung an den Versicherten doch gar nicht bereichert sei, so ist hier zu berücksichtigen, daß der Versicherungsnehmer durch die Zahlung des Versicherers in der entsprechenden Höhe von seiner aus der Beschädigung oder aus dem Verlust der Sache resultierenden Schadenersatzverpflichtung gegenüber dem Versicherten befreit worden ist. Die Richtigkeit dieser Überlegung läßt sich leicht durch eine im Hinblick auf das Zahlungsverfahren andere Konstruktion, die in der Sache zum gleichen Ergebnis führen muß, überprüfen: zahlt der Versicherer die Entschädigung an den Versicherungsnehmer, so daß unstreitig an diesen geleistet wird und dieser auch bereichert wird, so kann sich der Versicherungsnehmer nach einer Weiterleitung der Entschädigungssumme an den Versicherten nicht etwa auf den Wegfall der Bereicherung berufen, da er mit der Entschädigungsleistung seine eigene Schadenersatzverpflichtung gegenüber dem Versicherten beglichen hat und insofern die Bereicherung in Form der Befreiung von der Schadenersatzverbindlichkeit fortbesteht.[254] Zahlt der Versicherer direkt an den Versicherten, kann sich für die Bereicherung des Versicherungsnehmers infolge der Befreiung von der Schadenersatzverbindlichkeit sachlich nichts anderes ergeben, so daß dieser in beiden Fällen Bereicherungsschuldner ist, wenn die Leistungspflicht des Versicherers nicht bestand.

Selbstverständlich mag es verlockend sein, den Versicherten als direkten Empfänger der Leistung und auch als die i.d.R. zahlungskräftigere Person zur Rückzahlung zu Unrecht erhaltener Versicherungsleistungen zu verpflichten, doch wird dies auch den Verhältnissen im Rahmen der Versicherung für fremde Rechnung nicht gerecht. Zwar liegt nach der Ausstellung des Sicherungsscheins die Verfügungsbefugnis über einen Entschädigungsanspruch allein beim Versicherten, doch wird dieser gerade nicht zu einem "zweiten Versicherungsnehmer". Die Vertragspflichten, insbesondere die Pflicht zur Prämienzahlung, verbleiben allein beim ursprünglichen Vertragspartner, dem Versicherungsnehmer.[255] Die Zahlungsverpflichtung des Versicherers gegenüber dem Versicherten ist auch als solche keine selbständige, sondern beruht auf dem Deckungsverhältnis zum Versicherungsnehmer und den von diesem gezahlten Prämien.

---

[254] Thomas in Palandt, BGB, § 818 Rn. 38.
[255] BGH Urt. v. 10.03.1993 in NJW 1993, 1578, 1579.

Letztlich schließen auch die zwischen dem Versicherten und dem Versicherungsnehmer bestehenden Rechtsbeziehungen aus, bei der bereicherungsrechtlichen Rückabwicklung insoweit auf die zwischen dem Versicherer und dem Versicherten bestehenden Rechtsbeziehungen abzustellen.

Ist also die Entschädigungssumme zu Unrecht an den Versicherten ausgekehrt worden, weil z.B. vom Versicherungsnehmer der Eintritt eines Schadensfalls lediglich vorgetäuscht wurde oder besteht infolge von Vertragsstörungen keine Leistungspflicht des Versicherers, auch nicht gegenüber dem Versicherten, so ist allein der Versicherungsnehmer Bereicherungsschuldner des Versicherers.

Dieser Standpunkt wird untermauert durch Gesichtspunkte des Vertrauensschutzes und einer angemessenen Risikoverteilung, die zur Bestimmung des Bereicherungsschuldners im Drei-Personen-Verhältnis immer mit berücksichtigt werden müssen, da sich hier schematische, allein aus dem Leistungsbegriff abgeleitete Lösungen verbieten.

Im Falle der Kondiktion vom Versicherungsnehmer beläßt das Bereicherungsrecht die vertragstypischen Risiken dort, wo sie von Anfang an lagen. Hat der Versicherungsnehmer die irrtümliche Leistung des Versicherers an den Versicherten etwa durch unrichtige Angaben in der Schadensmeldung ausgelöst, so realisiert sich im Falle der Zahlung des Versicherers für diesen ein geradezu vertragstypisches Risiko des Vertrauens auf die Angaben seines Versicherungsnehmers. Der Versicherer muß hier auch das Risiko tragen, wenn sein Vertrauen in die Angaben des Versicherungsnehmers nicht gerechtfertigt ist. Ist dann der Versicherungsnehmer zur Erstattung verpflichtet, erfolgt der Bereicherungsausgleich innerhalb der Beziehung, in der der Fehler aufgetreten ist, nämlich zwischen Versicherer und Versicherungsnehmer.

Im Vergleich zu einer Kondiktion direkt vom (meist leistungsfähigeren) Versicherten würde der Versicherer andernfalls auch einen ungerechtfertigten Vorteil erlangen, da dann der Versicherte seinerseits gegen den Versicherungsnehmer zur Durchsetzung seiner Schadenersatzansprüche wegen Beschädigung oder Zerstörung der Sache vorgehen müßte, was er aber mit der Anforderung des Sachversicherungsschutzes nach Maßgabe eines Sicherungsscheines gerade vermeiden wollte.

Nichts anderes gilt in Fällen des sogenannten Doppelmangels. Auch hier gilt der bereicherungsrechtliche Grundsatz, wonach die Abwicklung stets nur in dem fehlerhaften Rechtsverhältnis selbst vorzunehmen sei, so daß nur eine Rückabwicklung über die jeweilige, wenn auch fehlerhafte Leistungsbeziehung in Betracht komme. Dies ist auch sachlich gerechtfertigt, da bei einem Durchgriff sowohl Einwendungen des Versicherten gegen den Versicherungsnehmer als auch dessen Gegenrechte gegen den Versicherer abgeschnitten werden würden.

Ein direkter Kondiktionsanspruch gegen den Versicherten ist jedoch wertungsmäßig in dem Ausnahmefall geboten, daß die Leistung des Versicherers an den Versicherten auch nur von letzterem veranlaßt wurde und dem Versicherungsnehmer nicht zugerechnet werden kann. Dies ist etwa im Falle der Erstellung einer unzutreffenden Schadensmeldung durch den Versicherten oder bei Überzahlungen denkbar.

E. Versicherung für fremde Rechnung und Sicherungsschein im Rahmen der Reform des VVG

I. Status Quo – Sicherungsbedarf des Kreditgebers und Schwachstellen der gesetzlichen Regelung

Ist ein Versicherungsvertrag in ein Konzept zur Kreditsicherung eingebunden, können die Interessen der Beteiligten nicht allein aus versicherungsvertraglicher Sicht betrachtet werden. Das Bedürfnis nach effektiver Kreditsicherung determiniert das Verhältnis der Parteien des Sicherungsvertrages zueinander. Dem Interesse an einer effektiven Kreditsicherung sind hiermit kollidierende versicherungsvertragliche Interessen der Parteien des Sicherungsvertrages letztlich nachrangig. Der Kreditnehmer hat tatsächlich keine Wahlmöglichkeit zwischen einem Darlehen mit oder ohne Sicherung. Kreditgeschäfte ohne flankierenden Versicherungsschutz bilden im heutigen Wirtschaftsleben die Ausnahme.

Die Sicherungsübereignung nimmt dem Kreditgeber das Risiko der Insolvenz seines Schuldners ab, weil für diesen die Möglichkeit besteht, sich aus dem Sicherungsgut zu befriedigen, wenn sein Schuldner nicht zahlt. Um den Fortbestand der Kreditsicherung auch bei Eintritt des Versicherungsfalles zu gewährleisten, ist flankierender und funktionierender Sachversicherungsschutz erforderlich. Dem Versicherten steht dann für seine Kreditsicherung statt des Sicherungseigentums die Entschädigungsleistung entweder unmittelbar oder als wirtschaftliche Grundlage für die Anschaffung neuen Sicherungsgutes zur Verfügung.

Allein die gesetzliche Regelung in den §§ 69 ff VVG läßt diesen Schutz des Sicherungseigentümers nicht entstehen. Werden dem Versicherer die Sicherungsübereignung und die Anforderungen der Parteien des Sicherungsvertrages an die künftige Ausgestaltung des Versicherungsverhältnisses nicht mitgeteilt, geht der Versicherungsvertrag gemäß § 69 Abs. 1 VVG auf den Sicherungseigentümer über, und der Versicherer ist wegen unterlassener Anzeige des Interesseübergangs gemäß § 71 Abs. 1 VVG unter Umständen von der Pflicht zur Leistung frei. In den AVB wird hiervon meist zugunsten des Dritten Abstand genommen. Ohne eine modifizierende Regelung in den AVB, ohne besondere Parteivereinbarung bzw. ohne die Ausstellung eines Sicherungsscheines tritt jedoch im Schadensfall keine Versicherungsforderung an die Stelle des Sicherungsgutes, und die dingliche Sicherung des Kreditgebers wird vollständig entwertet.

Werden die Parteien des Sicherungsvertrages hingegen aktiv, zeigen dem Versicherer die Sicherungsübereignung an und bekunden ihren Willen zur Fortführung des Vertrages als Versicherung für fremde Rechnung zugunsten des Kreditgebers, so gebühren dem Sicherungseigentümer als Versichertem nach § 75 Abs. 1 VVG die materiellen Rechte aus dem Versicherungsvertrag. Der Versicherungsnehmer bleibt jedoch gemäß § 76 Abs. 1 VVG allein zur Verfügung über die Rechte des Versicherten aus dem Vertrag befugt und Inhaber der Gestaltungsrechte. Dieses impliziert, wie ausgeführt, die Gefahr abredewidriger Verfügungen des Versicherungsnehmers zum Nachteil des Versicherten. Der Versicherungsnehmer kann wegen § 76 Abs. 1 VVG als Berechtigter verfügen. Daher bliebe dem Versicherten in der Regel nur ein Bereicherungsanspruch gegen den Versicherungsnehmer.

Bereits im Abschnitt C.III.2.e)bb)(2) dieser Arbeit wurde das Schicksal der Rechte des Versicherten und dessen Interventionsmöglichkeiten bei Insolvenz des Versicherungsnehmers behandelt. Dabei wurde deutlich, daß das Verfügungsrecht des Versicherungsnehmers zusätzlich die Gefahr einer Verschiebung des Risikos der Insolvenz des Versicherungsnehmers zu Lasten des Versicherten in sich birgt, die die Sicherung des Kreditgebers weiter aushöhlt. Hat nämlich der Versicherungsnehmer die Entschädigung für den Versicherten eingezogen und ist das Geld im Vermögen des Versicherungsnehmers nicht mehr unterscheidbar vorhanden, können dessen Gläubiger ohne Widerspruchsmöglichkeit des Versicherten darauf zugreifen. Im Falle der Insolvenz fällt die eingezogene Entschädigung unter Umständen mit in die Insolvenzmasse.

Durch das gesetzliche Verfügungs- und Einziehungsrecht des Versicherungsnehmers wird die Kreditsicherung durch Sicherungsübereignung bei Eintritt des Versicherungsfalles für den Versicherten daher ggf. wertlos. Die Folgen dieser weitgehenden Befugnisse des Versicherungsnehmers stehen in krassem Widerspruch zu den Interessen der Parteien des Sicherungsvertrages. Die Sicherungsübereignung sollte dem Kreditgeber schließlich das Insolvenzrisiko seines Schuldners abnehmen, da er die Darlehensvaluta bereits vorgeleistet hat. Aus diesen Gründen besteht ein erhebliches Interesse des Sicherungseigentümers an einer von den §§ 74 ff. VVG abweichenden Regelung der Verfügungsbefugnis über die Rechte aus dem Vertrag.

Als Inhaber der Gestaltungsrechte hat der Versicherungsnehmer sämtliche Einflußmöglichkeiten auf den Vertrag als solchen. Hier widerspräche es der Sicherungsabrede, wenn der Versicherungsnehmer den Vertrag nach Belieben vollständig oder teilweise kündigen und so den Versicherungsschutz des Versicherten ohne dessen Kenntnis und Zutun reduzieren oder beenden würde.

Hinzu kommt, daß die Versicherung für fremde Rechnung als Vertrag zugunsten Dritter dem Versicherten nicht mehr Rechte verschafft, als der Versicherungsvertrag in seiner jeweiligen Form hergibt. Entfällt ein Anspruch auf die Leistung des Versicherers durch die Ausübung eines Gestaltungsrechts oder führt eine Vertragsverletzung bzw. ein Obliegenheitsverstoß des Versicherungsnehmers zur Leistungsfreiheit, besteht diese auch dem Versicherten gegenüber.

Dieses zeigt, wie unzureichend die derzeitige gesetzliche Regelung in den §§ 69 ff., 74 ff. VVG für den Schutz der Interessen des Sicherungseigentümers in der Versicherung für fremde Rechnung ist. Obwohl der Sicherungseigentümer als der Versicherte die Ansprüche aus dem Vertrag erwirbt, wird eine wirksame Sicherung des Sicherungseigentümers im Rahmen des Sachversicherungsvertrages nach der bisherigen Gesetzeslage nur mit Hilfe ergänzender Vereinbarungen ermöglicht. Diese Abreden werden in den gebräuchlichen Sicherungsscheinen und Sicherungsbestätigungen getroffen.

Sicherungsübereignungen gehören nun schon lange zum wirtschaftlichen und damit auch zum juristischen Alltag. Im Rahmen der anstehenden Reform des Versicherungsvertragsgesetzes bietet sich daher eine Überarbeitung auch der §§ 69 ff., 74 ff. VVG an. Im folgenden wird daher eine Neuregelung vorgeschlagen, die den Bedürfnissen der Vertragsparteien weitestgehend Rechnung trägt. Die bisherigen Lücken in der Absicherung des Kreditgebers werden durch die Neuregelung der gesetzlichen Auswirkungen einer Sicherungsübereignung auf die Sachversicherung des versicherten Gutes weitgehend geschlossen.

II. Gewichtung der Interessen der Beteiligten und Regelungsbedarf für eine gesetzliche Neuregelung

1. Interessen der Beteiligten und deren Gewichtung

Für die gesetzliche Neuordnung sind die widerstreitenden Interessen der Beteiligten einem sachgerechten Ausgleich zuzuführen. Anders als für eine Lösung im Einzelfall sind hier nur solche Regelungen geeignet, die für eine sinnvolle Absicherung der Interessen des Kreditgebers zwingend notwendig sind und keinem der Beteiligten eine unzumutbare Belastung aufbürden. Alles, was diese Zumutbarkeitsgrenze übersteigt, bleibt auch in Zukunft der individuellen Vereinbarung zwischen Versichertem und Versicherer vorbehalten.

a) Interessen des Versicherten

Der Versicherte hat im Rahmen der Kreditgewährung die Darlehensvaluta vorgeleistet. Um nicht das Risiko der Insolvenz seines Schuldners zu tragen, läßt er sich das Eigentum an dem versicherten Gut von dem Versicherungsnehmer sicherungshalber übertragen.

Der Sicherungseigentümer will weder einen Versicherungsvertrag für eigene Rechnung über das Sicherungsgut abschließen, noch zur Prämienzahlung verpflichtet sein. Aus diesem Grunde verpflichtet er den Versicherungsnehmer in der Regel bereits im Sicherungsvertrag, eine Fremdversicherung zu seinen Gunsten abzuschließen. Besteht bereits Sachversicherungsschutz, wird die Umgestaltung des bestehenden Vertrages in eine Fremdversicherung mit Bedingungen, die von der gesetzlichen Konzeption der §§ 74 ff. VVG abweichen, vereinbart.

Der Versicherte hat ein wirtschaftliches Interesse an funktionierendem Sachversicherungsschutz und einem möglichst weitgehenden Ausschluß solcher Einwirkungen des Versicherungsnehmers auf das Versicherungsverhältnis, die zu einer Minderung oder dem Verlust der Ansprüche gegen den Versicherer führen können. Kann eine solche Einwirkungsmöglichkeit des Versicherungsnehmers nicht von vornherein ausgeschlossen werden, ist es für den Versicherten zweckmäßig, wenn Verstöße des Versicherungsnehmers gegen Vertragspflichten oder Obliegenheiten seinen Anspruch im Ergebnis unberührt lassen.

Der Versicherte ist weiterhin auf Informationen über mögliche Vertragsstörungen angewiesen, um rechtzeitig reagieren zu können. Nur bei rechtzeitiger Mitteilung durch den Versicherer kann der Versicherte auf den Versicherungsnehmer einwirken, selbst die Prämienzahlung aufnehmen oder in den Vertrag als Versicherungsnehmer eintreten. Dem Interesse des Versicherten würde für letztere Handlungsmöglichkeit eine Verpflichtung des Versicherers zur Fortführung des Vertrages mit ihm entgegenkommen.

b) Interessen des Versicherungsnehmers

Der Versicherungsnehmer ist als Kreditnehmer und Sicherungsgeber in einer schwächeren Position als der Versicherte. Bereits in der Sicherungsabrede verpflichtet sich der Sicherungsgeber gegenüber dem Sicherungsnehmer dazu, das Sicherungsgut für die Dauer der Sicherungsübereignung unter Sachversicherungsschutz zu bringen und diesen unvermindert aufrecht zu halten. Bei der Sicherungsübereignung ist im Innenverhältnis regelmäßig der Versicherungsnehmer verpflichtet, die Prämienlast zu tragen. Einen Anspruch auf Erstattung der

Prämie gibt es daher für den Versicherungsnehmer nicht. Sonstige mögliche Ansprüche aus dem Innenverhältnis, wie etwa auf Mitwirkung an einer zweckgebundenen Verwendung der Entschädigungsleistung, können in Abwägung mit dem Interesse des Versicherten an effektiver Kreditsicherung eine Verfügungs- und Einziehungsbefugnis in den Händen des Versicherungsnehmers ebenfalls nicht rechtfertigen.

Ist der Sachversicherungsvertrag in ein Kreditgeschäft eingebunden, wird der Versicherungsnehmer seine Interessen letztlich auch den Interessen des Kreditgebers unterordnen, um das Darlehen zu erhalten.

c) Interessen des Versicherers

Der Versicherer ist daran interessiert, im Schadensfall einen festen Ansprechpartner zu haben. Er möchte vorab wissen, wer Ansprüche gegen ihn stellen kann und will für die Leistungspflicht nicht erst die Beziehungen aus dem Innenverhältnis zwischen Versichertem und Versicherungsnehmer ermitteln und prüfen müssen. Der Gesetzgeber hat dies durch die Begründung des Verfügungsbefugnis des Versicherungsnehmers in § 76 Abs. 1 VVG mitberücksichtigt.
Für den typischen Fall der Sicherungsübereignung kann dieses auch ohne Verfügungsbefugnis des Versicherungsnehmers gut realisiert werden. Bei Geschäften zur Kreditsicherung hat es der Versicherer regelmäßig nur mit einem Versicherten zu tun, der auch ausschließlich verfügungsbefugt werden soll. Der Versicherte ist dann dem Versicherer namentlich bekannt, und es dürfte kein Zweifel über die Anerkennung der Rechtsposition des Versicherten durch den Versicherungsnehmer bestehen. Eine solche Verlagerung der Verfügungsbefugnis auf den Versicherten wird auch in den gebräuchlichen Sicherungsscheinen im Einvernehmen mit dem Versicherer praktiziert.

Letztlich ist auch für den Versicherer die starke Stellung des Kreditgebers zu berücksichtigen. Der Kreditgeber wird den Sachversicherungsschutz, den der Versicherte zu gewährleisten hat, nur dann als vertragsgemäß im Sinne der Sicherungsvereinbarung ansehen, wenn ihm selbst die Verfügungsbefugnis zusteht. Das Interesse, es nur mit seinem Versicherungsnehmer zu tun zu haben, wird der Versicherer mithin in diesem Punkt zurückstellen, wenn er den Vertrag abschließen will.

Das Interesse des Versicherers, jeden zusätzlichen Verwaltungsaufwand zu vermeiden, kollidiert mit dem Interesse des Versicherten an der Begründung von Mitteilungspflichten für die Fälle der Gefährdung bzw. Beendigung des Versicherungsschutzes. Die Mitteilungen des Versicherers sind jedoch das einzig zuverlässige Mittel, um eine Reaktionsmöglichkeit des Versicherten zur Aufrechterhaltung des Versicherungsschutzes zu gewährleisten. Aus diesem Grunde steht dem Versicherten auch ein diesbezüglicher Auskunftsanspruch gegen den Versicherer zu. Das Interesse des Versicherers an einer schlanken Vertragsverwaltung wird daher hier zurückstehen müssen.

Ein Eintrittsrecht des Versicherten in den Versicherungsvertrag wird im Falle der Kündigung durch den Versicherer wegen Nichtzahlung der Folgeprämie in der Regel auch dem Interesse des Versicherers entsprechen. Für sonstige Fälle der Vertragsbeendigung kann jedoch der mit dem Eintrittsrecht des Versicherten verbundene Kontrahierungszwang des Versicherers für diesen eine unzumutbare Belastung darstellen.

Letztlich hat der Versicherer auch ein Interesse daran, daß dem Versicherten - im Gegenzug zu den vom Versicherer eingegangenen Mitteilungspflichten und der zeitlichen Nachhaftung – die Pflicht obliegt, Änderungen seiner Adresse dem Versicherer zügig und von sich aus mitzuteilen. § 10 Abs.1 VVG läßt eine Fiktion des Zugangs von Erklärungen des Versicherers unter der Voraussetzung zu, daß der Versicherer seinem Versicherungsnehmer die Erklärung mit eingeschriebenem Brief an die letzte bekannte Adresse zusendet. Die in § 10 Abs.1 VVG verankerte Begünstigung des Versicherers soll diesem den rationellen Betrieb im Massengeschäft erleichtern.[256] Sie gilt nach Maßgabe von § 79 Abs.1 VVG im Rahmen der Versicherung für fremde Rechnung auch gegenüber dem Versicherten und wird in § 107 a VVG ausdrücklich auch auf Erklärungen gegenüber dem Hypothekengläubiger ausgedehnt. Werden entsprechende Regelungen in Allgemeinen Geschäftsbedingungen getroffen, befinden sie sich grundsätzlich im Spannungsfeld von § 308 Nr.6 BGB, der Zugangsfiktionen für unwirksam erklärt, wenn sie gegenüber Verbrauchern verwendet werden und eine Erklärung von besonderer Bedeutung vorliegt. Erfüllt der Versicherer seine Mitteilungspflichten aus dem Sicherungsschein, so ist sein Erklärungsgegner nie ein Verbraucher, sondern stets ein Unternehmen, so daß § 308 Nr. 6 BGB nicht direkt, sondern allenfalls im Rahmen der Prüfung einer etwaigen unangemessenen Benachteiligung nach §§ 307 Abs.1, 310 Abs.1 BGB Bedeutung erlangt. Unter Berücksichtigung der gesetzgeberischen Wertung in den §§ 10 Abs.1, 79 Abs.1 VVG hätte der ausdrückliche Hinweis des Versicherers auf die Folgen einer unterlassenen Mitteilung einer Adressenänderung jedoch nur deklaratorische Bedeutung und stellte keine unangemessene Benachteiligung des Versicherten dar.

---

[256] Motive, Berlin 1906, S.85.

2. Regelungsbedarf für eine künftige Neuregelung

Wegen der oben aufgezeigten Lücken für den Schutz des Kreditgebers ist dieser auf eine Absicherung seiner Rechtsposition für den Fall der Beschädigung oder Zerstörung des Sicherungsgutes dringend angewiesen. Die Folgen von § 69 Abs. 1 VVG gehen für die Sicherungsübereignung vollständig am Bedürfnis der Parteien des Sicherungsvertrages vorbei. In der Versicherung für fremde Rechnung nach den §§ 74 ff. VVG entwertet die starke Stellung des Versicherungsnehmers die Absicherung des Versicherten weitgehend. Notwendig ist die Schaffung eines gesetzlichen Mindestschutzes für den Versicherten in Fremdversicherungsverträgen über Sicherungsgut durch Modifikation der §§ 69 ff., 74 ff. VVG.

Für eine Neuregelung der Materie bieten sich inhaltlich drei Stufen an:

An erster Stelle muß das Schicksal des Versicherungsvertrages als solchem, im Falle der Sicherungsübereignung des versicherten Gutes, sachgerecht geregelt werden. Es geht darum, für den Normalfall einer Sicherungsübereignung auf versicherungsvertraglicher Seite eine automatisch wirkende Verknüpfung praxisgerechter Grundregeln zu installieren, die auch dann greift, wenn z.B. die Anzeige der Sicherungsübereignung an den Versicherer unterbleibt. Sachgerecht erscheint hierfür eine Regelung, die den Sachversicherungsvertrag im Zuge einer Sicherungsübereignung nicht nach § 69 Abs. 1 VVG auf den Erwerber übergehen läßt, sondern zu dessen Fortführung durch den bisherigen Versicherungsnehmer als Versicherung für fremde Rechnung zugunsten des Erwerbers führt.

Gleichzeitig muß das Risiko abredewidriger Verfügungen des Versicherungsnehmers ausgeschaltet werden. Dieses kann erreicht werden, indem die Spaltung von Rechtsinhaberschaft und Verfügungsbefugnis für diese Fälle zu Gunsten des Versicherten aufgehoben wird.
Letztlich muß auch der Schutz des Versicherers bedacht werden. Der Versicherer muß an seinen VN befreiend leisten können, solange er von der Sicherungsübereignung noch keine Kenntnis hat.

Auf einer zweiten Stufe kann weitergehender Schutz des Versicherten ansetzen, wenn dem Versicherer die Sicherungsübereignung bekannt ist. Um dem Sicherungsbedürfnis des Kreditgebers Rechnung zu tragen, soll der Versicherungsnehmer nicht nach eigenem Ermessen den Versicherungsschutz mindern oder vorzeitig beenden können. Hierfür ist eine Einschränkung der Gestaltungsbefugnis des Versicherungsnehmers zu installieren.
Darüber hinaus ist die Begründung von Mitteilungspflichten des Versicherers erforderlich. Der Versicherte kann auf Störungen im Vertragsverhältnis nur

dann entsprechend reagieren, wenn er rechtzeitig von ihnen Kenntnis erlangt. Die Mitteilungen des Versicherers eröffnen dem Versicherten die Möglichkeit, auf den Versicherungsnehmer einzuwirken, ggf. selbst die fällige Prämie zu zahlen oder in das Vertragsverhältnis als Versicherungsnehmer einzutreten.

Auf einer dritten Stufe werden ergänzende Regeln erörtert, die den Schutz des Kreditgebers auf versicherungsvertraglicher Ebene komplettieren. Sie werden derzeit in den gebräuchlichen Sicherungsscheinen ausdrücklich zum Schutze der Interessen des Versicherten vereinbart und bedürfen auch in Zukunft einer speziellen Abrede. Ein so extensiver Schutz des Versicherten würde das bestehende Äquivalenzverhältnis zwischen dem Umfang der Gefahrtragung und der Prämie aus dem Gleichgewicht bringen und den Versicherer in unangemessenem Umfang belasten. Inhaltlich betrifft dieses insbesondere Vereinbarungen über das Fortbestehen von Leistungspflichten gegenüber dem Versicherten trotz Leistungsfreiheit im Innenverhältnis.

Der Vorschlag für die Verwirklichung des für die praktische Umsetzung des für die Stufen 1 und 2 skizzierten Schutzniveaus wird hier zunächst geschlossen vorangestellt. Im Anschluß erfolgt dann die Herleitung und Begründung der Regelungen im einzelnen.

III. Vorschlag für eine gesetzliche Neuregelung

1. „Automatische" Fremdversicherung

§ 69 VVG (n.F.) (Eintritt des Erwerbers):
(1) Wird die versicherte Sache von dem Versicherungsnehmer veräußert, so tritt an Stelle des Veräußerers der Erwerber in die während der Dauer seines Eigentums aus dem Versicherungsverhältnis sich ergebenden Rechte und Pflichten des Versicherungsnehmers ein.

(2) Für die Prämie, welche auf die zur Zeit des Eintritts laufende Versicherungsperiode entfällt, haften der Veräußerer und der Erwerber als Gesamtschuldner.

(3) Erfolgt der Übergang des versicherten Interesses auf den Erwerber durch Sicherungsübereignung, führt der Versicherungsnehmer den Versicherungsvertrag nach Maßgabe der §§ 74 ff. VVG für Rechnung des Erwerbers fort.

(4) Der Versicherer hat in Ansehung der durch das Versicherungsverhältnis gegen ihn begründeten Forderungen die Veräußerung erst dann gegen sich gel-

ten zu lassen, wenn er von ihr Kenntnis erlangt; die Vorschriften der §§ 406 – 408 des Bürgerlichen Gesetzbuchs finden entsprechende Anwendung.

§ 71 VVG (n.F.) (Anzeige der Veräußerung):
(1) Die Veräußerung ist dem Versicherer unverzüglich anzuzeigen. Wird die Anzeige weder von dem Erwerber noch von dem Veräußerer unverzüglich gemacht, so ist der Versicherer von der Verpflichtung zur Leistung frei, wenn der Versicherungsfall später als einen Monat nach dem Zeitpunkt eintritt, in welchem die Anzeige dem Versicherer hätte zugehen müssen.

(2) Die Verpflichtung des Versicherers bleibt bestehen, wenn ihm die Veräußerung in dem Zeitpunkt bekannt war, in welchem ihm die Anzeige hätte zugehen müssen. Das gleiche gilt, wenn zur Zeit des Eintritts des Versicherungsfalls die Frist für die Kündigung des Versicherers abgelaufen und eine Kündigung nicht erfolgt ist.

(3) Die Anzeigepflicht nach Abs. 1 besteht nicht, wenn die Veräußerung nach § 69 Abs. 3 VVG (n.F.) zur Umgestaltung des Versicherungsvertrages in eine Versicherung für fremde Rechnung führt. § 69 Abs. 4 VVG (n.F.) gilt entsprechend.

2. Verfügungsbefugnis des Versicherten

§ 75 VVG (n.F.) (Rechte des Versicherten):
(1) Bei der Versicherung für fremde Rechnung stehen die Rechte aus dem Versicherungsvertrage dem Versicherten zu. Die Aushändigung eines Versicherungsscheins kann jedoch nur der Versicherungsnehmer verlangen.

(2) Der Versicherte kann ohne Zustimmung des Versicherungsnehmers über seine Rechte nur verfügen und diese Rechte nur gerichtlich geltend machen, wenn er im Besitz eines Versicherungsscheins ist.

(3) Hat der Versicherungsnehmer die versicherte Sache sicherungshalber übereignet, ist allein der Versicherte zur Verfügung über seine Rechte aus dem Versicherungsvertrage befugt.
Des Versicherungsscheines bedarf der Versicherte zur Geltendmachung seiner Rechte in diesem Fall nicht.

§ 76 VVG (n.F.) (Verfügung des Versicherungsnehmers):
(1) Der Versicherungsnehmer kann, außer in den Fällen des § 75 Abs. 3 (n.F.), über die Rechte, welche dem Versicherten aus dem Versicherungsvertrag zustehen, im eigenen Namen verfügen.

(2) Ist ein Versicherungsschein ausgestellt, so ist der Versicherungsnehmer ohne Zustimmung des Versicherten zur Annahme der Zahlung sowie zur Übertragung der Rechte des Versicherten nur befugt, wenn er im Besitz des Scheines ist.

(3) Der Versicherer ist zur Zahlung an den Versicherungsnehmer nur verpflichtet, wenn dieser ihm gegenüber nachweist, daß der Versicherte seine Zustimmung zu der Versicherung erteilt hat.

3. Eingeschränkte Gestaltungsbefugnis des Versicherungsnehmers, Mitteilungspflichten des Versicherers und Befugnis des Versicherten, den Vertrag als eigenen fortzuführen

§ 78 (n.F.) (Versicherung von Sicherungsgut)
(1) Erstreckt sich das Sicherungseigentum des Versicherten auf Maschinen und Einrichtungsgegenstände, Handelswaren, Kraftfahrzeuge, Landwirtschaftliche Inventarien nach Maßgabe des Pachtkreditgesetzes vom 5.8.1951 oder Gebäude, die gemäß § 95 Abs.1 BGB nicht Bestandteil eines Grundstücks sind und wurde das Sicherungseigentum des Versicherten bei dem Versicherer angemeldet, gelten für das Versicherungsverhältnis die folgenden Sonderregeln:

1. Die Kündigung der Versicherung durch den Versicherungsnehmer ist nur wirksam, wenn dieser mindestens einen Monat vor Ablauf des Versicherungsvertrages nachgewiesen hat, daß in dem Zeitpunkt, in dem die Kündigung spätestens zulässig war, die versicherte Sache in seinem Eigentum stand oder der Versicherte der Kündigung zugestimmt hat. Die Zustimmung darf nicht ohne ausreichenden Grund verweigert werden.

2. Der Versicherer teilt dem Versicherten unverzüglich mit, wenn eine Folgeprämie nicht rechtzeitig gezahlt und dem Versicherungsnehmer eine Frist für die Zahlung der Prämie bestimmt ist. Das gleiche gilt, wenn der Versicherungsvertrag nach dem Ablauf der Frist wegen unterbliebener Prämienzahlung gekündigt wird.

3. Im Falle der nicht rechtzeitigen Zahlung einer Folgeprämie bleibt die Verpflichtung des Versicherers gegenüber dem Versicherten bis zum Ablauf eines Monats vom Zeitpunkt an bestehen, in welchem dem Versicherten die Bestimmung der Zahlungsfrist oder, wenn diese Mitteilung unterblieben ist, die Kündigung mitgeteilt worden ist.

4. Ein Rücktritt, ein Fristablauf oder eine sonstige Tatsache, welche eine Beendigung des Versicherungsverhältnisses zur Folge hat, wirkt gegenüber dem Versicherten erst mit Ablauf von einem Monat, nachdem die Beendigung oder Minderung und, sofern diese noch nicht eingetreten waren, der Zeitpunkt der Beendigung oder Minderung ihm durch den Versicherer mitgeteilt worden oder in anderer Weise zu seiner Kenntnis gelangt ist. Dies gilt nicht, wenn die Aufhebung oder Minderung des Vertrages mit der Zustimmung des Versicherten erfolgt.

5. Endet das Versicherungsverhältnis jedoch nach Maßgabe des Versicherungsvertrages durch das Entfernen der versicherten Sachen von dem Versicherungsort, wirkt die Beendigung sogleich gegenüber dem Versicherten. Eine Verpflichtung des Versicherers zur Fortsetzung der Versicherung für das Interesse des Sicherungseigentümers besteht dann nicht.

6. Soweit der Versicherer den Versicherten befriedigt, obwohl im Verhältnis zum Versicherungsnehmer keine Leistungspflicht besteht, geht die Forderung, zu deren Sicherung die versicherten Sachen übereignet sind, auf den Versicherer über. Für diesen Teil der Forderung bestehende Sicherungsrechte, namentlich das Sicherungseigentum an dem versicherten Gute, sind dem Versicherer in dem Verhältnisse zu übertragen, in dem die zu übertragende Forderung zur Gesamtforderung steht. Der Übergang von Forderung und Sicherungsrecht kann nicht zum Nachteil des Versicherten geltend gemacht werden.

7. Der Versicherer ist verpflichtet, die Versicherung für das Interesse des Versicherten unvermindert fortzusetzen, wenn dieser in den Fällen der Ziff. 2 die Fortsetzung bis zum Ablauf der jeweils genannten Frist beim Versicherer beantragt und sich zugleich zur Zahlung der Prämie verpflichtet.

8. Entsteht durch den Eintritt eines Versicherungsfalls ein nicht unerheblicher Schaden am Sicherungsgut, ist der Versicherer verpflichtet, dem Versicherten binnen einer Woche nach Kenntnis hierüber, Mitteilung zu machen.

(2) Der Versicherer ist verpflichtet, dem Versicherten, der sein Sicherungseigentum angemeldet hat, die Anmeldung zu bestätigen und auf Verlangen Auskunft über das Bestehen von Versicherungsschutz sowie über die Höhe der Versicherungssumme zu erteilen.

(3) Hat der Versicherte seine Wohnung geändert, die Änderung dem Versicherer aber nicht mitgeteilt, so genügt für eine Mitteilung nach Abs. 1 die Absendung eines eingeschriebenen Briefes nach der letzten, dem Versicherer bekannten Wohnung. Die Mitteilung wird in dem Zeitpunkt wirksam, in welchem sie bei regelmäßiger Beförderung dem Versicherten zugegangen sein würde.

IV. Herleitung und Begründung des Vorschlags für eine gesetzliche Neuregelung

1. „Automatische" Fremdversicherung und deren Umfang in Abhängigkeit vom Umfang der Sicherungsübereignung

§ 68 Abs. 2 VVG formuliert die gesetzliche Grundregel für das Schicksal des Versicherungsvertrages beim Fortfall des versicherten Interesses. Entfällt das versicherte Interesse beim Versicherungsnehmer, beendet diese Tatsache den Versicherungsvertrag. Als Ausnahme hierzu läßt § 69 Abs. 1 VVG den Vertrag im Falle der Veräußerung der versicherten Sache auf den Erwerber übergehen.

Diese Regelung ist für den typischen Fall einer Veräußerung versicherter Sachen auch sachgerecht. Findet die Veräußerung hingegen in Form einer Sicherungsübereignung statt, widerspricht der Übergang des Vertrages auf den Sicherungseigentümer den Interessen der Parteien des Sicherungsvertrages. Der Sicherungsnehmer hat ein erhebliches Interesse am Fortbestehen des Versicherungsschutzes für sein Sicherungsgut. Mit der Durchführung des Versicherungsvertrages und der Prämienzahlungspflicht will er hingegen nicht belastet werden. Deshalb wird der Sicherungsgeber verpflichtet, das Sicherungsgut in einer Fremdversicherung unter Versicherungsschutz zu halten. Ein Eintritt des Sicherungsnehmers in einen bestehenden Vertrag widerspricht bei der Sicherungsübereignung den typischen Interessen der Parteien des Sicherungsvertrages. Zweckmäßig ist deshalb eine Umgestaltung des Sachversicherungsvertrages in eine Fremdversicherung zugunsten des Sicherungsnehmers kraft Gesetzes.

Eine entsprechende gesetzliche Regelung hätte zudem den Vorteil, daß Versicherungsschutz auch dann bestünde, wenn die Sicherungsübereignung dem Versicherer nicht angezeigt wird. Nach der gesetzlichen Regelung in § 71 Abs. 1 VVG ist der Versicherer leistungsfrei, so daß derzeit erst die AVB diese hier unzweckmäßige Rechtsfolge der Veräußerung abwenden.

Die gesetzliche Umgestaltung des Vertrages in eine Fremdversicherung würde einen weiteren Ausnahmetatbestand zu § 68 Abs. 2 VVG schaffen, da der Versicherungsvertrag nicht erlöschen soll. Gleichzeitig würde der sachliche Regelungsumfang von § 69 Abs. 1 VVG verringert, da Sicherungsübereignungen nicht mehr wie bisher einen Vertragsübergang auf den Erwerber auslösen sollen.

Einige Sicherungsscheine begrenzen den Umfang der Versicherung für fremde Rechnung zugunsten des Kreditgebers auf die Höhe der dem Versicherten gegen den Versicherungsnehmer zustehenden Kreditforderung. Eine solche Abhängigkeit der Fremdversicherung wird hier wegen grundsätzlicher dogmatischer Bedenken nicht in den Vorschlag für eine gesetzliche Regelung aufgenommen. Träger des versicherten Interesses in der Sachversicherung ist der formal-juristische Eigentümer. Dieser allein erleidet durch die Beschädigung oder Zerstörung der Sache eine Verletzung des versicherten Substanz- oder Sachinteresses an dem versicherten Gut. Der Umfang des versicherten Interesses hängt unmittelbar vom Ausmaß der Eigentümerposition des Versicherten ab. Bestünde z.B. lediglich ein Sicherungsmiteigentum des Versicherten, läge auch nur in Bezug auf diesen Miteigentumsanteil des Versicherten eine Fremdversicherung zu seinen Gunsten vor. Die Zuordnung des versicherten Interesses steht auch nicht im Belieben der Parteien, weil die Inhaberschaft des versicherten Interesses den materiell Berechtigten aus dem Vertrag festlegt und so das Bereicherungsverbot materiell absichert. Nur der Inhaber des versicherten Interesses, als primär durch den Versicherungsfall Geschädigter, kann Inhaber des originären Anspruches auf die Versicherungsleistung sein.

Die in den gebräuchlichen Sicherungsbestätigungen notierte Beschränkung der Fremdversicherung auf den Umfang der Forderung beruht auf dem Bestreben, die Auseinandersetzung des Innenverhältnisses zwischen Versichertem und Versicherungsnehmer faktisch auf versicherungsvertraglicher Ebene vorzunehmen und hier bereits zu „saldieren". Der Versicherte dürfte letztlich die Entschädigungsleistung im Verhältnis zum Versicherungsnehmer wegen der treuhänderischen Bindung nur bis zur Höhe der restlichen Kreditforderung behalten. Darüber hinausgehende Beträge stehen nach dem Innenverhältnis dem Versicherungsnehmer zu und sind auszukehren. Dieser schuldrechtliche Anspruch des Versicherungsnehmers gegen den Versicherten auf Auskehrung eines Teiles der Entschädigung läßt den Versicherungsnehmer gleichwohl auf der versicherungsvertraglichen Ebene nicht anteilig zum Träger des versicherten Interesses werden.

Ein derart starker Einfluß des Innenverhältnisses auf den Umfang der Fremdversicherung, wie er in der Sicherungsbestätigung vorgesehen ist, kann nicht als Maßstab für eine gesetzliche Lösung dienen, weil eine solche Vorschrift mit der Lehre vom Interessebegriff nicht vereinbar wäre. Es bleibt den Parteien des Sicherungsvertrages unbenommen, eine stufenweise dingliche Freigabe des Sicherungsgutes zu vereinbaren und so die Verringerung der Forderung des Sicherungsnehmers auch versicherungsvertraglich in eine Reduzierung des Umfangs der Fremdversicherung münden zu lassen. Soweit das Eigentum am Sicherungsgut auf den Sicherungsgeber zurückübertragen wird oder nach der Sicherungsabrede automatisch an ihn zurückfällt, wird die Fremdversicherung zugunsten des Sicherungsnehmers reduziert und eine Eigenversicherung des

Sicherungsgebers begründet. Soweit dann ein Miteigentumsanteil des Versicherungsnehmers am versicherten Gut oder eine nun allein dem Versicherungsnehmer gehörende Sache von einem Versicherungsfall betroffen wird, gebührt diesem als Versichertem auch die Entschädigungsforderung gegen den Versicherer.

Die dingliche Rechtslage am versicherten Gut wird auf versicherungsvertraglicher Ebene durch den Umfang der Versicherung für fremde Rechnung abgebildet. Auseinandersetzungen im Innenverhältnis zwischen Versichertem und Versicherungsnehmer, namentlich im Falle einer dinglichen Übersicherung der Kreditforderung, sind auf der sicherungsvertraglichen Ebene zu lösen.

Der Versicherungsnehmer wird auch durch die Erstreckung der Versicherung für fremde Rechnung auf den vollen Umfang der Sicherungsübereignung nicht zusätzlich belastet. Soweit der Wert des Sicherungsgutes bzw. die Höhe der Entschädigung die Kreditforderung übersteigt, trägt der Sicherungsgeber nach dem Sicherungsvertrag ohnehin das Risiko der Insolvenz des Sicherungsnehmers. Er hat es bereits mit der Sicherungsübereignung an den Versicherten übernommen. Es liegt in der Hand der Parteien des Sicherungsvertrages, hier eine stufenweise dingliche Freigabe zu vereinbaren, wenn dieses Risiko des Sicherungsgebers im Zuge der fortschreitenden Erfüllung reduziert werden soll.

2. Verfügungsbefugnis des Versicherten über die Rechte aus dem Vertrag

Neben der Schaffung einer gesetzlich veranlaßten Änderung des Versicherungsvertrages in eine Fremdversicherung ist deren Ausgestaltung zum Schutze der Interessen des Versicherten von dem gesetzlichen Leitbild der §§ 74 ff. VVG abzuwandeln und dem Versicherten für die hier interessierenden Fälle die ausschließliche Verfügungsbefugnis über seine Rechte einzuräumen.

§ 76 Abs. 1 VVG weist die Verfügungsbefugnis über die Rechte aus dem Vertrag grundsätzlich dem Versicherungsnehmer zu. Die besondere Interessenlage im Rahmen der Sachversicherung sicherungsübereigneter Güter erfordert jedoch eine von § 76 Abs. 1 VVG abweichende gesetzliche Regelung.

Die Sicherungsübereignung bezweckt die dingliche Sicherung einer Forderung des Versicherten gegen den Versicherungsnehmer. Der Versicherte hat z.B. Darlehensvaluta bereits vorgeleistet und ist nicht bereit, das Risiko der Insolvenz seines Schuldners zu tragen. Aus diesem Grunde verlangt er die Übereignung des Sicherungsgutes. Erfüllt der Sicherungsgeber die gesicherte Forderung nicht, hat er das Recht, das Sicherungsgut zu verwerten und sich aus dem Erlös

zu befriedigen. Könnte der Versicherungsnehmer bei Eintritt des Versicherungsfalles über die Entschädigungsforderung des Versicherten verfügen, wäre die ursprüngliche dingliche Sicherung unter Umständen wertlos. Der Versicherungsnehmer darf mithin nicht erst in die Lage versetzt werden, zum Nachteil des Versicherten über die Entschädigungsforderung verfügen zu können. Ist der Versicherungsnehmer verfügungsbefugt, besteht darüber hinaus die Gefahr der Verlagerung des Risikos der Insolvenz des Versicherungsnehmers auf den Versicherten.
Zieht der Versicherungsnehmer nach einem Versicherungsfall die Entschädigungsforderung ein, ist sie in der Regel nicht mehr unterscheidbar in seinem Vermögen vorhanden. Dann könnten Gläubiger des Versicherungsnehmers diesen Vermögenswert pfänden. Im Falle der Insolvenz würde die Entschädigung bei mangelnder Unterscheidbarkeit in die Masse fallen. Dem Versicherten bliebe dann nur ein schuldrechtlicher Anspruch gegen den Versicherungsnehmer. Die ehemals dingliche Sicherung würde entfallen, und der Versicherte würde hier das Risiko der Insolvenz seines Schuldners tragen. Dieses sollte jedoch durch die Sicherungsübereignung gerade ausgeschlossen werden.

Eine effektive Kreditsicherung ließe sich mithin nicht realisieren, wenn nach dem Modell der §§ 74 ff. VVG allein der Versicherungsnehmer über die Rechte des Versicherten aus dem Vertrag verfügungsbefugt ist und er zusätzlich die Gestaltungsrechte ausüben kann, ohne vorab Einvernehmen mit dem Versicherten herzustellen.

Die in den §§ 75, 76 VVG geregelte Aufspaltung von materiellem Recht und Verfügungsbefugnis ist der Konstruktion nach ein Mittelweg. Die eine abweichende Flügellösung ist der Vertrag zugunsten Dritter in seiner Ausgestaltung nach den §§ 328 ff. BGB. Hier ist der Dritte materiell berechtigt und verfügungsbefugt. Der Versprechensempfänger kann nur die Leistung an den Dritten verlangen. Die versicherungsvertragliche Parallele hierzu bietet die Insassenunfallversicherung für namentlich benannte versicherte Personen. Gemäß § 17 Abs. 3 S. 2 AKB können die namentlich benannten Versicherten ihre Versicherungsansprüche selbständig geltend machen. Eine vergleichbare Regelung existiert in § 10 Abs. 4 AKB zugunsten der mitversicherten Personen in der Kraftfahrzeug-Haftpflichtversicherung.

Die andere Flügellösung begründet eine, gegenüber der Regelung in den §§ 76 Abs. 2, 75 Abs. 2 VVG, noch stärkere Rechtsposition des Versicherungsnehmers. In einer Reihe Allgemeiner Versicherungsbedingungen[257] ist der Versicherungsnehmer ausschließlich verfügungsbefugt. Er kann die Entschädigungs-

[257] Z.B. in den §§ 12 Abs.1 AFB 30, 10 Abs.1 AFB 87, 9 Abs.1 AGlB, 17 Abs.1 VHB 84 / VHB 92, 7 Abs.6 AMB 91, 11 Abs.2 ARB 75, 7 Abs.1 S.2 AHB und 12 Abs. 1 AUB 88.

leistung auch ohne Zustimmung des Versicherten einziehen und unter Umständen sogar auf eine Geltendmachung des Anspruchs vollständig verzichten. Dieses Wahlrecht ist insbesondere in der Insassenunfallversicherung für nicht namentlich benannte Versicherte anerkannt. Der Versicherte ist zwar materiell berechtigt, er kann aber selbst dann nicht verfügen, wenn er im Besitz des Versicherungsscheins ist.

Die hier für die Interessen des Sicherungseigentümers erforderliche Modifikation der §§ 75, 76 VVG bringt die Fremdversicherung des Sicherungsgutes dem Grundmodell des Vertrages zugunsten Dritter näher. Eine effektive Kreditsicherung kann nur gewährleistet werden, wenn die ausschließliche Verfügungsbefugnis und das materielle Recht beim Versicherten zusammenfallen.

Hintergrund für die Wahl einer der beiden Flügellösungen oder des Mittelweges der §§ 75, 76 VVG sind die dem Abschluß der Versicherung zugrunde liegenden typischen Parteiinteressen und deren Gewichtung.

Der Gesetzgeber hatte bei der Schaffung der §§ 75, 76 VVG vornehmlich die Fälle der Fremdversicherung vor Augen, in denen nicht ein bestimmter, sondern eine Vielzahl, häufig wechselnder Versicherter in einen Vertrag mit einbezogen werden. In der Gesetzesbegründung zu den §§ 75, 76 VVG wird beispielhaft die Sachversicherung fremder Güter durch Kommissionäre oder Speicher- und Lagerhausanstalten genannt. In diesen Fällen sei die Geltendmachung der einzelnen Entschädigungsforderungen überhaupt nicht durchführbar, wenn sie von der großen Reihe der einzelnen Beteiligten, auf deren Rechnung die Versicherung geht, unmittelbar betrieben würde.[258] Ein weiterer Grund für die Beschränkung der Verfügungsbefugnis des Versicherten war das Bedürfnis, dem Versicherungsnehmer die Durchsetzung seiner Ansprüche aus dem Innenverhältnis zu erleichtern. Der Zugriff auf die Entschädigungsforderung sollte dem Versicherungsnehmer insbesondere die Erfüllung seiner Ansprüche gegen den Versicherten auf Prämienerstattung sichern, für die er sich vor Eintritt des Versicherungsfalles an die in seinem Besitz befindlichen Güter halten konnte.

Letztlich wird mit der gesetzlichen Regelung auch dem Bedürfnis des Versicherers an einem festen, ihm bekannten Verhandlungspartner Rechnung getragen. Der Gesetzgeber wollte dem Versicherer nicht zumuten, auf das Ansinnen eines jeden Dritten eingehen zu müssen, der behauptet, ein Recht aus der Versicherung zu haben. Es sollte für den Versicherer klar erkennbar sein, ob sein Ver-

[258] Begründung der Kommission zum Entwurf eines Gesetzes über den Versicherungsvertrag, Reichstag, 12. Legislaturperiode, I. Session, 1907, zu den §§ 75, 76 VVG, S. 90.

tragspartner, der Versicherungsnehmer, das von dem Dritten behauptete Recht gleichfalls anerkennt.[259]
Die in vielen Allgemeinen Versicherungsbedingungen vorgenommene Verstärkung der Rechtsstellung des Versicherungsnehmers erfolgt in solchen Sachversicherungssparten, in denen es in der Regel keine ausdrückliche vertragliche Verpflichtung des Versicherungsnehmers zur Versicherung des fremden Interesses gibt. Hier kann je nach Sachlage sogar ein Wahlrecht des Versicherungsnehmers in Bezug auf die Geltendmachung des Anspruchs des Versicherten bestehen. Für eine besonders starke Stellung und ein solches Wahlrecht des Versicherungsnehmers spricht um so mehr, je individueller der Einschluß fremden Eigentums ausgehandelt wurde.[260]

Anerkannt ist ein solches Wahlrecht z.B. für die Insassenunfallversicherung nicht namentlich benannter Insassen. Der Versicherungsnehmer kann hier ein schützenswertes wirtschaftliches Interesse daran haben, den Vertrag von Schäden frei zu halten, um so bei künftigen Verhandlungen über den Prämiensatz oder bezüglich möglicher Kündigungen im Schadenfall in besserer Position zu sein.[261]

Wird das fremde Interesse im Unterschied zur Insassenunfallversicherung[262] - wie in § 1 Abs. 3 VHB 84 / VHB 92 - systematisch mit eingeschlossen, würde ein Wahlrecht insbesondere dann zu unbilligen Ergebnissen führen, wenn der Versicherte keine andere Ersatzmöglichkeit hat.

Die der Grundform des Vertrages zugunsten Dritter nahestehende andere Flügellösung gibt dem Versicherten das Recht, den Anspruch selbst geltend zu machen. Eine solche Verfügungsbefugnis des Versicherten wird, wie in § 17 Abs. 3 S. 2 AKB zugunsten namentlich benannter Versicherter und in § 10 Abs. 4 AKB zugunsten der mitversicherten Personen in der Kraftfahrzeug-Haftpflichtversicherung, dann vereinbart, wenn die Interessen von Versicherungsnehmer und Versicherer ohnehin gewahrt bleiben. Werden z.B. in der Insassenunfallversicherung die Versicherten namentlich benannt, steht dem Versicherer ein fester, auch vom Versicherungsnehmer anerkannter Ansprechpartner zur Verfügung. Der Versicherungsnehmer wird regelmäßig solche Personen benennen, denen gegenüber er selbst unterhaltspflichtig ist oder sich aus anderem Grunde verantwortlich fühlt. Ein Ausgleich der vom Versicherungsnehmer aufgebrachten Prämie wird hier im Innenverhältnis zum Versicherten zumeist

---

[259] Begründung der Kommission zum Entwurf eines Gesetzes über den Versicherungsvertrag, Reichstag, 12. Legislaturperiode, I. Session, 1907, zu den §§ 75, 76 VVG, S. 90.
[260] Martin SVR, J IV 15.
[261] Martin SVR, J IV 15.
[262] Gemeint ist hier nur die Insassenunfallversicherung nicht namentlich benannter versicherter Personen.

nicht stattfinden. Daher besteht auch kein besonderes Schutzbedürfnis des Versicherungsnehmers, das eine Einschränkung der Verfügungsbefugnis des Versicherten erfordern würde.
Der Versicherungsnehmer in der Kraftfahrzeug-Haftpflichtversicherung fordert von den mitversicherten Personen in der Regel keine Erstattung der anteiligen Prämie und hat zudem an einer eigenen Durchsetzung des Anspruchs des Versicherten gegen den Versicherer kein besonderes Interesse. Deshalb ist auch hier ein selbständiges Verfügungsrecht des Versicherten sachgerecht.

Soll die Sachversicherung vorrangig das Bedürfnis eines Sicherungseigentümers nach effektiver Kreditsicherung im Falle der Beschädigung oder Zerstörung des Sicherungsgutes befriedigen, wiegen die Gründe für eine Verfügungsbefugnis des Versicherten noch schwerer. Der außerhalb des Versicherungsvertrages liegende Zweck der effektiven Kreditsicherung zu Gunsten des Sicherungsnehmers erfordert eine besondere Gewichtung der Interessen der Beteiligten und rechtfertigt die vom gesetzlichen Leitbild der §§ 75, 76 VVG abweichende Verfügungsbefugnis des Versicherten. Ansprüche des Versicherungsnehmers gegen den Versicherten auf Erstattung der Prämie bestehen in der Regel nicht. Im Rahmen der Sicherungsabrede wird zumeist der Sicherungsgeber verpflichtet, für ausreichenden Versicherungsschutz zu sorgen und die dadurch entstehenden Kosten zu tragen. Auch dem Interesse des Versicherers an einem festen Ansprechpartner wird Genüge getan. Es wird keine Vielzahl schnell wechselnder Sicherungseigentümer des versicherten Gutes geben, und der Versicherte wird dem Versicherer auch in seiner Eigenschaft als Sicherungseigentümer des versicherten Gutes angezeigt. Zweifel über die Berechtigung des Versicherten und deren Anerkennung durch den Versicherungsnehmer sind für den Versicherer daher ausgeschlossen. Die allgemeinen Interessen von Versicherer und Versicherungsnehmer würden somit nicht verletzt.

Die wesentlichen Gründe für die ausschließliche Verfügungsmacht des Versicherten liegen jedoch in einer Verlagerung des Risikos der Insolvenz des Versicherungsnehmers auf den Versicherten bei Einziehung der Entschädigungsleistung durch den Versicherungsnehmer und in der Gefahr abredewidriger Verfügungen des Versicherungsnehmers zum Nachteil des Versicherten. Letzteres liegt auf der Hand. Die dingliche Kreditsicherung des Versicherten ist so lange lückenhaft, wie bei Eintritt des Versicherungsfalles die Entschädigung zur Verfügung an den Versicherungsnehmer fällt. Dann verbleibt dem Kreditgeber nur ein schuldrechtlicher Anspruch gegen den Versicherungsnehmer – ohne jegliche Sicherung. Verfügt der Versicherungsnehmer zum Nachteil des Versicherten über die Entschädigung, handelt er wegen § 76 Abs.1 VVG als Berechtigter. Bereicherungsrechtliche Entschädigungsansprüche stünden dem Versicherten deshalb regelmäßig nur gegen den Versicherungsnehmer zu. Diese Folge ist für den Versicherten höchst unbefriedigend. Seine Forderungssicherung, die durch

die Sicherungsübereignung letztlich gewährleistet werden sollte, entfällt praktisch für den Zeitraum zwischen der Einziehung der Entschädigungsleistung durch den Versicherungsnehmer und deren Auskehrung an ihn.
Da die Umgestaltung des Vertrages in Falle der Sicherungsübereignung des versicherten Gutes kraft Gesetzes vonstatten gehen soll, sind die Interessen des Versicherers, der von der Sicherungsübereignung keine Kenntnis hat, ausreichend zu schützen.

Solange dem Versicherer die Sicherungsübereignung nicht bekannt ist, muß der Versicherer befreiend an seine Vertragspartner leisten können. Er befindet sich mit dem Recht des Sicherungseigentümers in einer ähnlichen Lage wie der Schuldner bei einer Forderungsabtretung, von der er selbst noch keine Kenntnis hat. Der historische Gesetzgeber hat die vergleichbare Situation des Versicherers für den Fall der Veräußerung der versicherten Sache in § 69 Abs. 3 VVG gelöst.[263] Es bietet sich hier eine Lösung mittels Analogieschluß an. Danach muß der Versicherer die Sicherungsübereignung erst dann gegen sich gelten lassen, wenn er von ihr Kenntnis erlangt. Es liegt dann in der Hand des Versicherten, durch eine frühzeitige Mitteilung an den Versicherer dem besonderen Schutz seiner Interessen auf versicherungsvertraglicher Ebene Geltung zu verschaffen.

3. Eingeschränkte Gestaltungsbefugnis des Versicherungsnehmers, Mitteilungspflichten des Versicherers und Befugnis des Versicherten, den Vertrag als eigenen fortzuführen

a) Umfang der Regelung

Der vorangestellte Vorschlag für eine gesetzliche Neuregelung bewirkt im Zuge der Sicherungsübereignung eine Umwandlung des Versicherungsvertrages für eigene Rechnung in eine Fremdversicherung zugunsten des Sicherungseigentümers. Diese besondere Fremdversicherung weicht von der gesetzlichen Konzeption der §§ 74 ff. VVG zugunsten des Sicherungseigentümers ab. Nur der Versicherte selbst kann über seine Rechte aus der Versicherung verfügen.

Mit der Verfügungsbefugnis allein wird das Bedürfnis des Versicherten nach beständigem, vom Einfluß des Versicherten unabhängigen Versicherungsschutz noch nicht befriedigt. Der Anspruch des Versicherten bliebe in der Versicherung für fremde Rechnung als Vertrag zugunsten Dritter in jeder Hinsicht vom Verhalten des Versicherungsnehmers abhängig. Die Ausübung von Gestal-

---

[263] Begründung der Kommission zum Entwurf eines Gesetzes über den Versicherungsvertrag, Reichstag, 12. Legislaturperiode, I. Session, 1907, S. 85.

tungsrechten, aber auch die Verletzung von echten Vertragspflichten oder von Obliegenheiten durch den Versicherungsnehmer gefährden den Anspruch des Versicherten aus dem Vertrag.
Der Sicherungsnehmer hat deshalb ein besonderes Interesse daran, im Einvernehmen mit dem Versicherer seinen Versicherungsschutz weitgehend unabhängig von einem für ihn nachteiligem Verhalten des Versicherungsnehmers auszugestalten.

Logische Voraussetzung für diesen weitergehenden Schutz des Versicherten ist die Anzeige des Sicherungseigentums an den Versicherer, damit dieser die Möglichkeit hat, den Versicherten z.B. von einer Gefährdung des Versicherungsschutzes in Kenntnis zu setzen.

Vor der Erörterung einzelner Regelungen zum Schutze der Sicherungseigentümer ist hier festzulegen, für welchen Personenkreis und in welchem sachlichen Umfang der Schutz des Sicherungseigentümers in einer gesetzlichen Regelung sachgerecht ist.
Die in der Praxis gebräuchlichen Sicherungsscheine und Sicherungsbestätigungen werden nicht für alle Sicherungseigentümer und alle Sachversicherungssparten ausgestellt und tragen dem Schutzbedürfnis des Sicherungseigentümers in sehr unterschiedlichem Maße Rechnung.

Das Anliegen einer gesetzlichen Neuregelung ist die Einrichtung eines grundsätzlichen Schutzes der typischen Interessen von Sicherungseigentümern in der Sachversicherung des sicherungsübereigneten Gutes. Die unterschiedlichen Sicherungsscheine und Sicherungsbestätigungen erfassen in ihrem Zusammenspiel sicherungsübereignete Sachen in Form von Maschinen, Einrichtungsgegenständen, Geräten, Handelswaren, Kraftfahrzeugen, Landwirtschaftlichen Inventarien nach Maßgabe des Pachtkreditgesetzes vom 05.08.1951 und Gebäude, die gem. § 95 Abs. 1 BGB nicht Bestandteil eines Grundstücks sind. Landwirtschaftliche Inventarien nach Maßgabe des Pachtkreditgesetzes sind gem. § 1 Pachtkreditgesetz vom 08.05.1951[264] die dem Pächter eines landwirtschaftlichen Grundstücks selbst gehörenden Inventarien. Diese Aufzählung von Sicherungsgut spiegelt die Bedürfnisse des Wirtschaftslebens wider und erscheint auch für eine gesetzliche Regelung sachgerecht.

[264] Das Pachtkreditgesetz eröffnet dem Pächter die Möglichkeit an dem ihm gehörenden Inventar einem Kreditinstitut ein Pfandrecht ohne Besitzübergabe zur Sicherung eines ihm gewährten Darlehens zu bestellen. Erforderlich ist hierfür u.a. die Niederlegung des Verpfändungsvertrages bei dem Amtsgericht, in dessen Bezirk der Sitz des Betriebes liegt.

In den Sicherungsscheinen und Sicherungsbestätigungen ist der Schutz des Sicherungseigentümers je nach versicherter Gefahr sehr unterschiedlich ausgestaltet. Hier erfordern die Interessen des Versicherten an einer effektiven Kreditsicherung eine Vereinheitlichung. Das unterschiedliche Schutzniveau des Versicherten in der Feuerversicherung im Unterschied zu Versicherungen gegen sonstige Risiken erscheint nicht sachgerecht. Für den Sicherungsnehmer besteht letztlich kein Unterschied, ob ihm zur Sicherung übereignete Geräte unwiederbringlich gestohlen oder ob diese verbrannt sind. Einen umfassenden Schutz besonderer wirtschaftlicher Interessen von Dritten, die in den Versicherungsvertrag mit einbezogen sind, hat der Gesetzgeber zugunsten der Realgläubiger in der Gebäudefeuerversicherung geregelt. Die Beschränkung dieses Schutzes allein auf die Gebäudefeuerversicherung im Unterschied zu den sonstigen Gebäudeversicherungen läßt sich nur historisch erklären. Die Beschränkung der gesetzlichen Regelung auf die Feuerversicherung ist dem Umstand zuzuschreiben, daß die anderen Sachsparten bei Schaffung des VVG noch keine erhebliche Rolle gespielt haben.[265] In der Literatur[266] wurde daher schon vor geraumer Zeit gefordert, den Schutz des Hypothekars nach dem Vorbild der Feuerversicherung auch bei sonstigen Gebäudeversicherungen eintreten zu lassen. Damit würde dann auch eine Übereinstimmung zum Schiffs- und Luftfahrzeughypothekenrecht hergestellt. Sowohl das SchRG als auch das LuftFzG enthalten in den §§ 34-37 Vorschriften, die den §§ 97 ff. VVG ohne Begrenzung auf die Versicherung gegen Feuersgefahr nachgebildet sind.

Personell begrenzen die gebräuchlichen Sicherungsscheine und Sicherungsbestätigungen den Schutzbereich auf Kreditinstitute, Leasinggesellschaften oder sonstige Kreditgeber. Diese Auswahl des Personenkreises ist durch eine Interessenvertretung dieser Sicherungseigentümer durch Verbände zu erklären. Das Bedürfnis nach einem effektiven Schutz der Kreditsicherung, im Falle des Untergangs von Sicherungsgut besteht aber für alle Sicherungseigentümer gleichermaßen. Letztlich bleibt jede dingliche Sicherung so lange zweifelhaft, wie sie bei Eintritt eines Versicherungsfalles tatsächlich entfallen kann. Dies ist immer dann möglich, wenn bei Eintritt eines Versicherungsfalles der Versicherte – aus welchem Grunde auch immer – keinen Anspruch auf eine Entschädigungsleistung gegen den Versicherer hat. Aus diesem Grunde wird der Kreis der Begünstigten in der Neuregelung nicht auf bestimmte Gruppen von Sicherungseigentümern beschränkt. Ob hier ein Leasing-, Miet- oder Leihvertrag als schuldrechtliche Grundlage für die Besitzüberlassung des versicherten Gutes an den Versicherungsnehmer dient, ist für das Sicherungsbedürfnis des Kreditgebers letztlich nicht maßgebend.

---

[265] Sieg in Bruck / Möller / Sieg / Johannsen, VVG, Band III, Lieferung 1, Feuerversicherung, Anm. A 35.
[266] Brisken, Hypothekengläubiger, S. 88.

Eine Neuregelung zur Absicherung der Interessen von Sicherungseigentümern in der Sachversicherung sollte nicht den Regelungsbereich der Zubehör-Hypothekensicherungsscheine umfassen. Im Unterschied zu den sonstigen Sicherungsscheinen und Sicherungsbestätigungen erfolgt hier zwischen dem Versicherungsnehmer und dem Kreditgeber keine Sicherungsübereignung des Grundstückszubehörs, so daß keine Fremdversicherung zugunsten des Realgläubigers besteht. Die Entschädigungsforderung wegen der Zerstörung von Grundstückszubehör, das dem Haftungsverband der Hypothek unterfällt, steht dem Versicherungsnehmer zu und wird an den Realgläubiger lediglich verpfändet.[267]

Als Regelungsort für eine Neuregelung bietet sich in räumlicher Nähe zu den §§ 74 ff. VVG der derzeit nicht besetzte § 78 VVG an.

Der Beginn des ersten Absatzes des § 78 n.F. VVG würde demnach wie folgt lauten:

§ 78 n.F. (Versicherung von Sicherungsgut)
Erstreckt sich das Sicherungseigentum des Versicherten auf Maschinen, Einrichtungsgegenstände, Geräte, Handelswaren, Kraftfahrzeuge, Landwirtschaftliche Inventarien nach Maßgabe des Pachtkreditgesetzes vom 05.08.1951 oder Gebäude, die gem. § 95 Abs.1 BGB nicht Bestandteil eines Grundstücks sind und wurde das Sicherungseigentum des Versicherten bei dem Versicherer angemeldet, gelten für das Versicherungsverhältnis die folgenden Sonderregeln:"

b) Einschränkung der Gestaltungsbefugnis des Versicherungsnehmers

Der Versicherungsnehmer ist als Inhaber der Gestaltungsrechte auch in der Versicherung für fremde Rechnung „Herr über den Vertrag". Übt der Versicherungsnehmer ein Kündigungsrecht wirksam aus, endet auch die Gefahrtragung gegenüber dem Versicherten.

Die gesetzliche Gestaltungsbefugnis eines Partners eines gegenseitigen Vertrages ist nur bedingt einschränkbar. Eine Beschränkung der Gestaltungsbefugnis wäre nicht oder nur bedingt mit dem Grundsatz der Privatautonomie vereinbar. Gestaltungsrechte höchstpersönlicher Natur, wie z.B. das Anfechtungsrecht, bleiben an denjenigen gebunden, der die relevante Vertragserklärung abgegeben hat, und können daher nicht übertragen werden.[268] Der Versicherte ist daher

[267] Kollhosser in Prölss / Martin, VVG, Anhang zu §§ 97-107c Rn.2.
[268] Palandt / Heinrichs, BGB, § 413 Rn. 7.

weitgehend auf sein Vertrauen zum Versicherungsnehmer und eine nachträgliche Kontrolle angewiesen. Der Gesetzgeber hat in anderem Zusammenhang, in Bezug auf die weitreichende Verfügungsbefugnis des Versicherungsnehmers in der gesetzlichen Ausgestaltung der Versicherung für fremde Rechnung, hervorgehoben, daß die Fremdversicherung voraussetze, daß der Versicherte dem Versicherungsnehmer Vertrauen entgegenbringe. Bestehen hier Zweifel des Versicherten, mag dieser die Versicherung im eigenen Namen abschließen oder in seinem Namen abschließen lassen.[269]

Die Sicherheit des Sicherungseigentümers soll jedoch nicht vollständig durch eine unbeschränkte Kündigungsmöglichkeit des Versicherungsnehmers entwertet werden. Aus diesem Grunde wird der Versicherungsnehmer in der Regel bereits in der Sicherungsabrede dazu verpflichtet, bestehenden Versicherungsschutz in unvermindertem Umfang aufrechtzuerhalten. Um dieser Verpflichtung des Versicherungsnehmers auf versicherungsvertraglicher Ebene Nachdruck zu verleihen und eine Kündigung des Versicherungsnehmers gegen den Willen des Versicherten zu verhindern, bieten sich rechtstechnisch mehrere Möglichkeiten an.

Denkbar sind eine Überlassung des Gestaltungsrechts an den Versicherten zur Ausübung, eine bloße Mitteilung des Versicherers im Falle der Kündigung durch den Versicherungsnehmer oder die Begründung eines Zustimmungserfordernisses des Versicherten zu einer Kündigung durch den Versicherungsnehmer.

Ein starker Eingriff in die Rechtssphäre des Versicherungsnehmers würde durch die vollständige Überlassung des Kündigungsrechtes zur Ausübung an den Versicherten erfolgen. Würde das Kündigungsrecht dem Versicherten in allen Fällen der Fremdversicherung über Sicherungsgut zur Ausübung überlassen, läge ein wichtiges Gestaltungsrecht in den Händen des Sicherungseigentümers, der nicht Vertragspartei ist. Ein so weitgehender Eingriff in die vertraglichen „Grundrechte“ des Versicherungsnehmers ist für die Wahrung der Interessen des Versicherten jedoch nicht erforderlich und würde die Interessen des Versicherungsnehmers übermäßig einschränken. Darüber hinaus wird der Versicherte selbst unter Umständen ein Kündigungsrecht gar nicht selbst ausüben wollen, weil ihn die Einzelheiten der Abwicklung des Versicherungsverhältnisses nicht interessieren.

[269] Begründung der Kommission zum Entwurf eines Gesetzes über den Versicherungsvertrag, Reichstag, 12. Legislaturperiode, I. Session, 1907, S. 91.

Eine den Versicherungsnehmer kaum belastende Regelung wäre die Begründung einer Mitteilungspflicht des Versicherers an den Versicherten für den Fall einer Kündigung durch den Versicherungsnehmer. Dieses allein würde den Interessen und der rechtlichen Stellung der Parteien des Sicherungsvertrages jedoch nicht gerecht. Die Sicherungsübereignung wird in der Regel mit der Maßgabe vereinbart, daß der Versicherungsnehmer für ausreichenden Sachversicherungsschutz Sorge zu tragen hat und bestehenden Versicherungsschutz nicht vermindern oder beenden darf. Diese Verpflichtung des Sicherungsgebers wäre letztlich für den Kreditgeber wertlos, wenn auf versicherungsvertraglicher Ebene der Sicherungsgeber uneingeschränkt kündigen könnte, ohne die Interessen des Sicherungseigentümers zu berücksichtigen. Hier bestünde wieder die Gefahr der Entwertung der dinglichen Sicherung des Kreditgebers im Falle der Beschädigung oder Zerstörung des Sicherungsgutes, weil der Versicherungsschutz endet.

Angemessen erscheint demgegenüber die Begründung eines zwingenden Zustimmungserfordernisses des Versicherten zu einer Kündigung des Versicherungsnehmers. In eine solche Regelung willigt der Versicherungsnehmer in den gebräuchlichen Sicherungsscheinen und Sicherungsbestätigungen auch heute ein. Die Interessen des Versicherten sind gewahrt, wenn für die Dauer der Sicherungsübereignung lückenloser Versicherungsschutz in Höhe des Sachwertes besteht. Es darf keine Gefährdung der Rechte des Versicherten zu befürchten sein. Mit der Einführung eines zwingenden Zustimmungserfordernisses des Versicherten zu einer Kündigung durch den Versicherungsnehmer ist der Versicherte ausreichend geschützt. Welcher Versicherer letztlich Versicherungsschutz für das Interesse des Versicherten gewährt, kann der Entscheidung des Versicherungsnehmers überlassen werden. Den Versicherten trifft daher die Pflicht, einer vom Versicherungsnehmer beabsichtigten Kündigung zuzustimmen, wenn der Versicherungsnehmer dafür sorgt, daß sofort im Anschluß an einen bestehenden Vertrag nach dessen Beendigung Versicherungsschutz in demselben Umfange bei einem anderen Versicherer besteht.

Eine Kündigung des Versicherungsnehmers ohne die Zustimmung des Versicherten ist dann absolut unwirksam, wenn nicht der Versicherungsnehmer die Beendigung der Sicherungsübereignung dem Versicherer nachweist, er also wieder Eigentümer des bisherigen Sicherungsgutes und mithin sein eigenes Interesse versichert ist.

Für die Gebäudefeuerversicherung wird in Bezug auf das Kündigungsrecht des Versicherungsnehmers in § 106 VVG eine inhaltsgleiche Regelung zugunsten des Realgläubigers getroffen. Ausschlaggebend für den sehr weitgehenden Schutz des Realkredits im Versicherungsvertragsgesetz war die bereits im Bürgerlichen Gesetzbuch angelegte besondere Stellung des Hypothekars, mit der zur „Hebung des Grundkredits“ beigetragen werden sollte.[270]

Der grundlegende Unterschied zwischen dem Sicherungseigentümer und dem Realgläubiger in Bezug auf das Versicherungsverhältnis ist, daß der Sicherungseigentümer als Eigentümer des Sicherungsgutes Versicherter im Rahmen einer Versicherung für fremde Rechnung ist und dem Realgläubiger aufgrund seiner dinglichen Sicherung lediglich ein Pfandrecht an der Forderung des versicherten Eigentümers gegen den Gebäudefeuerversicherer zusteht. § 106 VVG begrenzt das Erfordernis der Einwilligung des Realgläubigers in die Kündigung auf die „normale“ Kündigung, etwa zum Ende der laufenden Versicherungsperiode oder zur Vermeidung des Wirksamwerdens einer automatischen Verlängerungsklausel. Ausgenommen werden ausdrücklich die Erwerberkündigung nach § 70 Abs. 2 VVG und die schadensfallbedingte Kündigung nach § 96 VVG[271]

Diese Einschränkungen sollten in eine gesetzliche Neuregelung zum Schutze des Sicherungseigentums nicht mit aufgenommen werden, weil sie, wie § 70 Abs. 2 VVG, entweder auf die Sicherungsübereignung nicht passen und letztlich leerlaufen würden oder, wie im Falle des § 96 VVG, eine nicht gerechtfertigte Lücke im Schutz des Sicherungseigentümers entstehen ließen. In den von § 96 VVG erfaßten Kündigungen nach einem Schadensfall, der das versicherte Interesse nicht vollständig entfallen läßt, ist es dem Versicherungsnehmer - wie bei einer sonstigen Kündigung auch - zuzumuten, ausreichende Anschlußdeckung sicherzustellen und die Zustimmung des Versicherten einzuholen. Die gebräuchlichen Sicherungsscheine und Sicherungsbestätigungen sehen deshalb auch keine § 106 VVG entsprechende Ausnahme vom Zustimmungserfordernis vor. Die Interessen des Versicherungsnehmers werden durch eine Verpflichtung des Sicherungseigentümers, die Zustimmung zur Kündigung zu erteilen, wenn der Sachversicherungsschutz für das Sicherungsgut lückenlos und in unverminderter Höhe besteht, in ausreichendem Maße berücksichtigt.

Für eine gesetzliche Regelung wird hier im Anschluß an den oben genannten Einleitungssatz folgender Wortlaut vorgeschlagen:

---

[270] Motive, Berlin 1906 §§ 99 ff. VVG, S.102.

[271] Langheid in Römer / Langheid, VVG, München 1997, § 106 Rn.1.

„Ziff. 1) Die Kündigung der Versicherung durch den Versicherungsnehmer ist nur wirksam, wenn dieser mindestens einen Monat vor Ablauf des Versicherungsvertrages nachgewiesen hat, daß in dem Zeitpunkt, in dem die Kündigung spätestens zulässig war, die versicherte Sache in seinem Eigentum stand oder der Versicherte der Kündigung zugestimmt hat. Die Zustimmung darf nicht ohne ausreichenden Grund verweigert werden."

c) Mitteilungspflichten und Fortdauer der Haftung gegenüber dem Versicherten

Ist das Fortbestehen des Versicherungsschutzes für das Sicherungsgut in Gefahr, muß der Sicherungseigentümer angemessen reagieren können. Voraussetzung hierfür ist die rechtzeitige und zuverlässige Kenntnis von der Gefährdung des Versicherungsschutzes. Der Versicherte kann dann den Versicherungsnehmer zur Einhaltung seiner Pflichten aus dem Sicherungsvertrag anhalten oder ggf. selbst für ausreichende Deckung sorgen.

Der Versicherte hat aus dem Fremdversicherungsvertrag gegen den Versicherer einen Anspruch darauf, über das Bestehen und die Höhe des Versicherungsschutzes auf Verlangen Auskunft zu erhalten.[272] Damit allein wäre ihm aber nicht gedient, weil es dem Zufall überlassen bliebe, ob der Versicherte gerade in einer für den Vertrag kritischen Situation anfragt. Würde der Versicherte den Vertragszustand regelmäßig erfragen, bedeutete das für alle Beteiligten einen unangemessen hohen Verwaltungsaufwand.

Aus diesem Grunde beinhalten die derzeit gebräuchlichen Sicherungsscheine und Sicherungsbestätigungen die Verpflichtung des Versicherers, dem Versicherten jede drohende oder bereits eingetretene Beendigung des Vertrages oder eine Verringerung des Umfangs der Haftung mitzuteilen.

Da der jeweilige Grund für die Beendigung des Vertrages Anknüpfungspunkt für unterschiedliche Rechtsfolgen ist, ist es sinnvoll, zu differenzieren. Unterschieden werden soll hier zwischen der Gefährdung bzw. Beendigung des Versicherungsschutzes infolge der Nichtzahlung der Folgeprämie einerseits und allen sonstigen Beendigungsgründen andererseits.

Im Falle des Folgeprämienverzuges liegt der Beendigungsgrund allein in der Nichterfüllung dieser Vertragspflicht des Versicherungsnehmers und wird zumeist wirtschaftliche Gründe haben. Bei den sonstigen Beendigungsgründen kann das Vertragsverhältnis auch auf anderer Ebene gestört und die Vertragsbe-

---

[272] Vgl. zu den Einzelheiten die Ausführungen unter D I. 2.c.

endigung eine bewußte Entscheidung zur Lösung dieser Vertragsbindung sein. Gedacht sei hier an die Fälle einer Anfechtung wegen arglistiger Täuschung oder eines Rücktritts wegen Verletzung einer Anzeigepflicht.

Eine besondere Mitteilungspflicht darüber, daß die Police nicht eingelöst wurde und daher kein Versicherungsschutz besteht, erscheint nicht erforderlich und ist auch weder in den Sicherungsscheinen und Sicherungsbestätigungen, noch in den §§ 101, 102 VVG vorgesehen. In der Gesetzesbegründung[273] wird hierzu ausgeführt, daß für den Fall der Nichtzahlung der ersten Prämie eine § 102 VVG entsprechende Vorschrift zum Schutze der Hypothekengläubiger nicht angängig und auch nicht erforderlich sei. Wenn der Gläubiger darauf angewiesen sei, sich zu vergewissern, ob der Schuldner überhaupt Versicherung genommen habe, könne es ihm auch überlassen bleiben, festzustellen, ob die genommene Versicherung in Kraft getreten ist.
Gefährdungen des Versicherungsschutzes infolge Nichtzahlung der Folgeprämie durch den Versicherungsnehmer sind ebenso häufig wie leicht behebbar. Die Mitteilung an den Versicherten liegt hier auch im Interesse des Versicherers, der den Vertrag nicht verlieren will. Hinzu kommt, daß vor der Kündigung wegen Prämienverzuges oft nach der qualifizierten Mahnung des Versicherers der Folgeprämienverzug beseitigt und der Versicherungsschutz aufrecht erhalten wird.
Aus diesem Grunde knüpft die Mitteilungspflicht sowohl in den gebräuchlichen Sicherungsscheinen und Sicherungsbestätigungen als auch in § 101 Abs. 1 VVG, der zum Schutze des Hypothekengläubigers für die Gebäudefeuerversicherung eine Mitteilungspflicht statuiert, jeweils an zwei Tatsachen an. Der Versicherer muß dem Versicherten mitteilen, wenn er dem Versicherungsnehmer zur Zahlung einer Folgeprämie eine Frist gesetzt hat, und er muß ihn zusätzlich darüber informieren, wenn nach Ablauf dieser Frist die Kündigung ausgesprochen wurde. Durch diese doppelte Meldepflicht erfährt der Sicherungseigentümer, in § 101 VVG der Realgläubiger, nicht nur von der Fristsetzung als solcher, sondern auch, daß diese fruchtlos verstrichen und deshalb die Kündigung erfolgt ist.[274]

Eine gesetzliche Regelung zum Schutze des Sicherungseigentums kann dieser bewährten Praxis entsprechen. Sicherungsscheine und Sicherungsbestätigungen enthalten zusätzlich den Hinweis, daß der Versicherer eine Zahlung der fälligen Prämie durch den Versicherten auch dann anzunehmen verpflichtet sei, wenn der Versicherungsnehmer widerspricht. Für die Versicherung für fremde Rechnung ist dieses bereits in § 35 a Abs. 1 VVG geregelt, so daß diese Bestimmung

---

[273] Begründung zu den Entwürfen eines Gesetzes über den Versicherungsvertrag, Berlin 1906, zu § 102, S. 107.
[274] Langheid in Römer / Langheid, VVG, München 1997, § 101 Rn. 5.

in Sicherungsscheinen und Sicherungsbestätigungen allein der Klarstellung der Rechtslage für die Beteiligten dient.

Der Passus der Neuregelung zu den Mitteilungspflichten des Versicherers im Falle des Verzuges des Versicherungsnehmers mit einer Folgeprämie lautet daher:

„Ziff. 2) Der Versicherer teilt dem Versicherten unverzüglich mit, wenn eine Folgeprämie nicht rechtzeitig gezahlt und dem Versicherungsnehmer eine Frist für die Zahlung der Prämie bestimmt ist. Das gleiche gilt, wenn der Versicherungsvertrag nach dem Ablauf der Frist wegen unterbliebener Prämienzahlung gekündigt wird."

Um den Schutzmechanismus dieser Vorschrift effektiv zu gestalten, bleibt die Gefahrtragung und die Leistungspflicht des Versicherers dem Versicherten gegenüber bis zum Ablauf eines Monats ab der Mitteilung bestehen. Der Versicherer muß ohnehin für die Kündigung wegen Nichtzahlung der Prämie Fristen einhalten. Durch diese Regelung zum Fortbestehen der Haftung wird der Versicherer dazu angehalten, so früh wie möglich, nämlich bei bloßem Verzug des Versicherungsnehmers und Fristsetzung, den Versicherten hiervon in Kenntnis zu setzen, so daß dieser frühzeitig darauf reagieren kann. Dieses Fortbestehen der Haftung gegenüber dem Versicherten ist dem Versicherer hier zuzumuten, weil er es selbst in der Hand hat, den Versicherten so frühzeitig wie möglich zu informieren und dafür zu sorgen, daß die Nachhaftung dem Versicherten gegenüber nicht oder nur geringfügig die vertraglich geschuldete Gefahrtragung überschreitet.

Endet der Versicherungsschutz aus anderem Grunde als durch die Kündigung des Versicherers wegen Nichtzahlung der Folgeprämie, muß der Versicherte auch hiervon Kenntnis erlangen, um entsprechend reagieren zu können. Für alle diese Fälle wird daher sowohl in den gebräuchlichen Sicherungsscheinen und Sicherungsbestätigungen als auch in der gesetzlichen Parallelnorm zum Schutze der Realgläubiger in der Gebäudefeuerversicherung, in § 103 VVG, eine entsprechende Mitteilungspflicht des Versicherers begründet.

Um der Verpflichtung des Versicherers Nachdruck zu verleihen und um dem Versicherten Lücken im Versicherungsschutz zu ersparen, werden die Mitteilungspflichten mit einer Fortdauer der Haftung des Versicherers gegenüber dem Versicherten gekoppelt.
In den Sicherungsscheinen wird vereinbart, daß der Versicherungsschutz gegenüber dem Versicherten auch nach der Beendigung des Vertrages bis zum Ablauf einer Frist von einem Monat nach der Mitteilung über die Tatsache der Beendigung an den Versicherten bestehen bleibt. Ausgenommen werden von

dieser Regelung die Fälle, in denen der Versicherte selbst zur Beendigung oder Minderung seine Zustimmung erteilt hat oder das Versicherungsverhältnis bedingungsgemäß durch das Entfernen der versicherten Sachen vom Versicherungsort endet.

Die Sicherungsbestätigungen sehen zwar eine Mitteilungspflicht des Versicherers vor, begründen aber keine Fortdauer der Haftung. Für eine gesetzliche Regelung ist daher abzuwägen, ob neben der Mitteilungspflicht dem Versicherer standardmäßig auch die Fortdauer der Haftung auferlegt werden soll.

Für die Entscheidung über die Fortdauer der Haftung ist es sinnvoll, sich die Rechtslage bei einer Vertragsbeendigung für den Versicherten zu verdeutlichen. Sobald der Versicherer die drohende Beendigung, etwa wegen des eigenen Rücktritts oder einer Kündigung des Versicherers nach einem Schadensfall, kennt, kann er den Versicherten hiervon in Kenntnis setzen. Für die Vertragsparteien läuft dann in der Regel eine Kündigungsfrist, so daß die Beendigung des Versicherungsschutzes nicht sofort eintreten würde. Versäumt der Versicherer eine rechtzeitige Mitteilung oder einigen sich Versicherer und Versicherungsnehmer auf eine sofortige Vertragsbeendigung und teilt der Versicherer diese dem Versicherten mit, droht dem Sicherungseigentümer eine für ihn praktisch nicht zu schließende Lücke. Er hat zwar die Möglichkeit auf seinen Sicherungsgeber einzuwirken, damit dieser seiner Verpflichtung zur Unterhaltung ausreichenden Versicherungsschutzes aus dem Sicherungsvertrag nachkommt. Im Ergebnis sind jedoch Sicherungslücken vorhersehbar, wenn der Sicherungsgeber dieser Verpflichtung aus dem Sicherungsvertrag nicht oder zumindest nicht rechtzeitig nachkommt. Eine zeitlich begrenzte Nachhaftung des Versicherers gegenüber dem Versicherten würde an dieser Stelle schon Abhilfe schaffen. Darüber hinaus würde eine solche Fortdauer der Haftung auch den Versicherer dazu anhalten, den Versicherten so früh wie möglich über die bevorstehende Vertragsbeendigung zu informieren, damit die Fortdauer der Haftung gegenüber dem Versicherten die reguläre Dauer der vertraglichen Gefahrtragung nicht oder zumindest nicht erheblich überschreitet.
Dadurch wird der Versicherte wiederum in die Lage versetzt, frühzeitig auf den Versicherungsnehmer einwirken oder auch selbst für Anschlußdeckung sorgen zu können.

In der gesetzlichen Regelung zum Schutze der Realgläubiger in der Gebäudefeuerversicherung legt § 103 VVG einen vergleichbaren Schutz fest. Hier wird neben der Mitteilungspflicht des Versicherers eine Fortdauer der Haftung gegenüber dem Realgläubiger für einen Zeitraum von drei Monaten ab der Mitteilung festgelegt. Dieser verhältnismäßig lange Nachhaftungszeitraum wurde wegen des hohen Wertes des Versicherungsgegenstandes und der früher relativ zeitaufwendigen Einordnung und Bewertung der Gefahrumstände gewählt. Diese Regelung stammt aus dem Jahre 1942 und damit aus einer Zeit, in der die heute gebräuchlichen modernen Kommunikationsmittel und die technische Unterstützung bei der Prämienkalkulation noch nicht zur Verfügung standen. Die ursprüngliche Regelung aus dem Jahre 1908 sah in § 100 a.F. VVG eine einmonatige Frist vor, die dann aber im Zuge der Verbesserung der gesetzlichen Position des Hypothekengläubigers in der bei einem privaten Versicherungsunternehmen genommenen Gebäudefeuerversicherung ab dem 01.01.1943 gem. Art.I der VO zur Ergänzung und Änderung des Gesetzes über den Versicherungsvertrag vom 28.12.1942 in § 103 n.F. VVG durch die dreimonatige Frist zu Gunsten des Hypothekars ersetzt wurde.[275]

Für den hier interessierenden Schutz des Sicherungseigentümers erscheint die in den Sicherungsscheinen festgelegte Frist für ein Fortbestehen des Versicherungsschutzes gegenüber dem Versicherten von einem Monat ab dem Zeitpunkt der Mitteilung als ausreichend. Es bleibt dem Versicherer und dem Versicherten unbenommen, vertraglich eine über die Monatsfrist hinausgehende Nachhaftung zu vereinbaren.

Eine gesetzliche Regelung dieser Fortdauer der Haftung würde wie folgt lauten: „Ziff. 3) Im Falle der nicht rechtzeitigen Zahlung einer Folgeprämie bleibt die Verpflichtung des Versicherers gegenüber dem Versicherten bis zum Ablauf eines Monats von dem Zeitpunkt an bestehen, in welchem dem Versicherten die Bestimmung der Zahlungsfrist oder, wenn diese Mitteilung unterblieben ist, die Kündigung mitgeteilt worden ist.“

Für alle Fälle der sonstigen Beendigung des Versicherungsschutzes bietet sich eine Regelung der Haftungsfortdauer in unmittelbarem Anschluß an die Begründung der Mitteilungspflicht an. Hier wird folgende Formulierung vorgeschlagen:

„Ziff. 4) Ein Rücktritt, ein Fristablauf oder eine sonstige Tatsache, welche eine Beendigung des Versicherungsverhältnisses zur Folge hat, wirkt gegenüber dem Versicherten erst mit Ablauf von einem Monat, nachdem die Beendigung oder Minderung und, sofern diese noch nicht eingetreten waren, der Zeitpunkt der Beendigung oder Minderung ihm durch den Versicherer mitgeteilt worden oder in anderer Weise zu seiner Kenntnis gelangt ist. Dies gilt nicht, wenn die Aufhebung oder Minderung des Vertrages mit der Zustimmung des Versicherten erfolgt.“

[275] Brisken, Hypothekengläubiger, S. 56.

Eine solche Fortdauer der Haftung gegenüber einem Dritten trotz Leistungsfreiheit im Innenverhältnis kennt das VVG auch im Falle des § 158 c Abs. 2 VVG zugunsten des geschädigten Dritten in der Haftpflichtversicherung, wenn für den Abschluß der Versicherung eine gesetzliche Verpflichtung besteht.
Im Unterschied zur Haftungsfortdauer gegenüber dem Sicherungseigentümer ist in der Pflichtversicherung jedoch nicht das Bedürfnis einer am Vertrag beteiligten Person nach erweitertem Schutz für die Regelung ausschlaggebend gewesen, sondern, wie für die Begründung der Versicherungspflicht selbst auch, eine erhöhte Gefährlichkeit der versicherten Tätigkeit und ein besonderer Schutzbedarf der potentiellen Geschädigten.

Inhaltliche Grenzen für eine solche Fortdauer der Haftung sind immer dann zu setzen, wenn der Versicherungsschutz dadurch erlischt, daß das Sicherungsgut vom Versicherungsort entfernt wird. Hier muß die Enthaftung des Versicherers auch dem Sicherungseigentümer gegenüber sofort wirken, weil hier das Sicherungsgut in eine völlig neue Gefahrenumgebung gebracht wird, die beim Abschluß des Vertrages noch nicht berücksichtigt werden konnte.

Eine entsprechende Regelung sollte wie folgt lauten:
„Ziff. 5) Endet das Versicherungsverhältnis jedoch nach Maßgabe des Versicherungsvertrages durch das Entfernen der versicherten Sachen von dem Versicherungsort, wirkt die Beendigung sogleich gegenüber dem Versicherten. Eine Verpflichtung des Versicherers zur Fortsetzung der Versicherung für das Interesse des Sicherungseigentümers besteht dann nicht.“

d) Gesetzlicher Forderungsübergang

In allen Fällen der Durchbrechung der Abhängigkeit des Versicherungsschutzes des Versicherten von dem im Verhältnis zum Versicherungsnehmer geschuldeten Haftungsumfang wird das Äquivalenzverhältnis des Versicherungsvertrages zu Lasten des Versicherers gestört. Er bleibt dann auch bei „krankem“ Versicherungsverhältnis dem Versicherten zur Leistung verpflichtet, obwohl diese Haftung mit der Prämie gerade nicht abgegolten ist. Da diese Belastung im Ergebnis nicht den Versicherer treffen kann, wird in solchen Fällen immer ein Forderungsübergang vereinbart, der dem Versicherer die Möglichkeit eröffnet, sich beim Versicherungsnehmer insoweit zu erholen, wie er den Berechtigten entschädigt hat.

Für die Fälle des § 158 c Abs. 2 VVG sieht § 158 f VVG einen gesetzlichen Forderungsübergang vor. Danach geht die Forderung des Dritten gegen den Versicherungsnehmer insoweit auf den Versicherer über, wie dieser den Dritten nach § 158 c Abs. 2 VVG befriedigt.

Ein entsprechendes Bedürfnis des Versicherers besteht auch, wenn er im Verhältnis zum versicherten Sicherungseigentümer trotz Leistungsfreiheit im Verhältnis zum Versicherungsnehmer weiterhin für eine gewisse Zeit zur Leistung verpflichtet bleibt. Die gebräuchlichen Sicherungsscheine zugunsten der Kreditinstitute sehen deshalb einen Übergang sowohl der Forderung als auch der dinglichen Sicherung, auf den Feuerversicherer vor, soweit dieser den Sicherungseigentümer entschädigt hat. § 104 VVG regelt für die Gebäudefeuerversicherung den Übergang der Hypothek auf den Versicherer, wenn dieser den Realgläubiger trotz Leistungsfreiheit im Innenverhältnis zum Versicherungsnehmer entschädigt hat.

Für die Fälle, in denen der Versicherer den Sicherungseigentümer über die Beendigung des Versicherungsschutzes informieren muß und im Anschluß daran für einen gewissen Zeitraum dem Versicherten gegenüber forthaftet, auch wenn seine Leistungspflicht im Innenverhältnis erloschen ist, würde die Haftungsfortdauer ohne Übertragung des vom Versicherer befriedigten Anspruchs und des anteiligen Sicherungseigentums den Versicherer einseitig und unverhältnismäßig belasten. Wird eine solche Haftungsfortdauer in das Gesetz aufgenommen, muß für diese Fälle auch der Übergang der Forderung gegen den Versicherungsnehmer und des Sicherungsrechts geregelt werden.

Die Regelung sollte wie folgt lauten:
„Ziff. 6) Soweit der Versicherer den Versicherten befriedigt, obwohl im Verhältnis zum Versicherungsnehmer keine Leistungspflicht besteht, geht die Forderung, zu deren Sicherung die versicherten Sachen übereignet sind, auf den Versicherer über. Für diesen Teil der Forderung bestehende Sicherungsrechte, namentlich das Sicherungseigentum an dem versicherten Gute, sind dem Versicherer in dem Verhältnisse zu übertragen, in dem die zu übertragende Forderung zur Gesamtforderung steht. Der Übergang von Forderung und Sicherungsrecht kann nicht zum Nachteil des Versicherten geltend gemacht werden.“

e) Eintrittsrecht des Versicherten in den Vertrag

Weiterhin ist festzulegen, ob und in welchem Umfang der Versicherte das Recht haben soll, den Vertrag mit dem Versicherer für eigene Rechnung fortzuführen, wenn er sich zur Zahlung der Prämie verpflichtet. Ein solches Eintrittsrecht des Versicherten würde einen Kontrahierungszwang für den Versicherer begründen und einen erheblichen Eingriff in die Privatautonomie darstellen.

Die derzeit gebräuchlichen Sicherungsbestätigungen sehen ein solches Eintrittsrecht des Versicherten nicht vor.

Die Sicherungsscheine hingegen verpflichten den Feuerversicherer nicht nur dann zur Fortsetzung der Versicherung, wenn der Vertrag wegen Nichtzahlung der Folgeprämie gekündigt wurde, sondern auch bei jeder sonstigen Beendigung des Versicherungsverhältnisses ohne Zustimmung des Kreditinstituts, sowie im Falle der Nichtigkeit des Versicherungsvertrages wegen Über- oder Doppelversicherung, bei denen eine unredliche Absicht des Versicherungsnehmers obwaltet.
Die Fortführung des Vertrages durch den Versicherten setzt voraus, daß dieser den unmittelbaren Anschluß an den bisherigen Vertrag schriftlich beantragt und sich zugleich zur Zahlung der Prämie verpflichtet.

Die parallele Vorschrift zum Schutze der Realgläubiger in der Gebäudefeuerversicherung sieht in § 105 VVG die Verpflichtung des Versicherers zum Abschluß einer Hypothekeninteresseversicherung oder zur Fortführung des bestehenden Vertrages vor. Der Realgläubiger schuldet dem Versicherer dann eine ggf. neu zu kalkulierende Prämie.[276] Zu erklären ist diese Vorschrift mit dem Anliegen des Gesetzgebers der „Hebung des Grundkredits“[277]. Durch die stärkere Absicherung des Realgläubigers in der Feuerversicherung wird dessen wirtschaftliches Risiko erheblich reduziert und so letztlich ein Anreiz für die Kreditierung des Aufbaus von Gebäuden geschaffen.

Für den Sicherungseigentümer hätte eine solche generelle Option für die Fortsetzung des bestehenden Vertrages oder für den Abschluß einer Anschlußversicherung den Vorteil, daß er sich nicht sofort nach der Mitteilung über die anstehende Beendigung des Versicherungsschutzes auf dem Markt nach neuer Deckung umsehen müßte, sondern ohne größeren Zeitaufwand die Anschlußdeckung bei dem bisherigen Versicherer wählen könnte. Für den Versicherer bestünde – in den Grenzen des § 242 BGB – Kontrahierungszwang. Ebenso wie bei § 105 VVG müßte dem Versicherer nach den Grundsätzen von Treu und Glauben immer die Möglichkeit verbleiben, eine Fortsetzung des Vertrages mit dem Sicherungseigentümer abzulehnen, wenn besondere Ablehnungsgründe gerade in der Person des Sicherungseigentümers bestehen.

Kritisch zu prüfen bleibt aber, ob und in welchem Umfang eine so wesentliche Einschränkung der Vertragsfreiheit des Versicherers erforderlich ist.

Unproblematisch erscheint die Verpflichtung zur Fortsetzung des Vertrages mit dem Versicherten, wenn die Fremdversicherung wegen Nichtzahlung der Folgeprämie gekündigt wurde. Hier wird es auch im Interesse des Versicherers liegen, wenn der Vertrag fortgeführt wird. Anders kann dies jedoch sein, wenn das

[276] Langheid, in Römer/ Langheid, VVG § 105, Rn.3.
[277] Motive, Berlin 1906 §§ 99 ff. VVG, S.102.

Versicherungsverhältnis wegen einer Kündigung nach Eintritt des Versicherungsfalles, wegen eines Rücktritts, eines Fristablaufes oder sonstiger Beendigungstatsachen, z.B. der Ausübung des Widerspruchs- und Widerrufsrechts des Versicherungsnehmers gem. § 5a Abs.1 VVG einerseits und § 8 Abs.4 VVG andererseits, oder der Anfechtung durch den Versicherer wegen arglistiger Täuschung des Versicherungsnehmers im Rahmen der Vertragsanbahnung endet.[278] In diesen Fällen kann die vorangegangene Störung im Versicherungsverhältnis einen Willen des Versicherers an der Fortsetzung des Vertrages mit dem Versicherten entfallen lassen. Dieses ist insbesondere deshalb nicht ausgeschlossen, weil der bisherige Versicherungsnehmer in der Regel Besitzer des Sicherungsgutes bleiben wird und so die Gefahrumstände maßgeblich beeinflußt. In dieser Konstellation ist es dem Versicherer nicht zuzumuten, gesetzlich zum Vertragsabschluß verpflichtet zu werden. Der Versicherte kann sich innerhalb der Monatsfrist ab der Mitteilung über die Beendigung des Versicherungsschutzes um anderweitige Deckung bemühen. Ist der Versicherer an der Fortsetzung des Vertrages mit dem Versicherten interessiert, bleibt es ihm unbenommen, dem Versicherten dieses bereits in der Mitteilung über das bevorstehende Ende des Fremdversicherungsschutzes mitzuteilen. Ein gesetzlicher Kontrahierungszwang sollte in Anbetracht der Interessenlage nur für den Fall der Beendigung des Versicherungsvertrages wegen Nichtzahlung einer Folgeprämie eingeführt werden.

Die Regelung würde wie folgt lauten:
„Ziff. 7) Der Versicherer ist verpflichtet, die Versicherung für das Interesse des Versicherten unverändert fortzusetzen, wenn dieser im Fall der Ziff. 2) die Fortsetzung bis zum Ablauf der genannten Frist beim Versicherer beantragt und sich zugleich zur Zahlung der Prämie verpflichtet."

f) Mitteilungspflicht im Schadensfall

Neben den Mitteilungspflichten für die Fälle der Gefährdung oder der Beendigung des Versicherungsschutzes sehen die gebräuchlichen Sicherungsscheine und Sicherungsbestätigungen weiter eine Pflicht des Versicherers vor, den Versicherten dann zu informieren, wenn sein Sicherungsgut von einem Versicherungsfall betroffen ist. Für den Versicherten ist diese Kenntnis wichtig, weil er dann in Abhängigkeit vom Sicherungsvertrag entweder mit dem Versicherungsnehmer bei der Bereitstellung neuen Sicherungsgutes an ihn oder der Reparatur des alten Sicherungsgutes zusammenwirken muß oder die Entschädigungsleistung zur Tilgung seiner Forderung gegen den Versicherungsnehmer verwerten darf und den überschießenden Betrag auszukehren verpflichtet ist.

---

[278] Langheid in Römer/ Langheid, VVG, München 1997, § 103, Rn.7.

Die Aufnahme dieser weiteren Mitteilungspflicht erscheint daher auch für eine gesetzliche Neuregelung sinnvoll und sollte wie folgt lauten:

„Ziff. 8) Entsteht durch den Eintritt eines Versicherungsfalls ein nicht unerheblicher Schaden am Sicherungsgut, ist der Versicherer verpflichtet, dem Versicherten binnen einer Woche nach Kenntnis hiervon Mitteilung zu machen."

4. Bestätigung der Anmeldung des Sicherungseigentums

Zur Klarstellung ist es ratsam, im Zusammenhang mit der Einführung eines gesetzlichen Schutzes der Interessen von Sicherungseigentümern in der Sachversicherung auch die Pflicht des Versicherers zur Bestätigung der Anmeldung des Sicherungsrechtes sowie den Auskunftsanspruch des Versicherten über Bestehen und Umfang des Versicherungsschutzes mit aufzunehmen. Hierzu wird folgende Regelung vorgeschlagen:

„(2) Der Versicherer ist verpflichtet, dem Versicherten, der sein Sicherungseigentum angemeldet hat, die Anmeldung zu bestätigen und auf Verlangen Auskunft über das Bestehen von Versicherungsschutz sowie über die Höhe der Versicherungssumme zu erteilen."

5. Wohnungsänderung des versicherten Sicherungseigentümers

Im Zuge der Einführung von Mitteilungspflichten des Versicherers mit weitreichenden wirtschaftlichen Folgen in Form einer zeitlich beschränkten Haftungsfortdauer obliegt es dem Versicherten, dafür Sorge zu tragen, daß die Mitteilungen des Versicherers ihn auch tatsächlich erreichen können. Zum Klarstellung, das den Versicherer hier keine Nachforschungspflichten treffen, erscheint eine wegen §§ 79 Abs. 1, 10 Abs.1 VVG rein deklaratorische Regelung hier sinnvoll. Der Versicherer soll sich für die Erfüllung seiner Mitteilungspflichten auf die ihm vom Versicherten mitgeteilte Adresse verlassen können.

In Anlehnung an die Regelung in den §§ 10 Abs. 1, 107 a VVG wird folgende Regelung vorgeschlagen:

„(3) Hat der Versicherte seine Wohnung geändert, die Änderung dem Versicherer aber nicht mitgeteilt, so genügt für eine Mitteilung nach Abs. 1 die Absendung eines eingeschriebenen Briefes nach der letzten, dem Versicherer bekannten Wohnung. Die Mitteilung wird in dem Zeitpunkt wirksam, in welchem sie bei regelmäßiger Beförderung dem Versicherten zugegangen sein würde."

V. Regelungsgegenstand von Sicherungsscheinen nach einer Änderung der §§ 69ff., 74ff. VVG

Durch die oben vorgeschlagene gesetzliche Neuregelung werden die nach dem status quo bestehenden Lücken in der Absicherung des Sicherungseigentümers weitgehend geschlossen.

Zusätzlich möglich wären Regelungen, die den Versicherer einseitig unverhältnismäßig belasten würden und deshalb dem Versicherer nicht ohne dessen Einverständnis und ggf. eine risikogerechte zusätzliche Prämie auferlegt werden können.

In Betracht käme z.B. eine Ausweitung des Kontrahierungszwanges des Versicherers auch auf die Fälle, in denen der Vertrag nicht wegen der Nichtzahlung der Folgeprämie, sondern aus sonstigem Grunde endet.

Die wirtschaftlich – auch für den Kreditgeber - bedeutsamsten Fälle werden jedoch solche Vereinbarungen zwischen Versicherer und Versichertem darstellen, mit denen die Abhängigkeit des Versicherungsschutzes des Versicherten vom Verhalten des Versicherungsnehmers partiell aufgehoben wird. Hiermit soll ermöglicht werden, daß der Versicherungsschutz zugunsten des Versicherten fortbesteht, obwohl der Versicherer im Innenverhältnis wegen des Verhaltens des Versicherungsnehmers von der Verpflichtung zur Leistung frei ist. In diesen Fällen muß der Versicherer die Wahl haben, ob und zu welchen Bedingungen er eine solche haftungerweiternde Vereinbarung treffen will.

Die Sicherungsscheine zur Feuerversicherung sehen derzeit vor, daß der Versicherer das versicherte Kreditinstitut im Schadenfall bis zur Höhe der gesicherten Kreditforderung auch dann entschädigt, wenn im Verhältnis zum Versicherungsnehmer wegen dessen Verhaltens keine Leistungspflicht besteht. Diese Vereinbarung entspricht inhaltlich der gesetzlichen Regelung in § 102 VVG zum Schutze des Realgläubigers in der Gebäudefeuerversicherung. Eine zusätzliche Prämie ist hierfür nicht vorgesehen.

In den üblichen Kraftfahrzeug–Sicherungsscheinen kann eine Sondervereinbarung eingeschlossen werden, nach der der Versicherer gegenüber dem Versicherten auf den Einwand aus § 61 VVG wegen grob fahrlässiger Herbeiführung des Versicherungsfalles verzichtet. Hierfür verlangt der Versicherer eine einmalige Gebühr, die für PKW und Krafträder ca. €15 und für übrige Fahrzeuge ca. €25 beträgt. Außerdem läßt sich der Versicherer in Höhe der etwaigen Leistung aufgrund der Sondervereinbarung von dem Versicherten dessen Anspruch gegen den Versicherungsnehmer aus dem Finanzierungsgeschäft oder einer Bevorschussung der Reparaturkosten abtreten. In den Sicherungsbestätigungen und den Versicherungsbestätigungen für Leasinggesellschaften wird ein solcher Einwendungsverzicht wie beim Kraftfahrzeug–Sicherungsschein nur mit einer solchen ausdrücklichen Sondervereinbarung gewährt.

Die oben dargestellte gesetzliche Verankerung eines gewissen Grundschutzes für den Sicherungseigentümer in der Versicherung für fremde Rechnung würde letztlich den Sicherungsschein auf seine eigentliche Funktion reduzieren. Er würde nur noch für solche Fälle benötigt, in denen einem das typische Maß übersteigenden Schutzbedürfnis des Versicherten Rechnung zu tragen ist.

F. Schlußbetrachtung

Die praktische Relevanz der Auseinandersetzung mit den Grundlagen der Versicherung für fremde Rechnung und den Auswirkungen der Erteilung von Sicherungsscheinen und Sicherungsbestätigungen auf das Versicherungsverhältnis, resultiert aus der erheblichen wirtschaftlichen Bedeutung von Sicherungsübereignungen und Leasinggeschäften in der heutigen Zeit.
Im ersten Teil der Arbeit wird deutlich, daß sich das Institut der Versicherung für fremde Rechnung der Struktur nach für eine Einbeziehung des Kreditgebers in den Versicherungsvertrag anbietet. Im Rahmen der Auseinandersetzung mit den dogmatischen Grundlagen der Fremdversicherung im Zusammenhang mit deren Einbindung in ein Gesamtkonzept zur Kreditsicherung, konnte begründet werden, daß das versicherte Interesse ausschließlich nach formal-juristischen Kriterien zu bestimmen ist. Anderenfalls droht bei Eintritt des Versicherungsfalles eine Verlagerung des Risikos der Insolvenz des Sicherungsgebers / Versicherungsnehmers auf den Sicherungsnehmer / Versicherten, die den wirtschaftlichen Interessen der Parteien des Sicherungsvertrages zuwiderlaufen würde.

Da der Gesetzgeber jedoch bei der Schaffung der §§ 69 ff., 74 ff. VVG ganz andere Fallgruppen vor Augen hatte und die Ausgestaltung der Beziehungen der Beteiligten untereinander nach anderen Kriterien vorgenommen hat, als sie hier bei der Einbindung von Versicherungsschutz in die Kreditsicherung eine Rolle spielen, wird den Interessen der Parteien des Sicherungsvertrages ohne eine von der gesetzlichen Konzeption abweichende Gestaltung des Versicherungsverhältnisses nur unzureichend Rechnung getragen.

Die Modifizierung des Versicherungsverhältnisses mit Hilfe von Sicherungsscheinen und Sicherungsbestätigungen ist in der Praxis stets mit zusätzlichem Verwaltungsaufwand bei dem Versicherer und dem Versicherten möglich. Dies gilt selbst dann, wenn lediglich ein essentieller Mindestschutz der Interessen des Versicherten vereinbart werden soll. Darüber hinausgehende Änderungen des Versicherungsverhältnisses durch die Vereinbarung von Mitteilungspflichten oder eines Einwendungsverzichts sind zwangsweise mit einem erhöhten Aufwand verbunden.
Weit problematischer erscheint jedoch bei der Lösung dieser grundsätzlichen Unstimmigkeit zwischen Gesetz und Praxis mittels Sicherungsschein bzw. Sicherungsbestätigung, daß all jene Sicherungseigentümer, die keine Kenntnis von den Möglichkeiten der Anpassung des Versicherungsvertrages haben, mit einer dieser Sachlage nicht entsprechenden Fassung des Versicherungsvertragsgesetzes konfrontiert werden und so erfahren müssen, daß ihr vermeintlicher Versicherungsschutz - z.B. durch das Verhalten des Versicherungsnehmers, durch den Zugriff von dessen Gläubigern oder aus anderen Gründen - inhalts-

leer ist. Da die Regelungen des Versicherungsvertragsgesetzes in jedem Falle bis zur wirksamen Erteilung eines Sicherungsscheines oder einer Sicherungsbestätigung die rechtliche Basis für die Vertragsbeziehungen bilden, belastet ein Teil diese Risikos immer die Vertragsparteien, wenn nicht der Zeitpunkt der Erteilung des Sicherungsscheines mit dem der Übereignung des Sicherungsgutes zusammenfällt.

Die intensive Beschäftigung mit der Materie hat gezeigt, daß die Anpassung des Versicherungsvertrages an die wirtschaftlichen Interessen der Parteien des Sicherungsvertrages mit Hilfe von Sicherungsscheinen und Sicherungsbestätigungen letztlich nur ein Notbehelf sein kann. Mit Hilfe verhältnismäßig geringer Änderungen der §§ 69 ff., 74 ff. VVG läßt sich sowohl ein vernünftiger Mindestschutz für den Rechtsunkundigen im Gesetz installieren als auch eine besondere Ausgestaltung des Versicherungsverhältnisses realisieren, die einem weitergehendem Schutzbedürfnis des Kreditgebers Rechnung trägt. Individueller Vereinbarungen bedürften dann nur noch solche Vereinbarungen, die die Haftung des Versicherers über die üblichen Bedingungen hinaus erweitern.

Zugleich soll die Arbeit einen Beitrag zur aktuellen Diskussion über die Reform des Versicherungsvertragsgesetzes leisten. Im Rahmen der anstehenden Reform bietet sich die Chance, die bestehenden Differenzen an der Schnittstelle zwischen Kreditsicherungspraxis und Versicherungsvertragsrecht einer grundsätzlichen Lösung zuzuführen. Diese Chance sollte nicht ungenutzt bleiben.

Literaturverzeichnis

Anli, Turan	Versicherung für fremde Rechnung, Heidelberg 1967
Arens, Hans	Die Rechtsstellung des Geschädigten bei der Haftpflichtversicherung für fremde Rechnung, Köln 1938
Asmus, Werner	Fiktionen im Versicherungsvertragsrecht in Festschrift für Reimer Schmidt Hrsg. von Fritz Reichert-Facilides, Fritz Rittner, Jürgen Sasse, Karlsruhe 1976
Baumbach, Adolf / Lauterbach, Wolfgang / Albers, Jan / Hartmann, Peter	Zivilprozeßordnung, 60. Auflage, München 2002
Bidinger, Rita / Müller, Ralph 2. Aufl. Berlin 1995	Reisevertragsrecht, Kommentar zu den §§ 651 a- 651 l BGB,
Bischoff, Karl	Versicherung eigenen Sachwertinteresses an fremder Sache in VersR 1963, 8 ff.
Böhme, Kurt E.	Die Veräußerung versicherter Sachen in BB 1957, 167 f.
Brisken, Norbert	Der Schutz der Hypothekengläubiger bei Gebäudefeuerversicherung Karlsruhe 1964
Bruck, Ernst	Das Interesse, ein Zentralbegriff der Versicherung, Wien 1931
ders.	Das Privatversicherungsrecht Mannheim Berlin Leipzig 1930
ders.	Die Reichsgerichtspraxis im deutschen Rechtsleben, Band IV Berlin Leipzig 1929
Bruck, Ernst /	Kommentar zum Versicherungsvertrags-

Möller, Hans	gesetz 1.Band (§§ 1 - 48 VVG und Versicherungsvermittlerrecht), 8. Auflage, Berlin 1961
Bruck, Ernst / Möller, Hans Johannsen, Ralf	4. Band Allgemeine Haftpflichtversicherung (§§ 149 – 158 a VVG) 8. Auflage, Berlin 1970
	5. Band 1. Halbband Kraftfahrtversicherung (§§ 158 b – k VVG) 8. Auflage, Berlin New York 1994
Bruck, Ernst / Möller, Hans / Sieg, Karl	Band 2 (§§ 49 - 80 VVG) Berlin New York 1980
Bruck, Ernst / Möller, Hans / Sieg, Karl / Johannsen, Ralf	Band III Lieferung 1 Feuerversicherung 8. Auflage Berlin New York 1985
Brünjes, Michael	Der Veräußerungsbegriff des § 69 VVG Karlsruhe 1995
Bühnemann, Bernt	Die Rechte Dritter gegen den Versicherer in ZVersWiss 1970, 20, 24
Byk, Hans Willy	Die Versicherung für fremde Rechnung verglichen mit der Kommission, Berlin 1911
Corrodi, Paul	Die Versicherung für fremde Rechnung nach dem schweizerischen und deutschen Versicherungsvertragsgesetz, Zürich 1916
Cremer, Ludwig	Die Erfüllung der versicherungsrechtlichen Obliegenheiten und Pflichten bei der Versicherung für fremde Rechnung durch den Versicherungsnehmer und den Versicherten, Köln 1935
Deutsch, Erwin	Versicherungsvertragsrecht, 3. Auflage, Karlsruhe 1993

Dörner, Heinrich	Kondiktion gegen den Zedenten oder gegen den Zessionar? in NJW 1990, 473
Ehrenberg, Victor	Versicherungsrecht, Erster Band, Leipzig 1893
Ehrenzweig, Albert	Deutsches (österreichisches) Versicherungsvertragsrecht Wien 1952
Eichler, Hermann	Versicherungsrecht 2. Aufl., Karlsruhe 1976
Enge, Hans Joachim	Der Anspruch des Insassen in der Kraftfahrt-Unfallversicherung Köln 1952
Feyock, Hans / Jacobsen, Peter / Lemor, Ulf	Kraftfahrtversicherung München 1997
Fischer, Walter	Die Versicherung für fremde Rechnung in der Schadensversicherung, Leipzig 1913
Fischer	Fiktionen und Bilder in der Rechtswissenschaft in AcP Bd. 117 (1919) S. 144
Führich, Ernst	Der neue Insolvenzschutz des Pauschalreisenden in VersR 1995, 1138
Gärtner, R.	Veräußerung und Interesse im Versicherungsrecht in VersR 1964, 699 ff.
Geyer, Diethard	Der Sicherungsschein in der Kaskoversicherung in ZfV 1965, 330
Gierke, Julius v.	Versicherungsrecht, Zweite Hälfte, Stuttgart 1947
Haymann, Franz	Beiträge zur Versicherung für fremde Rechnung insbesondere die ausschließliche Machtbefugnis des Versicherungsnehmers zur Wahrnehmung der Rechte des Versicherten nach den AVB der Kraftfahrzeug- und Unfallversicherung in: Das Versicherungsarchiv, Sonderheft VIII, Wien 1937

Hartung, Hansrudolf — Die allgemeine Haftpflichtversicherung - Deckungsbereich und Grenzen Berlin 1957

Eickmann, Dieter / Flessner, Axel / Irschlinger, Friedrich / Kirchhof, Hans-Peter / Kreft, Gerhard / Landfermann, Hans-Georg / Marotzke, Wolfgang — Heidelberger Kommentar zur Insolvenzordnung Heidelberg 1999

Hess, Harald — Kommentar zur Konkursordnung, 6. Auflage, Neuwied Kriftel Berlin 1998

Hofmann, Edgar — Die Rechtsstellung des Verletzten in der Insassenunfallversicherung für fremde Rechnung in VersR 1960, 97

Hofmann, Edgar München 1998 — Privatversicherungsrecht, 4. Aufl.,

Jauernig, Othmar München 1999 Bearb.: Vollkommer, Max — Bürgerliches Gesetzbuch 9. Aufl.,

Kilger, Joachim / Schmidt, Karsten — Konkursordnung und Gesamtvollstreckungsordnung, 16. Auflage München 1993

Kagelmacher, Bettina — Die Beschränkungen der Privatversicherungsfreiheit im Hinblick auf das Allgemeininteresse sowie auf Rechte Dritter, Frankfurt a. Main 1997

Kisch, Wilhelm — Handbuch des Privatversicherungsrechts, 3. Band, Die Lehre vom Versicherungsinteresse, Berlin München Leipzig 1922

Kuhn, Georg / Uhlenbruck, Wilhelm — Konkursordnung 11. Auflage München 1994

Lenné, Paul — Das Versicherungsgeschäft für fremde Rechnung, Marburg 1911

Lenski, Wolfgang	Zur Veräußerung der versicherten Sache. Rechtsprechung und Schrifttum, Karlsruhe 1965
Loeffler, Richard	Kraftfahrzeugversicherung und Autoabsatzfinanzierung, Hamburg 1937
Martin, Anton	Sachversicherungsrecht 3. Aufl., München 1992
Millauer, Horst	Rechtsgrundsätze des Gruppenversicherungsvertrages Karlsruhe 1954
Möller, Hans	Versicherungsvertragsrecht, 3. Aufl., Wiesbaden 1977
Möller, Hans	Innenverhältnis zwischen Versichertem und Versicherungsnehmer bei der Versicherung für fremde Rechnung, Anm. zu Urt. OGH Br.Z. v. 19.01.1959 in VersR 1950, 81, 82
Müller-Erzbach, Rudolf	Deutsches Handelsrecht 2. und 3. Auflage, Tübingen 1928
ders.	Die Grundsätze der mittelbaren Stellvertretung aus der Interessenlage entwickelt, Berlin 1905
Münchener Kommentar	zum Bürgerlichen Gesetzbuch Band 2 Schuldrecht Allgemeiner Teil §§ 241-432 3. Auflage München 1994 Bearb.: Gottwald, Peter Schuldrecht Besonderer Teil I §§ 433 – 606 3. Auflage München 1995 Bearb.: Habersack, Mathias Band 5 Schuldrecht Besonderer Teil III §§ 705 – 853 3. Auflage München 1997 Bearb.: Lieb, Manfred Band 6 Sachenrecht §§ 854 – 1296 3. Auflage, München 1997 Bearb.: Petzoldt, Rolf

Nippel, Hermann	Die Auswirkungen des Eigentumsüberganges auf das Versicherungsverhältnis, Köln 1960
Orlowski, Otto	Die Versicherung zugunsten Dritter, Hamburg 1955
Palandt, Otto	Bürgerliches Gesetzbuch 61. Auflage München 2002 und Ergänzungsband zur 61. Auflage (Gesetz zur Modernisierung des Schuldrechts) Bearb.: Bassenge, Peter Heinrichs, Helmut Thomas, Heinz
Prölss, Erich / Martin, Anton	Versicherungsvertragsgesetz 26. Auflage, München 1998
Raiser, Carl	Kommentar zu den Allgemeinen Feuerversicherungs-Bedingungen, 2. Auflage 1937
Reinking, Kurt / Eggert, Christoph	Der Autokauf 7. Auflage Düsseldorf 2000
RGRK BGB	Das Bürgerliche Gesetzbuch mit besonderer Berücksichtigung der Rechtsprechung des Reichsgerichts und des Bundesgerichtshofes, Band II Erster Teil §§ 241 – 413 12. Auflage, Berlin New York 1976
Ritter, Karl / Abraham, Hans-Jürgen	Kommentar zu den Allgemeinen Deutschen Seeversicherungsbedingungen, 2. Auflage, Hamburg 1967
Römer, Wolfgang / Langheid, Theo	Versicherungsvertragsgesetz München 1997
Roesch, Heinz	Veräußerung der versicherten Sache und Versicherungsschutz in DB 1953, 99 ff.
Ruscher, Klaus	Die Besonderheiten des Versicherungsanspruchs bei der Versicherung für fremde Rechnung, München 1969

Schlegelberger, Franz	Allgemeine Deutsche Seeversicherungsbedingungen, Berlin Frankfurt / Main 1960
Schmalzl, Max	Die Berufshaftpflichtversicherung des Architekten und des Bauunternehmers München 1989
Schmidt, Karsten	Handelsrecht 5. Auflage, Köln Berlin Bonn München 1999
Schmidt, Reimer	Die Obliegenheiten Hamburg 1953
Schnepp, Winfried	Sachversicherung bei Mobilienleasing Karlsruhe 1989
Schultz, Manfred	Die Rechtsnatur der Sicherungsscheine in ZfV 1956, 780
Schwaiger, Leopold / Wagner, Erich	Führer durch die Haftpflichtversicherung, 8. Auflage, Augsburg 1969
Schwan, Herbert	Der Anspruch auf die Versicherungsleistung in der Gruppenunfallversicherung, Köln 1961
Schweitzer, Ursula	Das versicherte Interesse (im Binnenversicherungsrecht), Karlsruhe 1990
Siebert, Wolfgang	Das rechtsgeschäftliche Treuhandverhältnis, Marburg 1933
Sieg, Karl	Rechtsverhältnisse bei erteiltem Sicherungsschein in der KFZ-Versicherung in VersR 1953, 219
Soergel	Kommentar zum BGB, Bd.2, Schuldrecht I, §§ 241 - 432, 12. Auflage, Stuttgart Berlin Köln 1990 Bearb.: Wiedemann, Herbert
v. Staudinger, Julius	Kommentar zum Bürgerlichen Gesetzbuch Erstes Buch Allgemeiner Teil, §§ 164 - 240, 13. Aufl.1995, Berlin 1995 Bearb.: Schilken, Eberhard

	Anh. Zu §§ 929 ff. Bearb.: Wiegand, Wolfgang
	Zweites Buch Recht der Schuldverhältnisse §§ 328 – 361, 13. Bearbeitung Berlin 1995 Bearb.: Jagmann, Rainer
	§§ 1018 – 1296 12. Auflage Berlin 1981 Bearb.: Riedel, Herrmann / Wiegand, Wolfgang
	Zweites Buch Recht der Schuldverhältnisse §§ 812 – 822, 13. Bearbeitung Berlin 1999 Bearb.: Lorenz, Werner
Stein / Jonas	Kommentar zur Zivilprozeßordnung Band 6 §§ 704 - 863 21. Auflage Tübingen 1995 Bearb.: Münzberg, Wolfgang
Stiefel, Ernst / Hofmann, Edgar	Kraftfahrtversicherung, 16. Auflage, München 1995
Stolle, August	Die Versicherung für fremde Rechnung nach dem Entwurf eines Gesetzes über den Versicherungsvertrag, Göttingen 1906
Struckmann	Regierungsrat im Reichs-Justizamt in Berlin, in Kritik des VVG-Entwurfs, S. 382 ff..
Taube, Werner	Ermächtigung – Versicherung für fremde Rechnung, Hamburg 1948
Thiel, Georg Bernhard	Die Unfallfremdversicherung als unabhängiges Rechtsinstitut in VersR 1955, 726 ff.
Thiele	Die Zustimmungen in der Lehre vom Rechtsgeschäft, 1966, S. 195 ff., 199, 202;
v.d.Thüsen, Ernst	Rechts- und Steuerprobleme der Insassen-Unfallversicherung

Trautmann, Hans Joachim	Das Innenverhältnis zwischen Versicherungsnehmer und Versichertem bei der Versicherung für fremde Rechnung Hamburg 1971
Tron, Hans - Peter	Der Kraftfahrzeug-Sicherungsschein Karlsruhe 1967
v. Tuhr	Die unwiderrufliche Vollmacht, Festschrift für Paul Laband, 1908, S. 43 ff.
Ulmer / Brandner / Hensen	AGBG, 8. Auflage 1997
Vatke	Generaldirektor der „Magdeburger Feuerversicherungs-Gesellschaft“ in: Kritik des Gesetzesentwurfs über den Versicherungsvertrag, Berichte und Debatten auf der Mitgliederversammlung des Deutschen Vereins für Versicherungs-Wissenschaft am 10.,11.,12. Dezember 1903, Hrsg. Alfred Manes, Berlin 1904, S. 387 ff..
Voigt, Johann Friedrich	Das deutsche Seeversicherungsrecht, Kommentar zu Buch 5 Titel 11 des Allgemeinen deutschen Handelsgesetzbuchs und zu den „Allgemeinen Seeversicherungs-Bedingungen von 1867“, Jena 1967
Welzel, Hans-Joachim	„Versicherungstechnische Rückstellungen“ in: Handwörterbuch der Versicherung (zitiert: HdV), S.685 ff., Karlsruhe 1988
Werber, Manfred / Winter, Gerrit	Grundzüge des Versicherungsvertragsrechts, Heidelberg 1986
Westphalen, Graf v.	Der Leasingvertrag, 5. Aufl., Köln 1998
Weyers, Hans-Leo	Versicherungsvertragsrecht 2. Auflage 1995, Neuwied Kriftel Berlin 1995
Wolff	Der Begriff der Veräußerung nach § 69 VVG Düsseldorf 1934

Wussow, Werner	Sicherungsschein und Regreßverzichtsabkommen in VersR 1958, 207
Wussow, Werner / Pürckhauer, Hellmuth	Allgemeine Unfallversicherungs-Bedingungen, 6. Auflage, Köln Berlin Bonn München 1990
Zöller, Richard	ZPO Kommentar, 23. Auflage , Köln 2002 Bearb.: Vollkommer, Max

Sicherungsschein

Versicherer (Name und Anschrift)

Versicherungsnehmer (Name und Anschrift)

Versicherungsgrundstück (wenn abweichend von o.a. Anschrift)

Versicherungsschein-Nummer der Feuerversicherung

Anzeige des Versicherungsnehmers zur Feuerversicherung

Die auf dem Versicherungsgrundstück befindlichen versicherten

☐ **Maschinen- und Einrichtungsgegenstände**

☐ **Landwirtschaftliche Inventarien**
nach Maßgabe des Pachtkreditgesetzes vom 5.8.1951

☐ **Handelswaren**

☐ **Gebäude, die gemäß § 95 Absatz 1 BGB nicht Bestandteile eines Grundstücks sind**

haben wir ☐ **insgesamt** ☐ **beschränkt auf**

Bezeichnung	Hersteller	Typ und Nummer	Vers.-Summe (DM oder EUR)[1]	Pos.-Nr.

dem unten genannten Kreditinstitut zur Sicherung seiner derzeitigen und künftigen Forderungen übereignet. Das Kreditinstitut hat laut nachstehender Erklärung darauf verzichtet, in den Versicherungsvertrag als Versicherungsnehmer gemäß § 69 VVG einzutreten. Wir erklären uns damit einverstanden, daß für die Dauer der Sicherungsübereignung der oben benannten Sachen die folgenden Bestimmungen gelten:

1. Die Versicherung der übereigneten Sachen gilt für Rechnung des Kreditinstituts.
2. Der Versicherungsnehmer ist in Abweichung von § 76 VVG nicht befugt, über Rechte, die dem Kreditinstitut aus dem Versicherungsvertrag zustehen, im eigenen Namen zu verfügen. Berechtigt zur Verfügung über diese Rechte, insbesondere zur Annahme der Entschädigung, ist allein das Kreditinstitut, und zwar auch dann, wenn es sich nicht im Besitz des Versicherungsscheines befindet.
3. Der Versicherungsnehmer darf die Versicherung nicht aufheben, sie nicht in ihrem Betrag mindern und muß sie unverändert fortsetzen, solange nicht das Kreditinstitut schriftlich in ein hiervon abweichendes Verfahren einwilligt und der Versicherungsnehmer diese Einwilligungserklärung dem Versicherer eingereicht hat, was mindestens einen Monat vor Ablauf geschehen sein muß, um gültig zu sein. Das Kreditinstitut ist zur Zahlung der fälligen Versicherungsprämie befugt.

Die auf der Rückseite genannten Bedingungen erkennen wir an und ersuchen den Versicherer, dem Kreditinstitut einen Sicherungsschein zu diesen Bedingungen auszufertigen. Die Kosten tragen wir.

Datum und Unterschrift des Versicherungsnehmers

Bitte zurücksenden an:

BLZ

Für interne Angaben des Kreditinstituts

Kreditinstitut (Name und Anschrift)

Erklärung des Kreditinstituts

Wir verzichten darauf, in den Versicherungsvertrag als Versicherungsnehmer nach § 69 VVG einzutreten.

Datum und Unterschrift des Kreditinstituts

Sicherungsschein

Wir erteilen hiermit dem Kreditinstitut bezüglich der übereigneten Sachen den Sicherungsschein zu umseitigen Bedingungen. Für die übereigneten Sachen besteht eine Versicherung zu den Allgemeinen Versicherungsbedingungen

☐ **sowie weiteren Besonderen Bedingungen**

mit einer **Selbstbeteiligung von** ______ % ______ (DM oder EUR)[1]

Datum und Unterschrift des Versicherers

[1] Bitte unbedingt Betrag **und** Währungszeichen eintragen

Original für das Kreditinstitut

VdS **1501** : 1996-05 (03)

Sicherungsschein

Bedingungen zur Erteilung des Sicherungsscheins

Vorbehaltlich besserer Rechte Dritter erklären wir:

1 Die Entschädigung wird an den Versicherungsnehmer nur gezahlt, wenn er die Einwilligung des Kreditinstitutes zur unbedingten Zahlung beibringt oder nur an das Kreditinstitut, wenn es die Erklärung abgibt, zur Einziehung der Entschädigung berechtigt zu sein.

Ob eine Unterversicherung vorliegt, ist für den übereigneten und den nicht übereigneten Teil der Sachen getrennt zu errechnen.

2 Sind wir wegen des Verhaltens des Versicherungsnehmers nach dem Versicherungsvertrage von der Entschädigungspflicht frei, so werden wir die Entschädigung gleichwohl, und zwar bis zur Höhe der Forderung, zu deren Sicherung die versicherten Sachen übereignet sind, an das Kreditinstitut zahlen gegen Abtretung dieser Forderung in entsprechender Höhe. Umfaßt die Forderung Ansprüche auf Entrichtung von fälligen Kosten und Zinsen, so sind zunächst diese und dann erst die Hauptforderung abzutreten. Das Kreditinstitut hat uns zur Sicherung der uns zu übertragenden Forderung das Sicherungsmiteigentum an den übereigneten Sachen – im Falle der Bestellung eines Inventarpfandrechts für landwirtschaftliches Pachtinventar auch die bestellten dinglichen Sicherheiten – in dem Verhältnis zu übertragen, in dem die zu übertragende Forderung zur Gesamtforderung steht. Der Übergang von Forderung und Sicherungseigentum darf nicht zum Nachteil des Kreditinstituts geltend gemacht werden.

Das gleiche gilt, wenn wir nach dem Eintritt des Schadenfalles vom Vertrage zurücktreten.

Die Bestimmung des ersten Absatzes findet keine Anwendung, wenn wir wegen nicht rechtzeitiger Prämienzahlung von der Entschädigungspflicht frei sind (vgl. hierzu jedoch die folgenden Bestimmungen Ziff. 3 und 4).

3 Wir dürfen, auch wenn der Versicherungsnehmer widerspricht, die von dem Kreditinstitut angebotene Prämienzahlung nicht ablehnen.

4 Wir haben dem Kreditinstitut unverzüglich Mitteilung zu machen, wenn eine Folgeprämie nicht rechtzeitig gezahlt und dem Versicherungsnehmer die im Versicherungsvertragsgesetz und in den Allgemeinen Bedingungen für die Feuerversicherung vorgeschriebene Frist für die Zahlung der Prämie bestimmt ist. Das gleiche gilt, wenn das Vertragsverhältnis nach dem Ablauf der Frist wegen unterbliebener Prämienzahlung gekündigt wird.

Unsere zu Ziffer 2 bezeichnete Verpflichtung, die Entschädigung an das Kreditinstitut zu zahlen, bleibt diesem gegenüber noch einen Monat von dem Zeitpunkt an bestehen, in welchem das Kreditinstitut die Mitteilung von der Bestimmung der Zahlungsfrist erhalten hat.

Wir sind verpflichtet, die Versicherung der Sachen für das Interesse des Kreditinstitutes unvermindert fortzusetzen, wenn das Kreditinstitut dies bis zum Ablauf der im ersten Absatz genannten Frist bei uns schriftlich beantragt und sich zugleich zur Zahlung der Prämie verpflichtet.

5 Eine Kündigung, ein Rücktritt, ein Ablauf oder eine sonstige Tatsache, welche die Beendigung des Versicherungsverhältnisses zur Folge hat, ferner eine Vereinbarung zwischen uns und dem Versicherungsnehmer, durch welche die Versicherungssumme oder der Umfang der Gefahr, für die wir haften, eine Minderung erfährt, wirkt gegenüber dem Kreditinstitut erst mit Ablauf von einem Monat, nachdem die Beendigung oder die Minderung und, sofern diese noch nicht eingetreten waren, der Zeitpunkt der Beendigung oder der Minderung dem Kreditinstitut durch uns mitgeteilt worden ist. Dies gilt jedoch nicht, wenn das Versicherungsverhältnis mit Zustimmung des Kreditinstitutes gekündigt wird.

Die Bestimmung des zweiten Absatzes von Ziff. 4 findet entsprechende Anwendung.

Endet das Versicherungsverhältnis jedoch dadurch, daß die versicherten Sachen von dem Versicherungsort entfernt werden, wirkt diese Beendigung sogleich gegenüber dem Kreditinstitut, ohne daß wir zur Fortsetzung der Versicherung für das Interesse des Kreditinstituts verpflichtet sind.

Eine Kündigung der Versicherung durch den Versicherungsnehmer ist nur wirksam, wenn dieser mindestens einen Monat vor Ablauf des Versicherungsvertrages nachgewiesen hat, daß das Kreditinstitut der Kündigung zugestimmt hat oder daß in dem Zeitpunkt, in dem die Kündigung spätestens zulässig war, sich die versicherten Sachen im Eigentum des Versicherungsnehmers befanden.

6 Eine Nichtigkeit des Versicherungsvertrages wegen Über- oder Doppelversicherung, bei denen eine unredliche Absicht des Versicherungsnehmers obwaltet, kann gegenüber dem Kreditinstitut nicht geltend gemacht werden. Das Versicherungsverhältnis endigt jedoch diesem gegenüber mit Ablauf von drei Monaten – im Falle der Bestellung eines Inventarpfandrechts für landwirtschaftliches Pachtinventar mit Ablauf von einem Monat – nachdem die Nichtigkeit durch uns mitgeteilt worden ist.

In diesem Falle findet die Bestimmung des zweiten Absatzes von Ziff. 4 entsprechende Anwendung.

7 Wir sind verpflichtet, dem Kreditinstitut von jedem erheblichen Brandschaden, von dem die versicherten Sachen betroffen werden, innerhalb einer Woche Anzeige zu machen.

Ist über die Versicherung ein Sammelversicherungsschein ausgestellt, so wird dieser Sicherungsschein zugleich im Namen der beteiligten Versicherer erteilt. Maßgebend für die anteilige Haftung der Versicherer ist der am Schadentag gültige Verteilungsplan lt. Versicherungsvertrag.

Der Sicherungsschein bei Bestellung eines Inventarpfandrechts kommt nur für landwirtschaftliches PACHTINVENTAR und nur insoweit in Frage, als ein vom Pächter aufgenommener Kredit durch Bestellung eines Inventarpfandrechts nach Maßgabe des Pachtkreditgesetzes vom 5.8.1951 (BGBl. I, S. 494) gesichert werden soll.

Sicherungsbestätigung

Original für den Kreditgeber

Versicherer (Name und Anschrift)

Versicherungsnehmer (Name und Anschrift)

Versicherungsgrundstück (Nur angeben, wenn abweichend von o.a. Anschrift; bei Masch.- u. Geräteversicherung entbehrlich)

Versicherungsschein-Nummer

Anzeige des Versicherungsnehmers zur

☐ **Feuer-Versicherung** ☐ **Einbruchdiebstahl-Versicherung** ☐ **Sturm-Versicherung**

☐ **Leitungswasser-Versicherung** ☐ **Technischen Versicherung**

Die auf dem Versicherungsgrundstück befindlichen versicherten

☐ **Maschinen und Einrichtungsgegenstände** ☐ **Maschinen u. Geräte** (ausgenommen Schiffsmaschinen)

☐ **Handelswaren** ☐

haben wir ☐ **insgesamt** ☐ **beschränkt auf**

Bezeichnung	Hersteller	Typ u. Nummer	Vers.-Summe (DM oder EUR)[1]	Pos.-Nr.

dem unten genannten Kreditgeber zur Sicherung für dessen derzeitige und künftige Forderungen übereignet. Der Kreditgeber hat laut seiner nachstehenden Erklärung darauf verzichtet, in den Versicherungsvertrag als Versicherungsnehmer gemäß § 69 VVG einzutreten. Wir erklären uns damit einverstanden, daß für die Dauer der Sicherungsübereignung der oben benannten Sachen die folgenden Bestimmungen gelten:

1. Die Versicherung der übereigneten Sachen gilt im jeweiligen Umfang der gesicherten Forderung für Rechnung des Kreditgebers.
2. Der Versicherungsnehmer ist nicht befugt, über die Rechte, die dem Kreditgeber aus dem Versicherungsvertrag zustehen, im eigenen Namen zu verfügen. Berechtigt zur Verfügung über diese Rechte, insbesondere zur Annahme der Entschädigung, ist allein der Kreditgeber, und zwar auch dann, wenn er sich nicht im Besitze des Versicherungsscheines befindet. Der Versicherer ist berechtigt, jedoch nicht verpflichtet, die Richtigkeit der Angaben über die Höhe der gesicherten Forderung vor Auszahlung der Entschädigung zu prüfen.
3. Der Versicherungsnehmer darf die Versicherung nicht aufheben, sie auch nicht in ihrem Betrage mindern und muß sie unverändert fortsetzen, solange nicht der Kreditgeber schriftlich in ein hiervon abweichendes Verfahren einwilligt und der Versicherungsnehmer diese Einwilligungserkärung dem Versicherer eingereicht hat, was mindestens einen Monat vor Ablauf geschehen sein muß, um gültig zu sein. Der Kreditgeber ist zur Zahlung der fälligen Versicherungsprämie befugt.

Die auf der Rückseite genannten Bedingungen erkennen wir an. Wir ersuchen den Versicherer, dem Kreditgeber eine Sicherungsbestätigung zu diesen Bedingungen auszufertigen. Die Kosten tragen wir.

Datum und Unterschrift des Versicherungsnehmers

Erklärung des Kreditgebers

Wir verzichten darauf, in den Versicherungsvertrag als Versicherungsnehmer nach § 69 VVG einzutreten.

Datum und Unterschrift des Kreditgebers

Bitte zurücksenden an:

BLZ

Für interne Angaben des Kreditgebers

Kreditgeber (Name und Anschrift)

Sicherungsbestätigung

Wir erteilen hiermit dem Kreditgeber die Sicherungsbestätigung zu umseitigen Bedingungen. Für die übereigneten Sachen besteht eine Versicherung zu den Allgemeinen Versicherungsbedingungen

☐ **sowie weiteren Besonderen Bedingungen** ☐ **ohne Versicherung gegen Brandschaden**

mit einer **Selbstbeteiligung von**

% (DM oder EUR)[1]

Datum und Unterschrift des Versicherers

[1] Bitte unbedingt Betrag **und** Währungszeichen eintragen

VdS **1503** : 1998-05 (02)

Bedingungen zur Erteilung der Sicherungsbestätigung

Wir werden die auf die übereigneten Sachen entfallende Entschädigung bis zur Höhe der vom Kreditgeber anzugebenden Forderungen gegen den Versicherungsnehmer an den Kreditgeber zahlen, sofern die Zahlung verlangt wird. Ein Zahlung an den Versicherungsnehmer erfolgt nur, wenn der Kreditgeber dieser Zahlung vorher zugestimmt hat. Die Verrechnung fälliger Prämien gegen Entschädigungsleistung ist durch die Sicherungsabtretung nicht ausgeschlossen.

Der Kreditgeber erhält außerdem:

1. eine Kopie des an den Versicherungsnehmer gerichteten gesetzlichen Mahnschreibens gemäß § 39 VVG im Falle nicht rechtzeitiger Prämienzahlung.
2. eine Mitteilung, wenn das Versicherungsverhältnis ganz oder teilweise gekündigt wird, abläuft oder aus sonstigem Grunde vorzeitig endigt, soweit nicht schon gemäß Ziffer 3. der Anzeige bei Aufhebung der Versicherung durch den Versicherungsnehmer die schriftliche Einwilligung des Kreditgebers eingegangen ist und, im Falle der Technischen Versicherungen, die Selbstbeteiligung oder sonstige dem Vertrage zugrundeliegende Bedingungen — mit Ausnahme der Prämien — sich ändern.

Ist über die Versicherung ein Sammelversicherungsschein ausgestellt, so wird diese Sicherungsbestätigung zugleich im Namen der beteiligten Versicherer erteilt. Maßgebend für die anteilige Haftung der Versicherer ist der am Schadentag gültige Verteilungsplan laut Versicherungsvertrag.

Eine Kündigung der Versicherung durch den Versicherungsnehmer ist nur wirksam, wenn dieser mindestens einen Monat vor Ablauf des Versicherungsvertrages nachgewiesen hat, daß das Kreditinstitut der Kündigung zugestimmt hat oder daß in dem Zeitpunkt, in dem die Kündigung spätestens zulässig war, sich die versicherten Sachen im Eigentum des Versicherungsnehmers befanden.

Bei Technischen Versicherungen bitte beachten:

Die Erklärung des Versicherungsnehmers ist nur gültig, wenn die übereigneten Sachen in dem auf der Vorderseite aufgeführten Verzeichnis eingetragen worden sind und die Richtigkeit der Eintragung von dem Versicherungsnehmer unterschriftlich bestätigt worden ist.

VERSICHERUNGSRECHTLICHE STUDIEN

Herausgegeben von Prof. Dr. Gerrit Winter

Band 1 Maximilian Teichler: Berufshaftpflichtversicherungen. Eine Untersuchung der Berufshaftpflicht, ihrer Versicherung und deren Beziehung zueinander am Beispiel der Rechtsanwälte, Ärzte und Architekten in Deutschland. 1985.

Band 2 Burkhard Messerschmidt: Hinweis- und Belehrungspflichten des Versicherers. 1986.

Band 3 Chao-Kuo Chiang: Das Interesse im Seeversicherungsrecht. 1986.

Band 4 Michael Grebe: Die vorläufige Deckungszusage unter besonderer Berücksichtigung ihrer Handhabung in der Lebensversicherung. 1987.

Band 5 Harald Zeller: Die Deckung von Haftpflicht-Risiken im Rahmen der Seekaskoversicherung. 1987.

Band 6 Annemarie Bender: Die Rechtsproblematik der Wartezeiten in der Privatversicherung unter besonderer Berücksichtigung der Rechtsschutzversicherung. 1988.

Band 7 Gerd Kühborth: Die Obliegenheiten des Versicherungsnehmers in der Rechtsschutzversicherung beim und nach dem Eintritt eines Versicherungsfalles. 1988.

Band 8 Peter Caninenberg: Die Sportveranstaltungsausfallversicherung. 1988.

Band 9 Carsten Meyer: Der Rückkaufswert in der Lebensversicherung. Eine Untersuchung aktueller Kritik an dem Recht des Lebensversicherungsvertrages unter Berücksichtigung des AGB-Gesetzes und des Aufsichtsrechts. 1989.

Band 10 Heike Schwesinger: Versorgungsausgleich und berufsständische Versorgungswerke. 1989.

Band 11 Jens Fortmann: Die Investitionsgüterkreditversicherung. 1989.

Band 12 Hans Wille: Bedingungs- und satzungsgemäße Privilegien öffentlich-rechtlicher "Wettbewerbsanstalten" in der Gebäude-Feuerversicherung. Eine Untersuchung zum BGB, VVG, AGBG, GWB (UWG) und EWGV unter kritischer Berücksichtigung alter und neuer deutscher sowie supranationaler Judikatur. 1990.

Band 13 Ulrich Joseph: Lebensversicherung und Abtretung. 1990.

Band 14 Udo Hansen: Beweislast und Beweiswürdigung im Versicherungsrecht. 1990.

Band 15 Uwe Hamann: Die Rückdeckungsversicherung aus zivil-, versicherungs- und arbeitsrechtlicher Sicht. 1991.

Band 16 Hans-Eckhard Tribess: Die Leistungsfreiheit des Versicherers aus § 67 Abs. 1 Satz 3 VVG im Falle des Vorausverzichtes. 1991.

Band 17 Regina Testorf: Gewerbliche Schmuckversicherungen. 1991.

Band 18 Dieter Armbrust: Subsidiaritätsabreden in Versicherungsverträgen. 1991.

Band 19 Cornelia Thies: Die Auswirkungen von AIDS im Privatversicherungsrecht. Eine Untersuchung über AIDS-spezifische Probleme im Kranken-, Lebens- und Haftpflichtversicherungsrecht. 1991.

Band 20 Utz Meyer-Reim: Die Elektronik-Versicherung. Sachversicherung von Fernmelde- und sonstigen elektrotechnischen Anlagen. 1992.

Band 21 Thorsten Hinnekeuser: Der Versicherungsfall in der Bauleistungsversicherung. 1992.

Band 22 Christian Luckey: Mündliche Nebenabreden zu Allgemeinen Versicherungsbedingungen. 1992.

Band 23 Jürgen Möhle: Die Haftpflichtversicherung im Heilwesen. Eine Studie über die versicherungsrechtliche Deckung medizinischer Haftpflichtschäden. 1992.

Band 24 Torsten Busch: Genußkapital als Eigenmittel von Versicherungsunternehmen. 1992.

Band 25 Ulrich Möhrle: Verhaltensabhängige Risikobeschränkungen in der Gewässerschadenhaftpflichtversicherung. 1993.

Band 26 Paul Wollny: Die Directors' and Officers' Liability Insurance in den Vereinigten Staaten von Amerika (D&O-Versicherung). Vorbild für eine Aufsichtsratshaftpflichtversicherung in Deutschland? 1993.

Band 27 Jan Dreyer: Die Reiserücktrittskostenversicherung. 1993.

Band 28 Robert Nehrer: Entwendung und Entwendungsfolgeschäden in der Kraftfahrzeugkaskoversicherung. 1994.

Band 29 Jürgen Sackhoff: Die Anzeige-, Auskunfts- und Belegpflicht des Versicherungsnehmers nach Eintritt des Versicherungsfalles. Eine rechtsvergleichende Untersuchung unter besonderer Berücksichtigung des Richtlinienentwurfes zur Harmonisierung des Versicherungsvertragsrechts. Zugleich ein Beitrag zur Relevanzrechtsprechung des Bundesgerichtshofes. 1994.

Band 30 Anne Heidelbach: Der kleinere Versicherungsverein auf Gegenseitigkeit unter besonderer Berücksichtigung der gesellschaftsrechtlichen Probleme. 1994.

Band 31 Claudius Mann: Die zeitliche Beschränkung des Versicherungsschutzes in der Rechtsschutzversicherung. 1994.

Band 32 Martin Dietrich: Produktbeobachtungspflicht und Schadenverhütungspflicht der Produzenten. 1994.

Band 33 Barbara Halser: Die versicherte Gefahr und der Versicherungsfall in der Industrie-Straf-Rechtsschutzversicherung. 1994.

Band 34 Hans von Gehlen: Die Beeinflussung des Versicherungsfalls durch den Versicherungsnehmer in der Rechtsschutzversicherung. 1995.

Band 35 Thomas Adler: Das Tagegeld in der Krankenversicherung als Schadens- oder Summenversicherung. 1995.

Band 36 Achim Gmilkowsky: Die Produkthaftung für Umweltschäden und ihre Deckung durch die Produkthaftpflichtversicherung. 1995.

Band 37 Jens Hilgenhövel: Die gewohnheitsrechtliche Erfüllungshaftung des Versicherers für Auskünfte seiner Agenten. 1995.

Band 38 Wiebke Heinrich: Das Sachverständigenverfahren im Privatversicherungsrecht. 1996.

Band 39 Arnt Vespermann: Staatshaftung im Versicherungswesen. 1996.

Band 40 Hubertus W. Labes: Schiedsgerichtsvereinbarungen in Rückversicherungsverträgen. 1996.

Band 41 John Benjamin Schroeder: Die Kriegsgefahr im deutschen Versicherungsrecht. 1996.

Band 42 Hilke Wesselhöft: Datenschutz im Versicherungswesen. 1996.

Band 43 Klaus C. Kossen: Die Kautionsversicherung. 1996.

Band 44 Cord Imelmann: Versicherungsaufsichtsrechtliche Fragen der Allfinanzkonzeption. 1996.

Band 45 Marcus Lüpke: Versicherungsschutz bei behördlicher Inanspruchnahme zur Altlastsanierung. 1996.

Band 46 Bettina Kagelmacher: Die Beschränkungen der Privatversicherungsfreiheit im Hinblick auf das Allgemeininteresse sowie auf Rechte Dritter. Die Grenzen der Versicherbarkeit widerrechtlichen Verhaltens. 1997.

Band 47 Moritz Mittelbach: Die Verdienstausfallversicherung für See- und Binnenschiffe. 1997.

Band 48 Marc-Alexander Lüth: Rechtsberatung durch den Rechtsschutzversicherer. 1997.

Band 49 Ulf Liebelt-Westphal: Schadenverhütung und Versicherungsvertragsrecht. Schadenverhütung durch die Gestaltung des Versicherungsvertrages (Risikobeschreibung, Ausschluß von Risiken und Auferlegung von Obliegenheiten). 1997.

Band 50 Katrein Schneider: Die Feuer-Betriebsunterbrechungsversicherung. 1997.

Band 51 Hubertus Wegmann: Obliegenheiten in der Privaten Krankenversicherung. 1997.

Band 52 Sven Schubert: Das Sachverständigenverfahren im Seeversicherungsrecht. 1998.

Band 53 Horst Suhren: Alte und neue Informationspflichten des Rechtsschutzversicherers. 1998.

Band 54 Bianca Müller: Verbraucherschutz durch das Bundesaufsichtsamt für das Versicherungswesen. 1998.

Band 55 Thorsten Haeberlin: Der aktuelle Stand des Versicherungsnehmerschutzes im englischen und deutschen Versicherungsvertragsrecht vor dem Hintergrund der jüngsten EG-Rechtsentwicklung. 1998.

Band 56 Thorsten Meinert: Das Bereicherungsverbot im deutschen Seeversicherungsrecht. Mit einem Exkurs zum Entschädigungsprinzip im englischen Seeversicherungsrecht. 1998.

Band 57 Annette Wenckstern: Die Haftung bei der Arzneimittelprüfung und die Probandenversicherung. Haftungsersetzung durch Versicherungsschutz. 1999.

Band 58 Jan-Uwe Hungar: Die Rechtsstellung des Schiffshypothekengläubigers im Versicherungsfall. 1999.

Band 59 Torsten Stade: Die Kaskoversicherung für Luftfahrzeuge. 1999.

Band 60 Michael Rudolf Fischer: Versicherungsaufsichtsrecht und öffentliches Übernahmeangebot. 1999.

Band 61 Jill Bohnhorst: Gentechnologie in der Haftpflichtversicherung. 1999.

Band 62 Nils Abram: Die Berufshaftpflichtversicherung für Versicherungsvermittler. 2000.

Band 63 Carsten Hoppmann: Vorstandskontrolle im Versicherungsverein auf Gegenseitigkeit. 2000.

Band 64 Georg Lange: Die Reparaturkostenversicherung. 2000.

Band 65 Nikolas Streuf: Der Vertragsschluss mit einem englischen Versicherer via Internet. 2002.

Band 66 Jan Philipp Tietjen: Die Versicherungsdauer in der (See-)Güterversicherung nach den Grundsätzen der Haus-zu-Haus-Klausel. 2002.

Band 67 Axel Wehling: Schutz innovativer Versicherungsdienstleistungen. 2002.

Band 68 Alexander Wehowski: Die Zulassung ausländischer Versicherungsunternehmen in der Bundesrepublik Deutschland und den Vereinigten Staaten von Amerika. 2002.

Band 69 Marcus Hennies: Die Finanzaufsicht über Versicherungen in der Europäischen Gemeinschaft. Unter besonderer Berücksichtigung der Solvabilitätsvorschriften. 2003.

Band 70 Silke Riedel: Sicherungsschein und Sicherungsbestätigung in der Versicherungswirtschaft. 2004.

FSC
www.fsc.org
MIX
Papier | Fördert gute Waldnutzung
FSC® C083411

Kolibri 360 GmbH
Ferdinand-Jühlke-Straße 7
99095 Erfurt, Deutschland
produktsicherheit@kolibri360.de

Druck:
CPI Druckdienstleistungen GmbH
im Auftrag der
Kolibri 360 GmbH
Ferdinand-Jühlke-Str. 7
99095 Erfurt